ブロックチェーンビジネスと
ICOのフィジビリティスタディ

法律事務所ZeLo弁護士 小笠原匡隆 編著

Blockchain
ICO's　Feasibility Study
Crypto Currency

商事法務

●はしがき

　リーガルの業界は、戦後から今までゆっくりと発展してきたが、社会の変化や技術の発展とともに、変革期を迎えている。ブロックチェーン、AIを用いたリーガルテックの発展により、今まで画一的であった弁護士のサービスのあり方そのものが問われる時代となった。

　このような時代の中、法律事務所ZeLoは、From Zero to Legal Innovationと、A fair, balanced and prosperous worldをVISIONとして掲げ、最先端のテクノロジーを用いて最先端の企業法務を扱う気鋭の法律事務所として、2017年3月に創設された。

　私たちは、最先端の企業法務を担う法律事務所として、インターネットの次の革命と言われるブロックチェーンの息吹を、日本ひいては世界に根付かせたいと考えている。そのために、私たちは、全ての企業・個人に対して、ブロックチェーンのビジネスモデルを伝え、その法的枠組みについて具に説明する義務を負っていると感じている。

　ブロックチェーンは、近時においては、ビットコインの異常価格高騰と急落や、コインチェック事件などといった仮想通貨に関するニュースとともに、それを支える技術として一般に認知されてきた。しかし、仮想通貨やそれの基幹となるブロックチェーン技術がどのように実社会において利用されているかについては、具体的なイメージをともなって理解されているだろうか。DEX、Dapps、ICO、IEOといった用語がどれだけ実感をもって理解されているだろうか。本書では、こういった理解を促進するために、幅広く具体的な事例をとりあげ、事例に合わせて必要なリーガルスキームを検討する構成をとっている。本書は、堅苦しい法律書ではなく、ビジネスのフィジビリティスタディの際に最初に手にするガイドブックという性質を持ち合わせている。

　本書によって、実務家は勿論、これからブロックチェーンビジネスを

はしがき

立ち上げることを検討している起業家、企業のビジネスサイドや法務部に、ブロックチェーンに関するビジネスを立ち上げる際の最初の着想やリーガルに関する肌感覚を得ていただけることを願っている。

　最後に、私たちは、ブロックチェーンの革命は、私たち法律事務所のクライアントワークを超えて、リーガルの産業そのものに影響を与えるものであると確信している。私たちは、ブロックチェーンビジネスに対して強い当事者意識をもつとともに、今後もブロックチェーンビジネスが適切なレギュレーションのもとにグローバルに発展していくことを祈念したい。

2018年10月

執筆者一同を代表して
法律事務所ZeLo弁護士
小笠原匡隆

● 目 次

第1章　ブロックチェーン

1　ブロックチェーンの概要 …………………………………………… 2

(1) ブロックチェーンとは …………………………………………… 2

(2) ブロックチェーンによって何ができるか ……………………… 3
　　ア　従来の中央集権型の仕組みが抱える問題点 » 3
　　イ　ブロックチェーンによる解決 » 5

○コラム　仮想通貨取引所に対するハッキング　　　　　　　　6

(3) ブロックチェーンの仕組み ……………………………………… 7
　　ア　誰によって分散型管理がなされるか » 7
　　イ　どのように分散型管理がなされるか » 8

○コラム　ビザンチン将軍問題（ビザンチン障害）　　　　　　11
　　ウ　改ざんが限りなく困難な分散型管理の実現 » 14

(4) ブロックチェーンの種類 ………………………………………… 14

2　法領域・規制官庁・自主規制団体の概要 ……………… 17

(1) 法律・規制官庁 …………………………………………………… 17

○コラム　世界初の仮想通貨法　　　　　　　　　　　　　　　18

○コラム　マウントゴックスの破綻と改正資金決済法への影響　18

(2) 自主規制団体 ……………………………………………………… 21
　　ア　一般社団法人日本ブロックチェーン協会（Japan Blockchain Association、JBA）» 21
　　イ　一般社団法人日本仮想通貨ビジネス協会（Japan Cryptocurrency Business Association、JCBA）» 22
　　ウ　一般社団法人ブロックチェーン推進協会（Blockchain Collaborative Consortium、BCCC）» 23

目 次

  エ　一般社団法人日本仮想通貨交換業協会（Japan Virtual Currency Exchange Association、JVCEA）*» 23*

③　既存のサービスモデルの紹介 ··· *25*

 (1)　国際送金 ··· *25*
  ア　従来の国際送金 *» 26*
  イ　Ripple 社によるブロックチェーンを導入した国際送金 *» 26*
  ウ　日本での取組み *» 28*

 (2)　銀行独自トークン ·· *28*
  ア　MUFG コイン *» 28*
  イ　J コイン *» 29*
  ウ　銀行独自通貨の今後 *» 30*

 (3)　シェアリングエコノミー ·· *30*
  ア　従来のシェアリングエコノミーサービス *» 30*
  イ　Slock.it のブロックチェーンを用いたシェアリングエコノミーサービス *» 31*

 (4)　電気取引 ··· *32*
  ア　電気取引方法の変容 *» 32*
  イ　従来の電気取引方法 *» 33*
  ウ　ENECTION 2.0の取組み *» 33*

 (5)　医療分野 ··· *34*
  ア　医療分野におけるカルテの重要性 *» 34*
  イ　従来の医療現場における問題点 *» 34*
  ウ　NAM プロジェクト *» 35*

 (6)　音楽著作権 ·· *35*
  ア　音楽著作権料の徴収方法 *» 35*
  イ　従来の音楽著作権管理の問題点 *» 36*
  ウ　Mediachain Labs による音楽管理 *» 36*

 (7)　不動産登記 ·· *36*
  ア　ガーナでの Bitland プロジェクト *» 36*
  イ　スウェーデン政府による登記実証試験 *» 37*

ウ　国によるブロックチェーンの導入方法の違い》38
　(8)　政府システム……………………………………………………38
　　ア　ドバイのブロックチェーン戦略》38
　　イ　エストニアの電子立国構想》38
　　ウ　加賀市のブロックチェーン都市構想》39
　　エ　政府システムとブロックチェーン》39

第2章　仮想通貨の法的性質と法的論点

1　ビットコインをはじめとする「仮想通貨」とは？
…………………………………………………………………………42
　(1)　仮想通貨とはどういうものなのか？……………………………42
　(2)　仮想通貨は法的にはお金なのか？………………………………43
　(3)　仮想通貨は法的に「通貨」といえないことの帰結………………45
　(4)　改正資金決済法による「通貨」ではない「仮想通貨」の
　　　定義………………………………………………………………46

2　仮想通貨の保有者に対する強制執行……………………48
　(1)　はじめに……………………………………………………………48
　(2)　仮想通貨の私法上の性質…………………………………………48
　　ア　仮想通貨の法律上の定義》48
　　イ　私法上の財産》49
　　○コラム　仮想通貨の排他的支配　　　　　　　　　　　　　51
　(3)　仮想通貨の保有者に対する強制執行……………………………52
　　ア　強制執行の対象となる財産》52
　　イ　債務者が保有する仮想通貨の秘密鍵を自ら管理する場合（クライアント型ウォレットを使用する場合）》53
　　ウ　債務者が保有する仮想通貨の秘密鍵を第三者が管理する場合（サーバー型ウォレットを使用する場合）》56
　　○コラム　強制執行の技術的問題点　　　　　　　　　　　　59

v

目　次

③　資金決済法 ·· 60
(1)　仮想通貨交換業の定義 ·· 60
　ア　仮想通貨交換業に該当する行為 » 61
　イ　業の要件 » 63
○コラム　仮想通貨ガイドライン　　　　　　　　　　　　　　　63
○コラム　みなし仮想通貨交換業者　　　　　　　　　　　　　　64
　ウ　資金移動業との関係 » 65
　エ　貸金業との関係 » 66
(2)　仮想通貨交換業者の登録 ·· 66
　ア　仮想通貨交換業者の登録要件 » 66
○コラム　銀行は仮想通貨交換業を営むことができるか　　　　　70
○コラム　銀行グループ会社での仮想通貨交換業　　　　　　　　71
○コラム　その他の金融業における仮想通貨交換業の兼業　　　　72
○コラム　外国仮想通貨交換業者の実情　　　　　　　　　　　　73
　イ　仮想通貨交換業者の登録手続 » 76
○コラム　登録にかかる期間および費用　　　　　　　　　　　　79
(3)　仮想通貨交換業者に対する規制 ···································· 84
　ア　経営管理態勢 » 84
　イ　法令等遵守（コンプライアンス）態勢 » 85
　ウ　取引時確認等の措置 » 85
　エ　反社会的勢力による被害の防止 » 86
　オ　不祥事件に対する監督上の対応 » 87
　カ　利用者保護措置 » 87
　キ　利用者が預託した金銭・仮想通貨の分別管理 » 93
　ク　帳簿書類 » 97
　ケ　利用者に関する情報管理態勢 » 97
　コ　苦情等への対処・金融ADR制度への対応 » 100
○コラム　金融ADRとは　　　　　　　　　　　　　　　　　　103

　　　　サ　システムリスク管理 » 104
　　　　シ　事務リスク管理 » 106
　　　　ス　外部委託 » 106
　　　　セ　障害者への対応 » 108
　　(4)　利用者財産の分別管理状況の監査……………………………… 108
　　(5)　監督……………………………………………………………… 109
　　　　ア　立入検査等 » 110
　　　　イ　業務改善命令 » 110
　　　　ウ　登録の取消し等 » 111
　　(6)　海外の動向……………………………………………………… 112
　　　　ア　ニューヨーク州 » 112
　　　　イ　アブダビ » 112
　　(7)　仮想通貨交換業・関連事業の今後…………………………… 113
　　○コラム　外国仮想通貨取引所に対する金融庁の警告　　　114

4　犯罪収益移転防止法・アンチマネーロンダリングに関する法律 ……………………………………………………… 115

　　(1)　仮想通貨と犯罪収益移転防止法……………………………… 116
　　　　ア　犯罪収益移転防止法とは » 116
　　　　イ　仮想通貨と犯罪収益移転防止法の関係 » 116
　　(2)　犯収法上の義務………………………………………………… 117
　　　　ア　取引時確認 » 118
　　○コラム　これからの本人確認の展望　　　126
　　○コラム　取引時確認の外部委託　　　135
　　　　イ　確認記録の作成・保存 » 136
　　　　ウ　取引記録の作成・保存 » 138
　　　　エ　疑わしい取引の届出 » 138
　　　　オ　体制整備 » 141
　　　　カ　罰則等 » 143
　　(3)　その他アンチマネーロンダリングに関する法律…………… 144

目 次

　　　　ア　外国為替及び外国貿易法 » 144
　　　　イ　国外送金調書法 » 144
　　　　ウ　テロ資金凍結法 » 145
　　(4)　グローバルな観点からのアンチマネーロンダリング 145

第3章　仮想通貨ビジネスと法務

1　仮想通貨交換所と法律 148
　　(1)　仮想通貨交換所とは 148
　　　　ア　取引所、販売所、交換所 » 148
　　　　イ　仮想通貨取引所 » 149
　　　　ウ　仮想通貨販売所 » 149
　　　　エ　仮想通貨交換所 » 149
　　(2)　仮想通貨交換所のサービスに関する法規制 150
　　　　ア　総論 » 150
　　　　イ　仮想通貨取引所 » 150
　　　　ウ　仮想通貨販売所 » 151
　　　　エ　仮想通貨交換所 » 151
　　　　オ　その他 » 151
　　(3)　その他仮想通貨交換所等が行うサービス 152
　　　　ア　レバレッジ取引 » 152
　　　　イ　仮想通貨の決済サービス » 153
　　　　ウ　仮想通貨の送金サービス » 157
　　(4)　仮想通貨交換所等の利用規約作成に当たっての注意点
　　　　　.. 158
　　　　ア　総論 » 158
　　　　イ　仮想通貨の取扱いに関する規定 » 158
　　　　ウ　取引時確認に関する規定 » 160
　　(5)　次世代型の仮想通貨取引所 160

2　仮想通貨のマイニング事業 162

目 次

- (1) マイニング事業とは ……………………………………………… *162*
  - ア　マイニングとは》*162*
  - イ　マイナーとは》*166*
  - ウ　代表的なマイナー例》*167*
- (2) マイニング事業を自ら行う場合 ………………………………… *168*
  - ア　概要》*168*
  - イ　法規制および留意点》*168*
- (3) マイニングプールの組成 ………………………………………… *169*
  - ア　概要》*169*
  - イ　法規制および留意点》*170*
- (4) マイニングの業務委託等 ………………………………………… *171*
  - ア　概要》*171*
  - イ　法規制および留意点》*172*
- (5) 主な海外の規制 …………………………………………………… *172*

○コラム　不正マイニング　　　　　　　　　　　　　　　　　　　*173*

3　仮想通貨ウォレット事業 …………………………………… *174*

- (1) 仮想通貨ウォレットとは ………………………………………… *174*
  - ア　仮想通貨ウォレットの種類》*174*
  - イ　種類ごとのメリット・デメリット》*177*
  - ウ　仮想通貨ウォレットの利用開始方法および管理方法》*178*
- (2) 仮想通貨ウォレット事業に関する業規制の検討 ……………… *179*
  - ア　仮想通貨交換業該当性》*179*
  - イ　資金移動業等の該当性》*181*
  - ウ　仮想通貨ウォレット事業に関する業規制のまとめ》*183*
- (3) 仮想通貨ウォレット事業者の事業運営上のリスク対応
  ………………………………………………………………………… *183*
  - ア　仮想通貨交換業・資金移動業等に該当する場合の取引時確認
    》*183*
  - イ　外為法上の報告義務》*183*

ix

目 次

　　　ウ　サーバー型ウォレット（ウェブウォレット）事業者——仮想通貨流出のリスク » 184
　　　エ　クライアント型ウォレット（ウォレットアプリ等）事業者——利用者自身による秘密鍵失念リスク » 184
　(4)　海外の動向 ………………………………………………………… 185
　(5)　仮想通貨ウォレット事業の今後 ………………………………… 186

4　仮想通貨・ブロックチェーンとカジノ …………………… 187

　(1)　仮想通貨とカジノの関係 ………………………………………… 187
　(2)　仮想通貨を用いたオンラインカジノ運営 ……………………… 189
　(3)　仮想通貨を活用したオンラインカジノとその特徴 ………… 190
　　　ア　エイダコイン（ADA）» 191
　　　イ　BitDice（CSNO）» 191
　　　ウ　FunFair（FUN）» 192
　　　エ　Edgeless（EDG）» 192
　　　オ　仮想通貨を用いたカジノプラットフォームとマネーロンダリング » 193
　(4)　仮想通貨を活用したオンラインカジノと日本の法規制
　　　………………………………………………………………………… 194
　　　ア　国内カジノとIR実施法 » 194
　　　イ　IR実施法と仮想通貨を用いたカジノの運営 » 194
　　　ウ　海外でオンラインカジノを運営し、プレイすることの適法性 » 195

　　○コラム　スマートライブカジノを日本で利用した者の逮捕事例　198

5　仮想通貨とオンラインゲーム …………………………………… 199

　(1)　ゲームで仮想通貨を用いる類型と法的論点 ………………… 199
　　　ア　課金の決済手段として仮想通貨を用いる類型 » 200
　　　イ　ゲーム内で使用できるトークンをユーザーに付与する類型 » 201
　　　ウ　ユーザーのゲーム内取引に仮想通貨を利用する類型 » 201
　　　エ　おまけとしてユーザーに仮想通貨を付与する類型 » 202

(2) ゲームで仮想通貨を用いる類型の法的論点の検討 203
　ア　ゲーム内トークンやアイテム等が「仮想通貨」に当たるか » 203
　イ　ゲーム内トークンやアイテム等が「前払式支払手段」に当たるか » 207
　ウ　ゲームプレイが「賭博」に当たり、ゲーム運営者が賭博場を開帳したことになるか » 212

○コラム　ガチャ規制の国際的動向　　　　　　　　　　　　　216
○コラム　いわゆるコンプガチャに対する法的規制　　　　　　217
　エ　トークンやアイテム等の無料配布と景品表示法 » 217
○コラム　トークンのエアドロップの目的　　　　　　　　　　218

(3) ブロックチェーンゲームの具体的な例 219
　ア　CryptoKitties » 219
○コラム　くりぷ豚　　　　　　　　　　　　　　　　　　　　222
　イ　イーサ三国志 » 222
　ウ　Etheremon（イーサエモン）» 224
　エ　まとめ » 226

6　仮想通貨とファンド 228

(1) 仮想通貨ファンドのスキームの一例 228
(2) 仮想通貨による出資を受けて利益分配をする場面（スキーム図①）の規制 229
　ア　第二種金融商品取引業の登録が必要となるか » 229
○コラム　適格機関投資家等特例業務　　　　　　　　　　　　231
　イ　仮想通貨交換業の登録が必要となるか » 232
(3) 仮想通貨を投資・運用対象とする場面（スキーム図②）の規制 234
　ア　投資運用業の登録が必要となるか » 234
　イ　仮想通貨交換業の登録が必要となるか » 235
○コラム　株式会社が投資目的の仮想通貨売買を行う場合の仮想通貨交換業該当性　236

目　次

　(4)　海外に拠点を置くファンドに対する規制 ………………………… *236*
　　　ア　外国集団投資スキームの扱い » *236*
　　　イ　適格機関投資家等特例業務 » *237*

7　その他仮想通貨関連事業 ……………………………………………… *238*

　(1)　はじめに ……………………………………………………………… *238*
　(2)　送金サービス ………………………………………………………… *238*
　　　ア　法定通貨の送金サービス » *238*
　　　イ　法規制 » *241*

　○コラム　「ペイロール・カード」　　　　　　　　　　　　　　*248*

　(3)　決済サービス ………………………………………………………… *251*
　　　ア　法定通貨の決済サービス » *251*
　　　イ　電子マネー » *255*
　　　ウ　ポイントサービス » » *258*
　(4)　決済手段間の交換 …………………………………………………… *259*
　　　ア　概要 » *259*
　　　イ　ポイント交換 » *259*
　　　ウ　前払式支払手段とポイントとの交換 » *260*
　　　エ　資金移動業によって発行される電子マネーとポイントとの交換
　　　　 » *260*
　　　オ　前払式支払手段と資金移動業によって発行される電子マネーとの交換 » *260*
　　　カ　仮想通貨とポイントとの交換 » *261*
　　　キ　仮想通貨と前払式支払手段との交換 » *261*
　　　ク　仮想通貨と資金移動業によって発行される電子マネーとの交換
　　　　 » *262*
　(5)　仮想通貨のレンディングサービス ………………………………… *263*

第4章　ブロックチェーン・仮想通貨ビジネスの M&A の法務

1　ブロックチェーン・仮想通貨ビジネスと M&A …… 266

2　ブロックチェーンビジネスに関する M&A 事例 … 268

(1) 株式会社カイカによる e ワラント証券株式会社の完全子会社化 …………………………………………………… 268

(2) ヤフー株式会社の子会社 Z コーポレーション株式会社による株式会社ビットアルゴ取引所東京資本参加 ………… 268

(3) 株式会社 Smart Contract Systems とシンプレクス株式会社の共同出資 ………………………………………… 269

(4) マネックスグループ株式会社によるコインチェック株式会社の完全子会社化 ……………………………………… 270

　○コラム　アーンアウト条項　　　　　　　　　　　　　270
　○コラム　海外仮想通貨取引所と日本企業との間の M&A の動き　271

(5) ゴールドマンサックス傘下 Circle 社による Poloniex 社買収 ………………………………………………………… 272

3　ブロックチェーンビジネスの M&A における法的論点 …………………………………………………………… 273

(1) 対象会社へのデューデリジェンス（DD）はどのように行うべきか ………………………………………………… 273

　ア　行政処分を受けていないか 》 274
　イ　規制対応に不備はないか 》 275
　ウ　M&A によって仮想通貨交換業の登録は引き継がれるか 》 275

(2) 仮想通貨の価値の評価方法 ……………………………… 277

　ア　対象会社の株式を取得する対価としての仮想通貨 》 277
　イ　新会社への投入資本 》 278

第5章 イニシャルコインオファリング

1 ICO とは ……………………………………………………… 284

(1) ICO の仕組み …………………………………………… 284
ア　ICO の実施者による資金調達方法 » 284

○コラム　ホワイトペーパー　　285

イ　トークン購入者による新規プロジェクト参加 » 285

(2) ICO の浸透の経緯 ……………………………………… 286

(3) ICO の件数・調達額 …………………………………… 287

(4) ICO のメリット ………………………………………… 290
ア　ICO の実施者のメリット » 290
イ　トークン購入者のメリット » 291

(5) ICO のリスク …………………………………………… 292
ア　ICO の実施者のリスク » 292
イ　トークン購入者のリスク » 293

○コラム　仮想通貨にまつわる詐欺トラブル件数　　294

○コラム　ICO に代わるさまざまな手法　　295

2 ICO プロジェクトの実例 ……………………………………… 296

(1) ロシア発の Telegram Open Network ………………… 296
ア　Telegram（Telegram Open Network）とは » 296
イ　実施プロジェクトの概要 » 296
ウ　巨額の資金調達額 » 297
エ　政治上の影響 » 297
オ　Telegram のホワイトペーパー分析 » 298

(2) 日本発の ALIS ………………………………………… 301
ア　日本発の ICO » 301
イ　ALIS プロジェクトの概要 » 301
ウ　調達額のキャップ設定 » 302

エ　日本の居住者に対する規制対応》302
　　　オ　ALIS のホワイトペーパー分析》303
　(3)　ベネズエラ国の Petro ································· 305
　　　ア　ベネズエラ国による独自通貨発行》305
　　　イ　Petro のホワイトペーパー分析》306
　(4)　他の ICO ホワイトペーパーの紹介 ····················· 308
　　　ア　TaTaTu》308
　　　イ　LIQUID》312
　　　ウ　COMSA》315
　　　エ　Dragon Coin》317
　　　オ　Bankera》320
　　　カ　Basis》322
　(5)　ICO ホワイトペーパーの分析 ·························· 324
　　　ア　記載が不可欠な事項》324
　　　イ　記載が望ましい事項》325
　○コラム　ICO とは異なる手法による事例　　　　　　　　326

3　ICO のスキームと法規制 ···································· 327

　(1)　ICO の実施に当たり「仮想通貨交換業」の登録は必要か
　　　 ··· 327
　(2)　ICO の実施に当たり「前払式支払手段発行者」として
　　　届出または登録が必要か ······························· 329
　　　ア　「前払式支払手段」に対する法規制》329
　　　イ　ICO の実施に当たり「第二種金融商品取引業」の登録は必要
　　　　か》330
　(3)　日本の ICO 規制の実際 ································ 331
　○コラム　SAFT（Simple Agreement for Future Tokens)　　331
　○コラム　海外事業者実施の ICO に対する金融庁の警告　　332

4　海外の動向 ·· 333

目次

　(1) ICO を禁止している国 ································ 333
　　ア　中国》333
　　イ　韓国》334
　(2) ICO を既存の枠組みで規制しようとしている国 ············ 335
　　ア　アメリカ》335
　　イ　シンガポール》338
　　ウ　スイス》339
　　エ　ドイツ》340
　　オ　イギリス》341
　(3) ICO 特有の規制を構築する国 ························· 342
　　ア　フランス》342
　　イ　ジブラルタル》343
　　ウ　アブダビ》343
　　エ　ロシア》344
　　オ　イスラエル》344
　(4) ICO を特段規制しない国（ベラルーシ）················ 345
　　ア　仮想通貨・ICO 合法化》345
　　イ　トークン購入者に対する規制の検討》345
　(5) 小括 ··· 346
　○コラム　デジタルコマース商工会議所によるガイドライン案　348

第6章　中央集権→分散型管理の未来

1　スマートコントラクトの実用可能性と将来 ············ 350
　(1) はじめに ··· 350
　(2) 契約（Contract）と処分証書（Written Contract）と
　　　合意書（Agreement）······························ 350
　(3) スマートコントラクトの意義 ······················· 353
　(4) ブロックチェーンとスマートコントラクト ··········· 354

(5)　スマートコントラクトの限界と可能性·················· 357
　2　ブロックチェーン技術と個人情報管理の未来········ 360
　(1)　個人情報管理が抱える問題································ 360
　(2)　ブロックチェーン技術を用いた個人情報の自己コント
　　　ロール··· 361
　　　ア　現行法制度下における個人情報管理 » 362
　　　イ　ブロックチェーンを用いた個人情報管理 » 363
　3　分散型管理社会の可能性·· 365

事項索引··· 366
執筆者紹介··· 370

xvii

● 凡　例

会社法	会社法（平成17年7月26日法律第86号）
外為法	外国為替及び外国貿易法（昭和24年12月1日法律第228号）
貸金業法	貸金業法（昭和58年5月13日法律第32号）
仮想通貨府令	仮想通貨交換業者に関する内閣府令（平成29年3月24日内閣府令第7号）
割賦販売法	割賦販売法（昭和36年7月1日法律第159号）
銀行法	銀行法（昭和56年6月1日法律第59号）
金商法	金融商品取引法（昭和23年4月13日法律第25号）
金商法施行令	金融商品取引法施行令（昭和40年9月30日政令第321号）
金商法府令	金融商品取引法第二条に規定する定義に関する内閣府令（平成5年3月3日大蔵省令第14号）
景品表示法	不当景品類及び不当表示防止法（昭和37年5月15日法律第134号）
刑法	刑法（明治40年4月24日法律第45号）
国外送金調書法	内国税の適正な課税の確保を図るための国外送金等に係る調書の提出等に関する法律（平成9年12月5日法律第110号）
個人情報保護法	個人情報の保護に関する法律（平成15年5月30日法律第57号）
資金移動府令	資金移動業者に関する内閣府令（平成22年3月1日内閣府令第4号）
資金決済法	資金決済に関する法律（平成21年6月24日法律第59号）

凡　例

資金決済法施行令	資金決済に関する法律施行令（平成22年3月1日政令第19号）
出資法	出資の受入れ、預り金及び金利等の取締りに関する法律（昭和29年6月23日法律第195号）
消費者契約法	消費者契約法（平成12年5月12日法律第61号）
商標法	商標法（昭和34年4月13日法律第127号）
商法	商法（明治32年3月9日法律第48号）
信託業法	信託業法（平成16年12月3日法律第154号）
著作権法	著作権法（昭和45年5月6日法律第48号）
テロ資金凍結法	国際連合安全保障理事会決議第千二百六十七号等を踏まえ我が国が実施する国際テロリストの財産の凍結等に関する特別措置法（平成26年11月27日法律第124号）
電子記録債権法	電子記録債権法（平成19年6月27日法律第102号）
投資事業有限責任組合契約に関する法律	投資事業有限責任組合契約に関する法律（平成10年6月3日法律第90号）
特定商取引法	特定商取引に関する法律（昭和51年6月4日法律第57号）
特許法	特許法（昭和34年4月13日法律第121号）
破産法	破産法（平成16年6月2日法律第75号）
犯収法	犯罪による収益の移転防止に関する法律（平成19年3月31日法律第22号）
犯収法施行令	犯罪による収益の移転防止に関する法律施行令（平成20年2月1日政令第20号）
犯収法施行規則	犯罪による収益の移転防止に関する法律施行規則（平成20年2月1日内閣府・総務省・法務省・財務省・厚生労働省・農林水産省・経済産業省・国土交通省令第1号）

凡　例

不正競争防止法	不正競争防止法（平成5年5月19日法律第47号）
保険業法	保険業法（平成7年6月7日法律第105号）
マイナンバー法	行政手続における特定の個人を識別するための番号の利用等に関する法律（平成25年5月31日法律第27号）
麻薬特例法	国際的な協力の下に規制薬物に係る不正行為を助長する行為等の防止を図るための麻薬及び向精神薬取締法等の特例等に関する法律（平成3年10月5日法律第94号）
民事執行法	民事執行法（昭和54年3月30日法律第4号）
民法	民法（明治29年4月27日法律第89号）
利息制限法	利息制限法（昭和29年5月15日法律第100号）
労働基準法	労働基準法（昭和22年4月7日法律第49号）
IR実施法	特定複合観光施設区域整備法（平成30年7月27日法律第80号）
仮想通貨ガイドライン	金融庁事務ガイドライン第三分冊金融会社関係「16．仮想通貨交換業者関係」
平成29年パブコメ	平成29年3月24日付「『銀行法施行令等の一部を改正する政令等（案）』等に対するパブリックコメントの結果等について（コメントの概要及びそれに対する金融庁の考え方）」

第 1 章

ブロックチェーン

第1章　ブロックチェーン

１　ブロックチェーンの概要

　ブロックチェーンは、Satoshi Nakamotoなる人物または団体が、2008年に発表したビットコインに関する論文の中で示した基幹技術を起源とする概念である。その後、ビットコインに代表される仮想通貨への注目の高まりに呼応して、ブロックチェーン技術に対する世界的な関心も高まり、現在ではフィンテックの重要な一分野として大きな注目を集めている。現在まで、ブロックチェーンについて論じた多数の論文や書籍が発表されているが、その多くは技術的な視点から記述されており難解である。本書の目的は、ブロックチェーンをビジネスに導入する方に向けてブロックチェーンに関する法制度を網羅的に示すことにあるが、本章では、次章以降でブロックチェーンをめぐる法制度に対する考察を進めるに先立ち、ブロックチェーンの大枠を説明する。

(1) ブロックチェーンとは

　ブロックチェーンについてはこれまで専門家がさまざまな議論を展開し、論者によって多種多様な定義がなされており、ブロックチェーンという用語の画一的な定義が定まっているわけではないが、「中央の管理者不在の改ざん不可能な分散型取引台帳（データベース）またはその基幹技術」との意味合いで用いられることが多い。ブロックチェーンは、中央に管理者が存在してデータベースを運営する従来の仕組みをとることなく、世界中のシステム利用者の間で権限を分散化して改ざん不可能なデータベースを運営する仕組みを実現したところに特徴がある。本書でも、ブロックチェーンという用語を一般の用例に従い、同様の意味で用

いる。

(2) ブロックチェーンによって何ができるか

　ブロックチェーンを用いることで、従来の中央集権型の仕組みが抱える問題を回避することができ、その結果、既存のサービスや社会システムに大きな改善をもたらすことができると期待されている。既に国際送金、IoT、電力取引、公共分野その他多数の分野（詳細は第1章3「既存のサービスモデルの紹介」にて説明する）において実用化の取組みがなされており、経済産業省の試算によれば国内だけでも約67兆円の経済効果を生むとされている。

　なぜブロックチェーンはこれほどに大きな影響を与え得るのだろうか。その答えは従来の中央集権型の仕組みが抱える問題の大きさにある。まずはこれらの問題点について紹介し、ブロックチェーンを用いることでこれらの問題がどのように解決されるか説明する。

ア　従来の中央集権型の仕組みが抱える問題点

　従来の中央集権型の仕組みには、以下のように大きく3つの問題点がある。

---
① 管理コストがかかる点
② 改ざん可能な点
③ 中央の管理者が機能不全になると全体が機能不全となる点

---

①　管理コストがかかる点

　現在、行政活動や企業活動のあらゆる場面でデータベースが活用され、システムが運営・管理されている。行政が運営するマイナンバー制度や登記制度を支えるシステム、金融機関の決済システム、さらにはイン

ターネット事業者が独自に構築したデータベースから社内データベースに至るまで枚挙にいとまがない。これらのシステムを運営・管理する企業・団体には、サーバー運営費や人件費、さらには光熱費まで、運営・管理体制を維持するためのあらゆるコストが生じており、社会全体で見たとき、そのコストの総量は莫大なものとなる。最近ではインターネットを通じて全世界にサービスを提供するものもあり、24時間365日体制で急増するやり取りを全て管理しているところも少なくない。さらに取り扱うデータ量が爆発的に増え、1つの企業が大量のデータを取り扱うことも珍しくなくなってきている。その結果、システム維持のためのコスト、莫大なデータの保管やバックアップのためにコストが年々増大している。そして、これらの莫大なコストは、利用料という形で利用者に転嫁されている。また、中央でサーバーを管理する場合には、定期的な保守管理・メンテナンス業務が必要となり、この点も管理コストが増大する原因となる。

② 改ざん可能な点

粉飾決算、製造業のデータ改ざん、産地偽装、融資記録改ざん、公文書改ざん等、改ざんをめぐるニュースは常に世の中を騒がせている。我々が当たり前のように信頼する権威ある企業・団体・国でさえも過去のデータを改ざんすることは可能であり、利用者の気づかないところで不利な記録に書き換えられているおそれがある。また、管理者自身による改ざんがないとしても、悪意のある第三者によりハッキングがなされ、管理者の権限を通じて改ざんがなされるおそれはある。利用者が自らの膨大なデータを中央の管理者に託すことの多い現在では、危険性は高まる一方である。改ざんが実際になかったとしても、改ざんがなされる可能性があると利用者が危機感を抱くこと自体が従来の中央集権型の仕組みが抱える問題となっている。

③　中央の管理者が機能不全になると全体が機能不全となる点

　オンライン上のサービスを利用しようとページにアクセスをしたとき、エラー画面が表示されてしまった経験はないだろうか。これはシステムを管理する会社のサーバーにアクセスが集中した場合やサーバーが悪意ある第三者により攻撃された場合等に起こり得る。インターネットに接続されている以上、常にそのリスクは付きまとう。また、運営企業・団体がサーバーのメンテナンスをしており、一時的にサービスを使えない経験もあるだろう。このような不具合に対処するために中央の管理者がサーバーを分散して管理することもあるが、サーバーの分散管理には限界があり、地震等の天災によって例えば管理者がサーバーを管理している建物が同時に被災すれば、サービス全体に被害が及ぶことを阻止することは難しい。

イ　ブロックチェーンによる解決

　ブロックチェーンを用いることにより、中央で管理する者が不要となり、世界中に分散するシステム利用者が管理者として機能する。そのため、次のようにシンプルに問題を解決できる可能性がある。

① 　管理コストの点について、管理者が分散化されたブロックチェーン技術を使えば特定の者が集中的に管理コストを負担することもなくなる。管理すべきデータの量が拡大していったとしても、インセンティブを適切に設定し、世界中に分散した利用者が管理を分担することにより特定の者の管理コストを減少させることができる。

② 　改ざん可能性の点について、ブロックチェーンは分散化した参加者によって相互に不正がないよう監視するシステムを備えているため、特定の管理者による改ざんというものは理論上生じない。ブロックチェーンは、その開発者であっても改ざんできないようにプログラムされているため、利用者は安心してブロックチェーンに基づくネットワークに参加することができる。

③　最後に、ブロックチェーンは一部の管理者が被災し、あるいは攻撃を受けたとしても、その他の分散化された無数の管理者は変わらず稼働し続けられるため、システム全体への影響はほとんど生じない。なお、ブロックチェーン1号とも言えるビットコインは2009年の誕生から多くの攻撃に晒されながらも一度もシステムがストップすることなく現在も動き続けている。

　このように利用者はブロックチェーンを導入した仕組みにより、従来の中央集権型の管理方法が抱える問題点を乗り越えることができる。ブロックチェーンは、既存のデータベースシステムの根本的な仕組みを変化させることでさまざまな場面で既存のデータベースシステムが抱える課題を解決することができ、国内だけでも67兆円の経済効果が現れるという試算も大げさな予想ではないことがわかる。

○コラム　仮想通貨取引所に対するハッキング

　コインチェック株式会社の仮想通貨取引所に対するハッキングをはじめ、世界中の取引所がハッキングの標的となっており、ハッキングによる顧客の仮想通貨流出が問題となっている。しかし、これはブロックチェーン自体に改ざんがなされたわけではないことに注意が必要である。仮想通貨取引所の多くは従来の取引所運営企業と同じように、中央にある（取引所運営会社の）データベースで顧客の情報・資産を管理している。ハッカーとしては取引所運営会社のデータベースに侵入し、仮想通貨を自己のアカウントに送信するように取引所運営会社のシステムに指令を出すことによりハッキングが可能である。この場合、ブロックチェーン上には、ハッキングによる指令に基づく送信記録がシステムに従って記述されるに過ぎず、ブロックチェーンが改ざんされたわけではない。

　多くの仮想通貨保持者が仮想通貨取引所に中央集権的な管理を委ねていることにより、このような問題が生じている。将来的には仮想通貨取引所による管理ではなく、個々の利用者により分散化された管理システムの導入等が普及する可能性もある。

(3) ブロックチェーンの仕組み

　ブロックチェーンで分散化した管理によって、①管理コストの低減、②改ざん困難なデータベースの構築、③堅牢性の向上が実現できることがわかったが、技術的にはどのように実現できるのか。分散型管理が誰によってどのようになされるのかについて、ブロックチェーンの基本的な仕組みに触れながら説明する。

ア　誰によって分散型管理がなされるか

　ブロックチェーンは世界中のインターネットに接続された端末によって管理される。これら1つひとつの端末はノードと呼ばれる。ノードとはネットワークにおける「結節点」という意味で使われる。我々の使用しているPCやスマートフォンもノードになることができ、現在も全世界規模でノードの数は増え続けている。ノードはブロックチェーン上の取引の参加者であり、他のノードが実行した取引の管理者となる場合もある。

ノードイメージ図

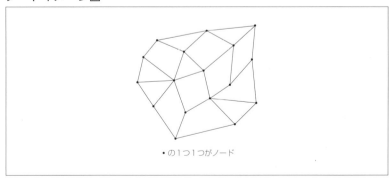

・の1つ1つがノード

イ　どのように分散型管理がなされるか

(ア)　「ブロック」と「チェーン」による管理

　それではノードはどのように記録を管理するのだろうか。ここでは代表的なビットコインにおけるブロックチェーンの仕組みを紹介する。ブロックチェーンではノード間で過去になされた全てのやり取りが記録されている。ブロックの中の取引の1つひとつを見ても自分が現在何をどれだけ所有しているかわからないが、現在まで全ての取引をたどり収支の計算をすることで自分の所有分を把握できる。

　ここまでは全取引を記録したデータベースに過ぎないが、ブロックチェーンの特徴は、記録を一定の期間（ビットコインでは約10分）で区切って参加者の間で虚偽のない適正な取引であるか否かについて検証・承認を行う点にある。一定期間の取引記録の集合体はブロックと呼ばれる。一度承認がなされたブロックの後には次の期間で形成されたブロックが連なっている。ブロックには形成された時にタイムスタンプが押され、時系列順に番号が付与され、前後のブロックは鎖（チェーン）で結ばれたように強固に結びつけられる。過去全ての譲渡記録が都度ブロックで固められ、それぞれが分散しないようにチェーンで連結することにより、データベースの改ざん余地を低減し、堅牢性を高めることができる。

　具体例で説明する。実際のブロックチェーンではノードは無数に存在するが、ここでは、AからEまでの5名がノードであると仮定する。このとき、以下の図のようなイメージで取引が記録される。ビットコインをはじめとする仮想通貨のブロックチェーン上ではアドレス情報等の無機的な数列がやり取りされることになるが、土地やダイヤモンド等の財産を取引する場合には誰から誰に何が移転したかのデータがノード間でやり取りされることになる。ブロック内には、取引データだけではなく、前のブロックのデータを簡易な文字列にしたデータ（「ハッシュ値」

ビットコインのブロックチェーンイメージ図

も含まれており、前のブロックを改ざんしても、後のブロックとの整合性がとれなくなるため、改ざんがなされないような仕組みとなっている。

　ビットコインでは約10分で1ブロックが生成される。ナンス値はマイニングで必要となる任意の値（詳細は第3章2「仮想通貨のマイニング事業」で説明する）である。

(イ) 合意形成プロセスの問題とその解決策

　AがBに5BTC渡したという記録は、従来の中央の管理者がいるサービスでは、取引実行後直ちに管理者によって一斉に全てのノードに同期されるため、Aが5BTCをBに渡した時点で、Aの所持は0BTCとなり、Cに渡せるものはない。しかし、分散化したブロックチェーンのサービスでは取引をした後に他のノードに情報をバケツリレーのように渡していくため、各ノードに同じ情報が違うタイミングで伝わることになる。そのため、悪意あるノードであるAが5BTCをBに渡したという取引記録を他のノードに渡し、同じ5BTCをCに渡したという取引記録を別のノード（A→Bの取引を知らないため、Aは5BTCをもっているものと考えている）に渡すことで、Aは本来所持していた5BTCについて二重に（10BTC分）取引できてしまう。時間が経って各ノードに取引記録が行き渡ったとしてもA→B（5BTC）という取引記録とA→C（5BTC）という記録が併存し、どちらの取引が正しいのか分からなくなってしまう（これを二重支払問題という）。どれか1つの取引に

第1章　ブロックチェーン

決定するプロセスがなければAは取引を増殖することができ、改ざんを許すことになってしまう。二重支払を防ぐような耐改ざん性の強い合意形成方法を定める必要がある。

二重支払問題

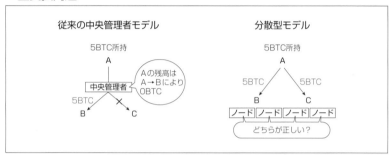

ここで単純にノードの過半数の合意で決めてしまうと、1人が端末をひたすら増やすことや、ノード間の結託により、恣意的に過半数を作り出せてしまう。その結果、過半数は自らに有利な取引を改ざんできてしまうことになる。このように多数の参加者から裏切り者が出ることを想定してどのように合意形成プロセスを定めるべきかという問題は古くからビザンチン将軍問題と呼ばれ、一時は解を導くことができない難問とされていた。これに一定の解を与えたのが2008年にビットコインに関する論文（Bitcoin: A Peer-to-Peer Electronic Cash System）を発表したSatoshi Nakamotoであり、これがブロックチェーン、仮想通貨の起源とされる。

Satoshi Nakamotoは、論文の中で合意形成の問題をビットコインのマイニングで解決できることを示した。マイニングとは、ノードの中のマイナーとよばれる者が、計算を最も早く成功させることにより報酬として特定量のビットコインを獲得する方法であることで知られているが、より重要であるのは、虚偽の取引を排除できる合意形成を実現したこと

にある。報酬を得るための計算という仕事を通じて合意形成を果たすことから Proof of Work（PoW）（仕事の証明）と呼ばれる。マイニングの計算方法についての詳しい説明は、第3章2「仮想通貨のマイニング事業」で行うため、ここでは簡単に次の順序によって、どのように二重支払を防ぐのかAからFの6名のノードがいる場面を仮定して説明する。

> ○コラム　ビザンチン将軍問題（ビザンチン障害）
> 　ビザンチン将軍問題（ビザンチン障害）とは、分散型ネットワークでの合意形成問題のことを指す。ビザンチン帝国の9名の将軍が、ある都市を攻め落とすため総力を結集して各々の持ち場を包囲している場面で、1人でも裏切り者が出れば攻撃は失敗するという状況におかれた場合、裏切り者の存在を想定した上で正しい合意形成行うことが極めて困難になるという問題に由来する。
> 　以下命題を設定して説明する。
>
> ◇命題
> ・都市を攻め落とすには9つの部隊の一斉攻撃が必要
> ・1部隊でも欠けた状態で攻撃した場合は敗退
> 　そのため「全軍一斉攻撃」か「全軍撤退」か将軍達で合意しなければならない。
>
> 　この命題のもと、もし合意形成を多数決で行おうとすれば、各部隊が都市を包囲している状態のため、集まって話すことができず、合意するために各部隊に伝令を送り、白軍が「攻撃」か「撤退」かの意思表示をすることになる。全ての伝令が完了し、他部隊からの情報と自分の意見で多数決の結果が分かる。例えば「攻撃」が5票、「撤退」が4票であれば全軍一斉攻撃（「撤退」派でも攻撃に参加）することになる。
> 　この時問題であるのは、「攻撃」が4票、「撤退」が4票である場合、残りの1将軍が二枚舌で「攻撃」派には「攻撃」の伝令、「撤退」派には「撤退」の伝令を送ることで、「攻撃」派の4将軍は他の「撤退」派の4将軍が撤退しているにも関わらず、多数決が成立したと思い込み攻撃し、敗北してしまう。

第1章　ブロックチェーン

①　1BTCを有するAがBに1BTCを送信する

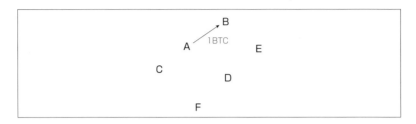

②　AからBに1BTC送信したという取引情報をAが他のノードに渡し、全ノード間に情報を伝播させる。

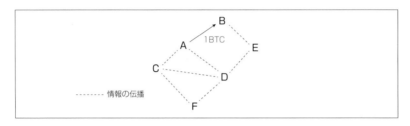

③　各ノードの取引記録に追加

　　（各ノードが情報を受信するタイミングは異なり、取引記録は完全に同期していない）

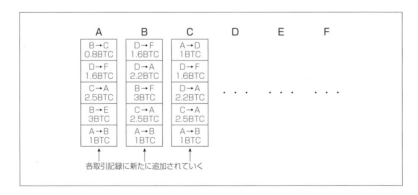

④ マイニングに参加するノード（マイナー）が一定期間の取引記録の中からブロックチェーンに記録する取引をピックアップし新規ブロックを形成する。

（この時、二重支払が含まれないようにする）

＜例えば、ノードのBがマイナーになった場合＞

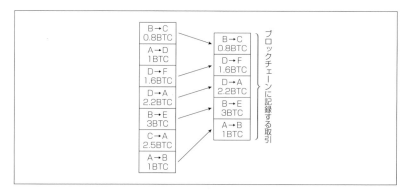

⑤ ④のマイナーのうち、計算を最も早く成功させたマイナーが一つ前のブロックに新規ブロックを接続できる。

⑥ 他のマイナーは計算が誤っていないか、新規ブロックに二重の取引が含まれていないか等をチェックする。

⑦ 問題がなければ計算を成功させたマイナーは報酬を得られる。

もし計算が間違っている、または、二重取引がなされていることが他のマイナーに発覚すると、そのブロックは無視され、後にはチェーンが続かない。他方で別のマイナーが計算に成功して生成したブロックの内容に問題がないと評価されれば、そちらのチェーンが伸びていく。チェーンが分岐してしまった場合には、長く伸びた方のチェーンが正しいとされ、短い方のチェーンはなかったことにされるルールが設定されており、後に続かず敗北してしまったチェーンのマイナーは報酬を得られない。

マイナーは計算競争に勝つために莫大な設備や電気代のコストを支払

いながら、マイニング報酬を得て収支を保つことを目的としている。そのため、マイニングで虚偽の取引が含まれるチェーンに加担することは、これまでかけた莫大なコストを回収するためのマイニング報酬を失うということを意味する。ゆえに、マイナーとしては二重支払の含まない正しい取引のみ記録して誠実にブロックを形成していくことに強いインセンティブがある。

なお、マイナー同士で結託し、計算力の過半数を得た場合には、二重支払を含むブロックが生成されたとしても、他のマイナーが伸ばす正規のチェーンよりも長いチェーンを圧倒的な計算力により伸ばすことができてしまう。これを51％攻撃のリスクという。しかし、そのようなことが明るみになればブロックチェーンの利用者はシステム自体を信用しなくなり、結託したマイナー達の有する仮想通貨も含め、その価値は暴落するであろう。仮想通貨による収入に依存するマイナーにとってこれは強い抑止力として働く。

ウ　改ざんが限りなく困難な分散型管理の実現

以上説明してきた通り、分散型の管理はノードによる情報の伝播とノードの一部であるマイナーによるブロックの形成・承認作業によって実現する。マイナーに権限が集中しているのではないかと思われるが、マイニング報酬をインセンティブにすることで、改ざんのない誠実なマイニングが求められる設計がなされている。そのため、参加者が分散化していても改ざんが極めて困難な合意形成プロセスが実現する。

(4)　ブロックチェーンの種類

今までの説明は、代表的なビットコインのブロックチェーンに関するものであるが、これ以外にも多種多様なブロックチェーンが存在する。その中でもノードの参加を自由に認めるか否かにおいて大きく①パブ

1 ブロックチェーンの概要

リック型、②プライベート型、③コンソーシアム型の3つに分類される。なお、この用語は一般的なものではなく、本書の中での分類用語であることに留意されたい。

① パブリック型

インターネットに接続できる者であれば誰であってもノードになることができる。これまで主に説明してきたのはこの型であり、狭義のブロックチェーンとも呼ばれる。パブリック型はノード間で面識はなく、新たな参加者も随時入ってくるため、ノードの分散性がより強まり、耐改ざん性があり、第三者からの攻撃に強い。しかし、不特定多数のノード間における合意形成プロセスを経なければならず、処理に時間がかかることから大量の取引を処理することに向かないことが難点である。ビットコインでは、ブロックの承認に約10分間かかってしまうことや、マイニングによる莫大な電気代消費も問題となっている。

② プライベート型

パブリック型の対極にある型である。単独の管理者が存在し、ノードとして参加するためには管理者の許可が必要である。不特定多数のノード間での合意形成問題を考える必要がないことから、迅速な合意ができ、大量取引に向いている。しかし、中央集権的なシステムであることから、ノードが分散せず、コストが中央に集中することや単一の障害点が生じることからブロックチェーン本来の利点を一部犠牲にしている面は否めない。銀行等の金融機関、または企業内のプロジェクトに活用されることが多い。第1章3「既存のサービスモデルの紹介」で紹介するMUFGコインは、企業内の全取引データを複数の小型コンピュータネットワークに分散化管理させるが、管理権限は中央の単体に集約させており、プライベートチェーン型の例といえる。

第1章　ブロックチェーン

③　コンソーシアム型

　パブリック型とプライベート型の中間である。管理者が承認した者のみノードとなることからパブリック型とは異なり、管理者が複数存在していることからプライベート型とは異なる。パブリック型の分散性とプライベート型の迅速性の両方を兼ね備えることから、ブロックチェーンの特徴を残しつつ、その欠点を補うような活用が期待できる。複数の企業や団体がコンソーシアムを組む場面での決済処理や事業管理に向いている。第1章3「既存のサービスモデルの紹介」で紹介するリップルは、国際送金を実行するブロックチェーンにおいて、バリデーターと呼ばれる取引承認者を複数置いており、コンソーシアム型の例といえる。

	パブリック	コンソーシアム	プライベート
管理者	不在	あり（複数）	あり（単独）
参加者	不特定多数	特定複数	組織内
メリット	耐改ざん性高い	両者の中間に位置する	迅速な合意ができる
デメリット	合意形成問題あり	両者の中間に位置する	耐改ざん性低い

　ブロックチェーンを活用する際には、導入を考えるビジネスの特性に最適なブロックチェーンの型を決定する必要がある。物事を改ざんのない形で記録することが重要なビジネスであれば、耐改ざん性が高いオープンな形のパブリック型ブロックチェーンを採用することが望ましく、取引の迅速性の向上が望まれる決済サービス等のビジネスであればクローズドな形のプライベート型ブロックチェーンの採用が望ましいことになる。また、どちらか極端にするのではなく、分散性と迅速性のバランスを調整できるコンソーシアム型を採用することもあり得る。

2 法領域・規制官庁・自主規制団体の概要

　ブロックチェーン・仮想通貨ビジネスを扱うに当たっては、どういった法律が関係し、規制を所管する官庁や団体はどこになるのだろうか。ビジネスを適法に進めるに当たっては、どういった法律に注意すべきかの勘所が重要であるし、法律の詳細がわからなかった場合にどういった官庁や団体に照会をすればよいかを知っていることは重要であるため、以下ではこれらを概観したい。

(1) 法律・規制官庁

　最も重要なのは、資金決済法である。2017年4月1日に新たに施行された資金決済法にて、新しく「仮想通貨」および「仮想通貨交換業」の概念が新設され、仮想通貨交換業に登録制が導入された。仮想通貨を扱う場合はもとより、決済に関連した周辺サービスを用いる場合にも、確実に概要を掴んでおかなければならない法律である。規制官庁は、金融庁である。金融庁では、2018年7月17日付で森信親長官が退任して遠藤俊英監督局長が長官に就任し、それに伴って、検査局を廃止し、総合政策局を新設するなどの組織再編が行われた。仮想通貨を規律する資金決済法の規制全般については、主に金融庁監督局総務課金融会社室が管轄してきたが、組織再編後は金融庁企画市場局が担当することが予想される。また、仮想通貨交換業の規制や登録実務については、金融庁監督局総務課仮想通貨モニタリングチームおよび所管の財務局が担当してきたが、組織再編後は、金融庁総合政策局フィンテックモニタリング室および所管の財務局が担当することになっている。

第1章　ブロックチェーン

次に重要なのは、犯罪収益移転防止法である。マネーロンダリングを防止するために、金融業務を営む「特定事業者」は、顧客の本人確認等

> ○コラム　世界初の仮想通貨法
>
> 　改正資金決済法は、日本で初めて仮想通貨に関する規制を定めたものとして、「仮想通貨法」とよばれることもある。世界で進むフィンテックの分野に代表されるITイノベーションの競争に、日本も伍して競争していくことを目標に、日本が世界に先立って定めた法律である。世界中から注目を集めた先進的で画期的な立法であった。
> 　経緯としては、2014年9月に、麻生金融担当大臣により、金融審議会に対し、決済や関連する金融業務の基盤整備等について諮問がなされ、後に決済業務等の高度化に関するワーキンググループにて、「決済業務等の高度化に関するワーキンググループ報告〜決済高度化に向けた戦略的取組み〜」（2015年12月22日）が報告され、これに基づいて改正資金決済法が整備されることとなった。

> ○コラム　マウントゴックスの破綻と改正資金決済法への影響
>
> 　2014年には日本において、当時世界最大規模の仮想通貨と法定通貨の交換所を営んでいた事業者、株式会社Mt.Gox（マウントゴックス）が破たんするという事案が発生し、後日、同社が顧客から預かっていた資金やビットコインに対して、実際に保有する資金やビットコインが大幅に過小となっていたことが明らかになり、大きな社会問題となった。
> 　また、2015年6月に開催されたG7エルマウサミットの首脳宣言や、同月にFATF（金融活動作業部会）が公表したガイダンスでは、仮想通貨と法定通貨の交換所に対して、マネーロンダリングおよびテロ資金供与規制を課すことが各国に求められることになった。こうした状況を踏まえ、決済業務等の高度化に関するワーキンググループでは、具体的な規制のあり方について検討が行われ、仮想通貨と法定通貨の交換所について、マネーロンダリングおよびテロ資金供与規制を導入し、不正利用の防止という国際的な要請に対応するとともに、利用者保護の観点からの規制を通して、利用者の信頼を確保するための環境整備を行うことが提言された。

2 法領域・規制官庁・自主規制団体の概要

を行う必要があるが、2017年4月1日施行の改正犯収法では、「特定事業者」に「仮想通貨交換業」が追加された。規制官庁は、金融庁であり、その中でも監督局総務課が対応を行っている。

その他、フィンテックにより決済、預金、投資に関する事業を行う場合には、金商法、銀行法、貸金業法等が関係する。

また、一般消費者を対象としたtoCのビジネスを行うのであれば、消費者契約法、特定商取引法等が関係する。

ブロックチェーンで情報を取り扱う場合には、個人情報については個人情報保護法が、営業秘密を取り扱う場合には不正競争防止法が関係する。企業のブランドを保護するためには商標法、ブロックチェーン技術を保護するために著作権法や特許法が関係する。

その他、商取引の一般法として、民法、商法が関係する。

上記を踏まえた、ブロックチェーン・仮想通貨ビジネスの関係法令と所管官庁の詳細は、以下の通りであるから、新規ビジネスを行う際のあたりをつけるに当たって参照していただきたい。

関係法令		対象となるビジネスモデルの概要	所管官庁
仮想通貨関連	資金決済法	① 仮想通貨の売買および他の仮想通貨との交換、 ② ①の媒介、取次ぎおよび代理、 ③ ①②に関する利用者の金銭および仮想通貨の管理	・金融庁総合政策局フィンテックモニタリング室および所管の財務局(仮想通貨交換業の規制や登録実務)
	犯収法	・仮想通貨交換業 ・銀行、信用金庫、信用組合等 ・保険会社、少額短期保険業者 ・金融商品取引業者 ・信託会社 ・不動産特定共同事業者 ・貸金業者 ・資金移動業者 等	金融庁監督局総務課

金融関連	金商法	・金融商品への投資助言 ・金融商品の募集・勧誘等 ・株式投資型、ファンド持分投資型、貸付型クラウドファンディングプラットフォーム	金融庁企画市場局市場課・企業開示課・監督局証券課
	銀行法	・預金の受入と資金の貸付を併せて営む ・為替取引を行う ・電子決済等代行業者 Ex. 銀行の口座情報の取得サービス（AISP） 　　銀行の口座に対して決済指図を伝えるサービス（PISP）	金融庁監督局銀行第一課・銀行第二課 金融庁郵便貯金・保険監督参事官室
	保険業法	保険商品の組成や販売、契約の引受け、保険金の支払を行う	金融庁監督局保険課 金融庁郵便貯金・保険監督参事官室
	国外送金等調書法	銀行や資金移動業者が海外送金サービスを提供する	国税庁
	外為法		財務省 経済産業省
	貸金業法	金銭の貸付、またはその媒介を業として行う	金融庁金融会社室 消費者庁
	利息制限法		法務省 金融庁金融会社室
	出資法		法務省 金融庁金融会社室 消費者庁
一般消費者関連	消費者契約法	消費者を対象とした取引を行う	消費者庁
	特定商取引法	金融規制法の適用を受けていない事業者が一般消費者向け事業を行う	消費者庁
情報関連	個人情報保護法	顧客の個人情報を取り扱う	消費者庁

② 法領域・規制官庁・自主規制団体の概要

	マイナンバー法	証券取引や国外送金を行う（顧客から個人番号の申告を受ける必要）	内閣府
	不正競争防止法	企業の営業秘密を取り扱う	経済産業省
知的財産権関連	商標法	自社のブランド保護	特許庁
	著作権法	自社のブロックチェーン技術保護	文化庁
	特許法		特許庁
一般商取引関連	民法・商法	一般の商取引全般	法務省

(2) 自主規制団体

　2009年1月に世界初の仮想通貨であるビットコインが誕生してから、2017年に日本で改正資金決済法が施行されるまでの間、特に仮想通貨に関する法律は世界に存在しなかった。

　法律が存在しない中で、ブロックチェーン・仮想通貨ビジネスについてどういったルールが適切かを議論してきたのが自主規制団体である。ブロックチェーン・仮想通貨ビジネスを行うに当たってキーとなる自主規制団体や関連する団体の概要について紹介したい。

ア　一般社団法人日本ブロックチェーン協会（Japan Blockchain Association、JBA）

　JBAは、2014年9月12日に一般社団法人日本価値記録事業者協会（Japan Authority of Digital Assets、JADA）として発足し、2016年4月15日にJBAとして改組された。

　JBAは、ブロックチェーン・仮想通貨に関するビジネスに関し最も歴史のある自主規制団体である。現在イーサリアム財団 Executive Director を務めている宮口礼子氏や、株式会社 bitFlyer の代表取締役である加納裕三氏らを中心に発足・発展してきた。

内部では、仮想通貨部門と、ブロックチェーン部門に分かれ、仮想通貨部門では、仮想通貨を用いたビジネスに関しての勉強会、自主規制に関する議論が行われている。ブロックチェーン部門では、仮想通貨のみに囚われないブロックチェーンのユースケースを議論する勉強会等が行われている。

他の団体よりも、ブロックチェーン技術やイノベーションにスポットをあてて活動を行っており、ベンチャー企業等が会員に多く含まれることが特徴である。

JBA と後記 JCBA が共同して、2018年4月23日に後記の日本仮想通貨交換業協会が設立され、仮想通貨交換業に対する自主規制は同団体で担うことになったが、JBA は、仮想通貨を扱うビジネスのみに限定されないブロックチェーン技術の普及や促進のために今後も継続して活動を行うことになっている。

イ 一般社団法人日本仮想通貨ビジネス協会（Japan Cryptocurrency Business Association、JCBA）

JCBA は2016年4月18日に発足した、仮想通貨ビジネス勉強会から2016年12月19日に組織改編を経て成立した一般社団法人である。

株式会社マネーパートナーズの代表取締役である奥山泰全氏が理事（会長）を務め、銀行・証券会社・金融商品取引業者が日本国内において仮想通貨ビジネスをはじめるに当たり、テクノロジー・会計・レギュレーション・商慣行等の面から、必要な情報の調査・研究、知見の集約、意見交換を積極的に行い、業界の健全な発展を目指すための活動を行っている。

他の団体に比べると、既存の金融・FX 業界で活躍している会員が多いのが特徴である。

ウ　一般社団法人ブロックチェーン推進協会（Blockchain Collaborative Consortium、BCCC）

　BCCCは、2016年4月25日に、インフォテリア株式会社代表取締役である平野洋一郎氏を代表理事として、日本国内におけるブロックチェーン技術の普及啓発、研究開発推進、関連投資の促進および海外のブロックチェーン団体との連携等を目的に設立された。BCCCではブロックチェーン技術の技術者育成を目的として2016年8月に「ブロックチェーン大学校」を開講し、これに加えて2018年2月9日に「ブロックチェーン技能検定」を実施し、ブロックチェーン技術を応用した新たなトークンを開発するプロジェクト「Zen」を進めている。Zenは仮想通貨技術を利用したデジタルコインで、日本円と等価交換ができる（1Zen当たり1円）という特徴をもつとされている。

エ　一般社団法人日本仮想通貨交換業協会（Japan Virtual Currency Exchange Association、JVCEA）

　2018年4月23日、JBAとJCBAを基盤にし、金融庁から仮想通貨交換業の登録を受けた16社が集まり一般社団法人日本仮想通貨交換業協会が設立された。業界団体として仮想通貨の取扱いに関する各種ルールを整備し、金融庁から自主規制団体として認定される予定である。会長にはマネーパートナーズ代表取締役社長の奥山泰全氏、副会長としてbitFlyer代表取締役の加納裕三氏およびビットバンク代表取締役社長の廣末紀之氏が就任し、理事として、以上の3氏に加え、SBIバーチャル・カレンシーズ代表取締役執行役員社長北尾吉孝氏とGMOコイン代表取締役社長石村富隆氏が選任された。なお、2018年6月25日、加納裕三氏および廣末紀之氏は、同協会の副会長を辞任している。

　今後、金融庁の管轄下にある自主規制団体として、仮想通貨交換業に関する自主規制や指導・監督を行っていく予定であり、仮想通貨交換業

第1章 ブロックチェーン

をビジネスとして行うに当たっては、最も重要な自主規制団体となる。

3 既存のサービスモデルの紹介

　現在、ブロックチェーンの実用化に向けた取組みが世界中でなされている。以下の図表に挙げられた分野はほんの一部に過ぎず、これら以外にも多種多様な分野でブロックチェーン導入への取組みがなされている。本項では、代表的なブロックチェーン実用化事例を紹介し、実用化に適するビジネスとは何かを検討する。

ブロックチェーン技術活用のユースケース

金融系	ポイント／リワード	資産管理	商流管理	公共
決済 (SETL, FactoryBanking)	ギフトカード交換 (GyftBlock)	bitcoinによる資産管理 (Uphold(旧Bitreserve))	サプライチェーン (Skuchain)	市政予算の可視化 (Mayors Chain)
為替・送金・貯蓄等 (Ripple, Stellar)	アーティスト向けリワード (PopChest)	土地登記等の公証 (Factom)	トラッキング管理 (Provenance)	投票 (Neutral Voting Bloc)
証券取引 (Overstock, Symbiont, BitShares, Mirror, Hedgy)	プリペイドカード (BuyAnyCoin)	**ストレージ**	マーケットプレイス (OpenBazaar)	バーチャル国家/宇宙開発 (BitNation/Spacechain)
bitcoin取引 (itbit, Coinffeine)	リワードトークン (Ribbit Rewards)	データの保管 (Stroj, BigchainDB)	金保管 (Bitgold)	ベーシックインカム (GroupCurrency)
ソーシャルバンキング (ROSCA)	**資金調達**	**認証**	ダイヤモンドの所有権 (Everledger)	**医療**
移民向け送金 (Toast)	アーティストエクイティ取引 (PeerTracks)	デジタルID (ShoCard, OneName)	デジタルアセット管理・移転 (Colu)	医療情報 (BitHealth)
新興国向け送金 (Bitpeca)	クラウドファンディング (Swarm)	アート作品所有権/真贋証明 (Ascribe/VeriSart)	**コンテンツ**	**IoT**
	コミュニケーション	薬品の真贋証明 (Block Verify)	ストリーミング (Streamium)	IoT (Adept, Filament)
	SNS (Synereo, Reveal)		ゲーム (Spells of Genesis, Voxelnauts)	マイニング電球 (BitFury)
イスラム向け送金/シャリア遵法 (Abra, Blossoms)	メッセンジャー、取引 (Getgems, Sendchat)	シェアリング ライドシェアリング (La'ZooZ)	**将来予測** 未来予測、市場予測 (Augur)	マイニングチップ (21 Inc,)

経済産業省「ブロックチェーン技術を利用したサービスに関する国内外動向調査」より引用

(1) 国際送金

　ブロックチェーン技術の導入が最も早く実現し、その効果が如実に現

れる分野は国際送金であるとされる。数ある実用化案の中でも従来の仕組みを大きく改善するものであることから、その効果を期待されている。従来の国際送金と比較してどれだけの改善をもたらすのか、その仕組みも含めて解説する。

ア　従来の国際送金

はじめに、ブロックチェーンによる改善度合いを理解するために、従来の国際送金でかかるコストの試算を行い、ブロックチェーン導入後との比較を行う。なお、ここで試算するコストはあくまで1つの例であり、もちろん条件によって異なる場合もある。

日本にいる送金者からアメリカにいる受取人に100万円を送ることを想定する。

① 日本の銀行での送金手数料（約4,000円）
② 日本円を米ドルに変更する際の為替マージン（銀行の表示する為替レートと実際の為替レートとの乖離、約9,000円）
③ 異なる銀行間を仲介するコルレス銀行の仲介手数料（約2,000円）
④ アメリカの銀行での手数料（約3,000円）

このように簡単に試算しただけでも合計2万円弱の送金手数料がかかってしまう。問題は送金手数料だけではない。送金作業はそれぞれの機関の人の手を介してなされることから、決済には早くとも2〜5営業日を要し、人為的ミスによる送金額喪失のリスクもある。国際送金にはSWIFTという国際機関による送金プロセスの迅速化なども試みられているが、これら問題を抜本的に解決するまでには至っていない。

イ　Ripple社によるブロックチェーンを導入した国際送金

従来の国際送金のコストや決済時間を大幅に削減したのがアメリカのRipple社による国際送金技術である。Ripple社はブロックチェーンが誕生する前の2004年から国際送金に関する問題解決に取り組み、ブロッ

3 既存のサービスモデルの紹介

国際送金でかかるコスト

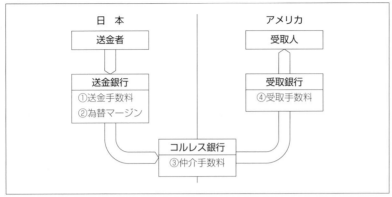

クチェーン誕生後は、ブロックチェーン導入に一早く取り組んでいる。最近では、2018年5月10日にアメリカ・メキシコ間で同社のシステムであるxRapidを用いた国際送金のテストを行った。同テストの結果、従来の送金手数料が40〜70％節約され、送金にかかる平均時間が2分前後に大幅に短縮されている。このようにブロックチェーンを活用することで驚異的な低コスト化と迅速化が実現している。

　xRapidによる国際送金の仕組みを簡単に説明すると、送金に携わる金融機関が、発信地と目的地双方の仮想通貨取引所に直接連携し、発信地の通貨はブリッジ通貨XRPに交換され、目的地の仮想通貨取引所に移転、さらに目的地の通貨に交換、最後に特定の送金先アカウントに送金される。

　Ripple社ではビットコインにおけるPoWとは異なり、PoC（Proof of Consensus）という承認システムが採用されている。PoCでは取引を承認するバリデーターと呼ばれる者がおり、そのバリデーターのうちの8割が承認すれば取引が承認される。複数の管理権限あるノードによって運営されるためコンソーシアム型のブロックチェーンに分類でき、取引速度は極めて早い。

ウ　日本での取組み

　日本企業の中にも Ripple 社と提携することにより、注目すべき実証試験を行っている企業が存在する。例えば、2018年5月14日、株式会社三菱UFJフィナンシャル・グループと三菱商事株式会社は、タイやイギリスの金融機関と提携し、Ripple 社の xCurrent システムを使った国際送金の実証実験を開始し数年内の実用化を目指すことを発表した。当該実証実験では、三菱商事の子会社が、三菱UFJ銀行子会社であるタイのアユタヤ銀行と、シンガポールのスタンダートチャータード銀行にそれぞれ保有する口座間で国際送金を行い、成功させている。

　また、国外のみならず国内での送金サービスの実現にも取組みがなされており、2016年1月にSBIリップルアジアが主導する内外為替一元化コンソーシアムが発足し、りそな銀行、スルガ銀行、住信SBIネット銀行をはじめとする多くの国内金融機関が参画している。銀行間の国内送金にもブロックチェーンを導入する動きが見られる。

(2)　銀行独自トークン

　国際送金と並んで注目されているのは国内のメガバンクが実用化を狙う独自トークンである。以下では代表的な MUFG コインと J コインについて紹介する。

ア　MUFG コイン

　MUFG コインとは、現在三菱UFJフィナンシャル・グループ（以下「MUFG」という）が発行を検討しているの仮想通貨である。MUFG コインを用いると、加盟店での買い物や、P2P通信を利用した高速度で低コストの送金を実現することができる。ビットコインと機能は同じように思われるが、MUFG が単独で管理するプライベート型のブロック

チェーンを用いることから、合意形成プロセスの問題はなく、決済スピードは極めて早い。2017年5月には社員間における実証試験としての利用が始まっており、2018年度中には一般への公開が予定されている。

　MUFGコイン発行による利便性は、消費者に対するものよりも、発行側である銀行に対するものが大きい。銀行では全ての取引データを行内の大型コンピューターで管理しているため、システム投資やその管理に多額の費用がかかってしまう。そこでブロックチェーンの技術を用いて、複数の小型コンピューターのネットワークを行内に構築すれば、コストを大幅に削減した形で改ざん困難なシステムを実現することができる。また、MUFGコインが浸透することで現金の使用割合が減少すれば、ATMの設置管理コストを大幅に削減することができる。さらには、MUFGコインの使用履歴のデータを取得することで、消費者の売買活動に関する貴重なデータを得ることができる。

イ　Jコイン

　Jコインとは、みずほフィナンシャルグループ、ゆうちょ銀行、その他70の地銀が発行を検討している電子トークンである。その機能としてはMUFGコインとほぼ同じである。2018年3月には、福島の復興支援も兼ねて、福島県富岡町や浜通り地域での利用の実証試験を行う旨の発表がなされている。また、加盟店への手数料を、通常利用金額の数％であるクレジットカードの手数料よりも抑えることで、加盟店の拡大を目指す考えである。インバウンドの需要を取り込むために2020年の東京五輪に先立つ公開を目指している。

　JコインとMUFGコインの大きな違いは、Jコインは1コインの価格が1円に固定されており、円と完全に連動するようになっている一方で、MUFGコインは1コインが1円になるよう調整されるだけで完全に連動はしない点である。詳細は後述の第2章3「資金決済法」で述べるが、Jコインのように法定通貨の価値に完全に連動する通貨は、法律上「通

貨建資産」として「仮想通貨」として扱われない。むしろ、送金にも使える電子マネーと近い性質を持つ。

ウ　銀行独自通貨の今後

　ビットコインをはじめとする、法定通貨と連動しない仮想通貨は、その独自の値動きとボラリティの高さから、決済目的ではなく投機目的で用いられるとの見方が多い。他方で、現在実証実験が進められている銀行独自通貨の一部にはＪコインのように円の価値に固定されたものもあり、発行されれば電子マネーと同じように多くの場面で使用されることが考えられる。電子マネーが多様化したように、数多くの銀行独自通貨が登場すると思われるが、国内の銀行間の取引にも用いられるならば、いずれは１つの通貨に収斂すると予想される。MUFGとしては、自社の通貨にこだわる必要性はなく、Ｊコインに参画することも検討しているとのことである。

(3)　シェアリングエコノミー

　シェアリングエコノミーとは、乗り物・空間・モノ・カネ・ヒトをはじめ、世の中に存在するあらゆる資産をコミュニティ内で売買・貸借・共有できる社会的仕組みである。多くの遊休資産が活用されないまま眠っているとされており、これら資産を用いたシェアリングサービスの市場は、2025年までに3,350億ドル（約37兆円）にもなるとの推計もある。この成長産業に対してもブロックチェーン実用化により大きな改善をもたらす可能性がある。

ア　従来のシェアリングエコノミーサービス

　シェアリングエコノミーといえば、アメリカを拠点として部屋の貸し借りサービスを展開するAirbnb, Inc.社が代表例である。便利なサービ

スとして多くのユーザーを獲得しているが、住居を貸したい人、借りたい人は常にAirbnb社を経由しなければサービスを受けられない。ユーザー同士が直接金銭をやり取りすることはサービス利用規約上禁止され、必ず中央管理者を通して決済を行い、仲介料を支払うことが義務づけられている。また、この仕組みにおいては、特に鍵の受渡し作業において必要以上にコミュニケーション図らねばならず不便な点が多いとの不満が多く聞かれる。

イ　Slock.itのブロックチェーンを用いたシェアリングエコノミーサービス

ドイツを拠点とするSlock.it GmbHは、会社名と同名のシステムSlock.it（スロックイット）を開発し、ブロックチェーン技術によって第三者の仲介者を介在することなく、鍵をかけられるあらゆるもの（家・車・洗濯機・自転車等）を容易に売買、賃貸または共有することを可能にした。

使用方法としては、例えば部屋を借りたい人であれば、以下のプロセスをとればよい。

---

① Slock.itが取り付けられた部屋を専用アプリで見つける。
② 専用アプリから保証金を支払い、ネットワーク上で認証されるとSlock.itが開錠する。
③ 返却時にSlock.itを施錠すると、保証金の一部が借主に戻り、一部が所有者に支払われる。

鍵が開く仕組みとしては、鍵と連動した小さな基盤がドアに取り付けられており、②の保証金支払いとして、借主がこの基盤の中にある仮想通貨ウォレットに特定の仮想通貨を送金することで、認証、開錠される。借主に対象物が損壊された場合も想定し、保険との連携も構築されている。

Slock.it の装置写真

Slock.it 紹介動画より引用

　ブロックチェーンはオンライン上での情報管理を得意とするが、データ上でのやり取りを超えて外部に物理的に干渉することが難しいとされている。Slock.it は、ブロックチェーンと鍵を連動させ、鍵を解錠・施錠するというシンプルな物理的動作だけで、モノの使用権を物理的にコントロールさせることを実現させている点で巧みであるといえる。

　インターネットがモノと繋がる IoT 分野がさらに発展すれば、モノとモノが中央管理者の仲介なく、自律的に連携して行動することも実現し、さらに複雑な形で外部にアクションを加えるようなサービスを実現することも夢ではない。

(4) 電気取引

ア　電気取引方法の変容

　従来は、電力を供給する側は電力会社のみであり、電力会社で作った高圧の電力を各家庭や会社に一方的に供給していくことが当たり前で

3 既存のサービスモデルの紹介

あった。現在は、各家庭や企業が太陽光発電や風力発電など自然エネルギーを元にした発電設備を備えるプレイヤーとなってきており、脱化石燃料の動きからその流れはさらに加速していくことが考えられる。そのため、電力が欲しい需要者は、電力会社から購入するという選択肢以外にも、周りに存在する電力供給者から電力を購入することが当たり前の時代がやってくる。そのことは、自らが余剰電力を周囲の需要者に売却することも当たり前となることを意味する。

イ 従来の電気取引方法

このように、分散化して存在する発電設備を備えるプレイヤーは、電力の供給者でもあり需要者でもあるため、発電状況や使用状況に応じて、電気を買いたい時や売りたい時が頻繁に入れ替わる。これら需要と供給を24時間365日リアルタイムでマッチングさせる必要性があるが、従来の方法では電力取引を司る中央管理者が個々の電力取引を承認の上決済をしているため、需給を適切なタイミングでマッチングすることは困難であった。取引の対象となる電力は小さいことから、管理者が得られる管理手数料は微々たるものであり、1つひとつの取引を承認決済する手間に見合わない。

ウ ENECTION 2.0の取組み

みんな電力株式会社は、株式会社 Aerial Lab Industries と協同で、ENECTION 2.0を開発し、ブロックチェーンを用いた分散型電力取引管理の実現を計画している。

ENECTION 2.0では、現在、発電事業者の発電量に応じた電気トークンをリアルタイムで発行し、トークンの流れをブロックチェーンで記録することにより、電力のトレーサビリティを実現しようとしている。今後は、個人、企業間で販売価格を相対で自由に設定して電力を直接売買できるようにし、電力のシェアリングを目指している。

第1章　ブロックチェーン

トークンによる電力シェアリングのイメージ

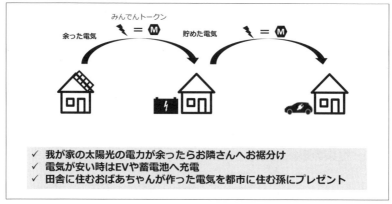

みんな電力「ブロックチェーンを活用したＰ２Ｐ電力取引プラットフォームの開発について」プレスリリースより引用

　さらに、発電事業者の電源の潜在的な発電能力を裏付けとして将来の電源価値をトークン化して売買するサービスにも取り組んでいる。

(5)　医療分野

ア　医療分野におけるカルテの重要性

　医療の現場において、診療録であるカルテは重要な役割を果たしている。患者の診療情報はカルテに蓄積され、次に同じ患者が来た時に医者がこれを参照することで、円滑な診療を行うことができる。別の医者が担当した場合にも、前のカルテを参照することで問診の時間を短縮し、効率的な診療を行うことができる。このカルテにおける医療データ管理おいても、ブロックチェーン導入により大幅な改善をすることができる。

イ　従来の医療現場における問題点

　従来のカルテによる医療データ管理には非効率な部分がある。日本の

③ 既存のサービスモデルの紹介

医療現場では電子カルテの普及率が50％を満たさず、情報共有や作業の効率化が進んでいない。一部では電子カルテが普及しつつあるが、セキュリティや扱う情報の秘匿性の問題から他の病院との間で情報を流通することは避けられる傾向にある。日本のように高齢者が増え続ける国では、医者一人当たりの負担も増し、医者の効率的な業務実施によるパフォーマンス維持が問題となっている。

ウ　NAMプロジェクト

このような問題に対処するため、セキュリティの高いブロックチェーン技術を活用し、診断・検査結果の病院間での使用や医療機関との決済・送金を行う取組みがNAM（ナム）プロジェクトである。NAMプロジェクトでは、カルテだけではなく、人工知能を利用した問診ボット等を組み合せて、より先進的な仕組みを導入しようとしている。

NAMプロジェクトではNAM Chainというプライベート型のブロックチェーンを採用している。パブリック型のブロックチェーンを採用すれば、医療情報がブロックチェーンの参加者全員に共有されることになり、秘匿性の高い医療情報が広く公開されてしまう懸念があるが、プライベート型のブロックチェーンを採用することにより、情報の伝播範囲を限定することができる。

(6) 音楽著作権

ア　音楽著作権料の徴収方法

音楽は、レコード会社、演奏者、歌手、作曲家、作詞家等多数の者の協力によってつくられる。これらの作成に関わった者は全員音楽の著作権者であり、音楽が演奏されたり、オンラインで流されたりする度に著作権料を受け取る権利を得ることになる。この著作権料を確実に徴収するために、一般社団法人日本音楽著作権協会（JASRAC）が著作権者に

代わって徴収する仕組みになっている。

イ　従来の音楽著作権管理の問題点

　JASRACは、音楽の著作権を管理しているが、日本中のどこでどれだけ音楽が使用されたかをJASRACが正確に把握する術はなく、徴収方法は使用量を反映したものとはなっていない。そのため、無名のアーティストは、仮に使用されていたとしても著作権料を得ることができないという問題がある。また、JASRACにおける管理コストは重く、著作者としては管理料の負担から思うように著作権料が得られないという問題も生じている。

ウ　Mediachain Labsによる音楽管理

　2017年4月、音楽配信サービスで有名なSpotifyは、ブロックチェーン技術を持つスタートアップMediachain Labsを買収し、ブロックチェーンを用いて公平な形で著作権料を著作権者に分配する新たな管理方法を開発している。

　その手法として、Mediachain Labsが音楽コンテンツの情報データをブロックチェーンに記録し、Spotify上で楽曲が提供されるごとに、その楽曲に紐付けられた著作権者に適切な著作権料が分配される仕組みとなっている。Spotifyは取扱い楽曲が4000万曲以上と圧倒的に多く、無名のアーティストでも適切な著作権料を得る機会を手にすることができる。また、JASRACのように中央の管理者としてコストをかけて管理を行う必要はないため、著作権管理料の低減にも期待できる。

(7)　不動産登記

ア　ガーナでのBitlandプロジェクト

　ガーナでは2016年から、ブロックチェーンが導入された登記制度イン

フラを整える取組みが始まっている。ガーナには中央集権的な土地登記の仕組みがそもそもない。地域の族長や地方政府が土地を管理しているが、78%の土地が登記されておらず、制度としてほとんど機能していない。登記制度を一新しようという試みはガーナ政府で古くからあったが、地方の縁故主義や政治の不透明さから頓挫している。

そのような状況のもと、Bitland Global,LLC.はブロックチェーンを活用した登記システムを開発した。GPS情報や衛星写真、登記書類などのデータをブロックチェーンと結びつけることで、土地の来歴がオープンな形で記録されることになり、改ざんや不正取引を防止することができる。登記制度が完備されることで、土地を担保に金銭を借りることができるようになり、ビジネスの発展が大いに期待できる。

土地の所有者が公式に認められることで、その所有者はその土地を担保に金銭を借りやすくなり、それを元手に多様なサービスを享受したり、ビジネスをはじめたりすることができる。今後は同様の問題を抱えた他のアフリカの国やインドにも対応する予定である。

イ　スウェーデン政府による登記実証試験

スウェーデンでも2016年に登記制度にブロックチェーンを用いる動きがみられる。もちろんスウェーデンには既存の中央集権型の登記制度が稼働しているが、紙の契約書に手書きで署名し、あるいはデジタルで作成した契約書を印刷し、押印し、再度スキャンし、それをメール等で転送する作業の非効率さや人為的ミスの問題が指摘されている。

ブロックチェーンを用いる登記制度を実験的に導入することにより、どの程度の改善が見られるかを検証する計画となっている。2018年3月には実証試験を終え、初のブロックチェーン技術を用いた不動産取引が実施されるとのことであり、従来のシステムでは売買契約締結から売買の登記までは3〜6か月かかる場合もあるが、ブロックチェーンにより数時間に短縮できる可能性があるといわれている。

ウ　国によるブロックチェーンの導入方法の違い

　ガーナとスウェーデンの登記制度にブロックチェーンを用いることを紹介したが、その導入目的は異なる。中央集権型の登記制度が完備されていないガーナでは信用されるデータベースを作ることが困難であるため、ブロックチェーンを用いた登記制度をつくりあげる目的がある。他方で既に政府による登記制度が出来上がっているスウェーデンでは、登記制度の効率化を目的としている。他方で中央集権型の管理が困難な地域では、分散型の管理が抜本的な解決となるため、ブロックチェーン導入の必要性はより大きいといえる。

(8)　政府システム

ア　ドバイのブロックチェーン戦略

　石油による収入に依存してきた歴史をもつドバイは近年金融分野に注力をしている。その延長線上としてドバイ政府はブロックチェーンを自国政府システムに積極的に用いることを検討し「政府の効率化」「産業の創出」「国際的なリーダーシップ」の3つの戦略を掲げている。特に公文書については2020年までにブロックチェーンを活用したシステムに移行し、管理する計画を明かしている。ドバイは他にも健康記録、企業登録、電子遺言書、観光契約、運送分野に関して各国に先駆けてブロックチェーンを導入する予定である。

イ　エストニアの電子立国構想

　北欧の小国で多数の島からなるエストニアでは、国を挙げてオンライン選挙や電子居住サービス等あらゆる分野で電子化に取り組んでいる。例えばエストニア政府はX-Road（エックスロード）というクラウドコンピューティングシステムを活用している。このシステムの中には全国民

の預金残高も含め、ありとあらゆる公的情報が蓄積されており、国民はシステム上で課税額の計算を全て自動で行うことも可能となっている。その結果、税の98％が電子納付で行われるようになり、エストニアから税理士や会計士が消えてしまったともいわれている。

現在は、アメリカ証券市場で有名なNASDAQがエストニアの社会インフラに向けてブロックチェーンを導入する実証実験を行なっている。

ウ 加賀市のブロックチェーン都市構想

行政にブロックチェーンを取り入れようという動きは海外だけではなく、日本にもある。石川県加賀市は株式会社スマートバリュー、シビラ株式会社と連携し、ブロックチェーン技術を用いた電子行政都市を目指している。

加賀市の先進的な取組みを皮切りに、行政でのブロックチェーンの利用が普及すれば、今後は、行政サービスの電子化を検討している日本の各自治体が、単に電子化することにとどまらず、企業と連携してブロックチェーン技術の導入を実施することが予想される。

エ 政府システムとブロックチェーン

政府システムではまさに中央集権型の管理がなされており、分散型のブロックチェーンを導入することで、よりコストの低減化や市民の利便性の向上の効果を享受できる。日本のような人口減が見込まれ、膨大な管理コストを税収で賄うことが期待できない国では、一早くブロックチェーンを導入して低コストで効率的な政府システムを構築することが望まれる。

また、ブロックチェーン上の情報がオープンであり、改ざんが著しく困難であることは、透明性が強く要求される行政システムと相性がよい。市民の重要な情報を預かり、市民のために活動することを求められる行政は、少しでも改ざんが疑われれば、その信用は失墜し、真相究明のた

第1章　ブロックチェーン

めに多大なリソースが割かれることになる。ブロックチェーンを活用することで、行政への信頼が向上することによる社会的な意義は非常に大きい。

第 2 章

仮想通貨の法的性質と法的論点

第2章　仮想通貨の法的性質と法的論点

１　ビットコインをはじめとする「仮想通貨」とは？

(1) 仮想通貨とはどういうものなのか？

　仮想通貨の起源となるビットコインの始まりは、2008年11月１日に遡る。Satoshi Nakamoto を名乗る正体不明の人物または団体が、ある暗号学に関するメーリング・リストに "Bitcoin: A Peer-to-Peer Electronic Cash System" と題する論文を投稿したことにある。この論文に基づいて2009年１月に世界初の仮想通貨であるビットコインが誕生した。
　現在では、ビットコイン以外の仮想通貨としてアルトコイン（Alt-coin: Alternative coin）も活発に取引されている。他にも、国際的な銀行間の即時グロス決済システムであるリップル（Ripple：XRP）や分散型コンピューティングプラットフォームとして知られるイーサリアム（Ethereum）において用いられるイーサ（Ether：ETH）が有名である。
　仮想通貨の仕組みを一言で表わせば、Ｐ２Ｐ（Peer to Peer）ネットワークと呼ばれる分散型ネットワークを用いて管理される経済的価値である。Ｐ２Ｐネットワークというと難しいが、身近な例でいえばスカイプにも使われているネットワークシステムであり、ネットワーク上で対等関係の端末同士で回覧板を回すように情報交換する通信方式のことを意味する。ビットコインをはじめとする仮想通貨はこのＰ２Ｐで、取引データを共有し、取引データの塊であるブロックチェーンが世界中のコンピューターに開かれ、かつ、分散されている。

1　ビットコインをはじめとする「仮想通貨」とは？

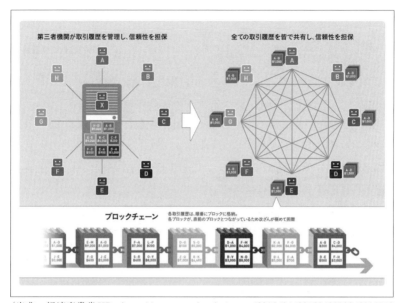

（出典：経済産業省HP：http://www.meti.go.jp/press/2016/04/20160428003/20160428003.html）

(2)　仮想通貨は法的にはお金なのか？

　仮想通貨は、円やドル、ユーロといったお金と同等に法的にも扱ってよいのであろうか。

　まず、「通貨」を定義した法律は存在しない。ただし、法学においては一般的に、通貨とは、「どこでも、誰でも、何にでも、支払ないし決済の手段として利用できる」ものであり「強制通用力を有する」ものとされている。「強制通用力」とは、貨幣において、額面で表示された価値で決済の最終手段として認められる効力をいい、受け取る相手方がこれを拒否できないことが国家により保証されていることを意味する。

　「円」はまさに、私たちが、北海道であろうが沖縄であろうが「どこ

でも」、そして老若男女「誰でも」、ラーメンを食べたり家を買ったりと「何にでも」「支払ないし決済の手段として利用できる」ものであり、しかも決済の最終手段として国に認められた、「通貨」といえる。

　この定義をビットコインを例にとって仮想通貨に当てはめるとどうだろうか。ビットコインは、ビックカメラ等で使用することができ、「誰でも」「支払ないし決済の手段として利用できる」ものではあるが、「どこでも」「何にでも」使用できるわけではなく、決済の最終手段として国家が保証しているものではない。このように、法学的には仮想通貨を「通貨」と定義することはできない。

　通貨と仮想通貨の相違点を整理すると以下のようになり、このことからも仮想通貨が通貨として法的には整理できないものであることがわかる。

	通　貨	仮想通貨
発行者	中央銀行	特定の発行者は存在しない
発行量のコントロール	中央銀行が行う	自動的に生成される仕組みで発行量の上限が定められている
管理	物により管理	P2P（Peer to Peer）ネットワークと呼ばれる分散型ネットワーク
「どこでも、誰でも、何にでも、支払ないし決済の手段として利用できる」	○	×
強制通用力	○	×
価格の安定性	○	×
取引データの脆弱性	中央銀行のメインコンピューターがハッキングされた場合には、取引データが偽造されてしまうおそれ。	拠点がないため、取引履歴の全てが世界中に分散しているため、破壊することは困難。

(3) 仮想通貨は法的に「通貨」といえないことの帰結

仮想通貨が「通貨」といえないことから、以下のとおり法的にはさまざまな影響が生じる。

① ビットコインで金銭債務の弁済を行えるか？という問題

あなたの会社では、取引先に対してウェブサービスを提供しているとしよう。取引先から、「最近ビットコインで儲かったので、ビットコインでウェブサービスの代金を支払うのでよろしく」と言われた場合に、あなたの会社はこれを拒むことができるだろうか。

結論からいえば、拒むことができる。というのも、民法402条1項では、「債権の目的物が金銭であるときは、債務者は、その選択に従い、各種の通貨で弁済をすることができる。」と定めている。つまり、原則として「通貨」ではない仮想通貨を用いて債務の弁済を行うことは民法上想定されていない（この点の論点については、岡田仁志ほか『仮想通貨　技術・法律・制度』（東洋経済新報社、2015年）118〜124頁が詳しい）。

もっとも、上記はあくまで民法上の原則であって、当事者間において合意があれば代物弁済という形で、仮想通貨で金銭債務を弁済することは可能である。頭に入れておかなければならないことは、ビジネス上では、何かを取引して当然の如く、「ビットコインでお支払いします」とはいえないということである。ビットコインやイーサで債務を弁済したい場合にはあらかじめ、その旨を契約に定める必要があるし、ビットコインやイーサで弁済を行えるプラットフォームを作りたい場合には、利用規約にそのことを書いておかなければならない。

② 給料をビットコインで支給できるか？という問題

あなたの会社では、社長が、「振込手数料がほとんどかからないこと

から、従業員への給料をビットコインで支払うことにする」と言っている。これは可能だろうか。

　結論からいえば、原則として、仮想通貨で賃金の支払をすることはできない。労働基準法24条1項によれば、賃金は「通貨」で支払わなければならないとされているからである。ただし、会社が会社の労働組合との間で労働協約を結んだ場合には例外となる（労働基準法24条1項ただし書）。もし、会社で給料のビットコイン払いを実現したい場合には、労働協約が必要となる点に留意が必要である。

(4) 改正資金決済法による「通貨」ではない「仮想通貨」の定義

　仮想通貨は、「通貨」ではない一方で、通貨と類似の機能も果たすことが期待されていることから、平成29年4月1日に新たに施行された資金決済法において、新しく仮想通貨が定義された。この定義は、ブロックチェーン・仮想通貨ビジネスを行うに当たっては極めて重要なため、法文をそのまま引用する。

資金決済に関する法律
（定義）
第二条
5　この法律において「仮想通貨」とは、次に掲げるものをいう。
　一　物品を購入し、若しくは借り受け、又は役務の提供を受ける場合に、これらの代価の弁済のために不特定の者に対して使用することができ、かつ、不特定の者を相手方として購入及び売却を行うことができる財産的価値（電子機器その他の物に電子的方法により記録されているものに限り、本邦通貨及び外国通貨並びに通貨建資産を除く。次号において同じ。）であって、電子情報処理組織を用いて移転することができるもの
　二　不特定の者を相手方として前号に掲げるものと相互に交換を行うことができる財産的価値であって、電子情報処理組織を用いて移転することができるもの

1　ビットコインをはじめとする「仮想通貨」とは？

　噛み砕くと以下のような図で表すことができる。よく読むとわかる通り、ブロックチェーンという言葉は出てきていない。ブロックチェーン技術を使っていなくても、以下の特徴をもつものは「仮想通貨」に該当し得ることに、注意が必要である。

　なお、現在、仮想通貨という言葉が出てくる法律は、資金決済法、犯収法のみである。

仮想通貨の定義

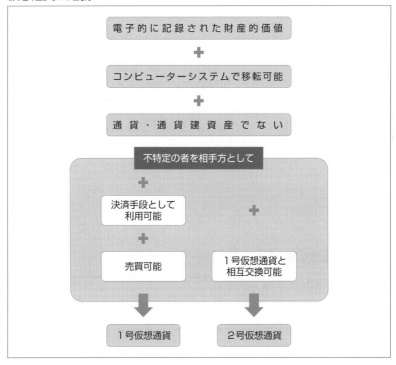

第2章　仮想通貨の法的性質と法的論点

２　仮想通貨の保有者に対する強制執行

(1)　はじめに

　近時、仮想通貨の使用が広まり、仮想通貨の資産価値が広く認識されるに至った結果、資産の一部を仮想通貨に換え、資産構成の１つとして仮想通貨を保有する者も現れるようになった。

　このように、現在では、仮想通貨に資産価値があることについてはもはや疑いようがない。しかし、仮想通貨を保有するということが法的にどのように整理されるのかは未だ明確ではない。また、債務者に仮想通貨以外に目ぼしい資産がない場合、債権者はどのようにして債権回収を行えば実効的な回収が可能となるのか、仮想通貨の保有者に対する強制執行の可否およびその方法に関してさまざまな議論がなされている。

　そこで、本項では、仮想通貨の私法上の性質、仮想通貨の保有者に対する強制執行の可否およびその方法について検討する。

(2)　仮想通貨の私法上の性質

ア　仮想通貨の法律上の定義

　日本法上、仮想通貨は、資金決済法により以下のとおり定義されている（同法2条5項）。

> 一　物品を購入し、若しくは借り受け、又は役務の提供を受ける場合に、これらの代価の弁済のために不特定の者に対して使用することができ、かつ、不特定の者を相手方として購入及び売却を行うことができる財産

> 的価値（電子機器その他の物に電子的方法により記録されているものに限り、本邦通貨及び外国通貨並びに通貨建資産を除く。次号において同じ。）であって、電子情報処理組織を用いて移転することができるもの
> 二　不特定の者を相手方として前号に掲げるものと相互に交換を行うことができる財産的価値であって、電子情報処理組織を用いて移転することができるもの

　資金決済法上の定義においても、仮想通貨は「財産的価値」とされており、その資産価値に着目されていることは明らかである。しかし、資金決済法上の仮想通貨の定義は、仮想通貨の法定通貨と同様の経済上の機能に着目したものであり、あくまで業法規制の観点からの定義であって、その定義から直ちに仮想通貨の私法上の性質を決定づけることはできない。

イ　私法上の財産

(ア)　民法上の財産の分類

　民法上、財産として規定されているものは、権利（民法1条2項・3項等）、物（民法85条等）、物権（民法175条等）、債権（民法399条等）、金銭・通貨（民法402条）、財産権（民法362条1項、民法555条等）である。

(イ)　仮想通貨は民法上の「物」に該当するか

　仮想通貨が民法上の「物」に該当するとすれば、仮想通貨に対して所有権をはじめとする人の物に対する支配権である物権が発生し、所有権に基づき仮想通貨の引渡請求を行うことが可能となる。

　民法上、「物」とは「有体物」をいうが（民法85条）、東京地判平成27年8月5日（平26年(ワ)33320号。判例集未登載）の株式会社 Mt.GOX（以下「マウントゴックス」という）事件判決は、マウントゴックスの破産手続において、保有者によるビットコインの取戻権（破産法62条、取戻権が成立するには所有権の存在が必要である）の存否に関する判断をする中で、以下の通り、ビットコインには「有体性」および「排他的支配性」が認

められないことを理由に、「有体物」とは認められない旨判示している（取戻権についても否定している）。

(i) 有体性

前記裁判例は、以下の理由から、ビットコインには有体性がないと判断の判断をしている。

> ビットコインは、「デジタル通貨（デジタル技術により創られたオルタナティヴ通貨）」あるいは「暗号学的通貨」であるとされており、本件取引所の利用規約においても、「インターネット上のコモディティ」とされていること、その仕組みや技術は専らインターネット上のネットワークを利用したものであることからすると、ビットコインには空間の一部を占めるものという有体性がないことは明らかである。

(ii) 排他的支配性

前記裁判例は、有体性がない場合でも、電気、人工的暖気冷気、蒸気力のように排他的支配性が及ぶのであれば有体物とされる例があると述べつつ、以下の理由から、ビットコインへの排他的支配性を否定している。

> (a) ビットコインの送付は、当事者間での電磁的記録の送付により行われるのではなく、その実現には、マイニングを通じた当事者以外の関与が必要である。
> (b) ビットコインの有高（残量）は、ブロックチェーン上に記録されている同アドレスと関係するビットコインの全取引を差引計算した結果算出される数量であり、当該ビットコインアドレスに、有高に相当するビットコイン自体を表象する電磁的記録は存在しない。
> (c) よって、ビットコインアドレスの秘密鍵の管理者が、当該アドレスにおいて当該残量のビットコインを排他的に支配しているとは認められない。

このように裁判例おいては、ビットコインは、「有体物」に該当しな

いとされており、その理由は他の仮想通貨にも基本的にあてはまるものであるから、仮想通貨は民法上の「物」には該当しないと考えられる。

> ○コラム　仮想通貨の排他的支配
>
> 　前述のとおり、裁判例において、ビットコインの排他的支配性は否定されている。
> 　しかし、仮想通貨は、その性質上暗号技術により、秘密鍵を保有者自らのみが知ることによって、物を占有したり、財産権を準占有（民法205条）したりするのと同様に、電子情報を支配することが可能である。
> 　そのため、仮想通貨について排他的支配は可能であると考えられる。例えば、特定のウォレットのみに保有する仮想通貨の秘密鍵を管理し、当該ウォレットを保有者自らが管理する場合、保有者は事実上、当該仮想通貨に対して排他的支配をしている状態であるといえるであろう。

(ウ)　**仮想通貨は債権の対象となるか**

債権とは人の他の人に対する請求権であるが、仮想通貨自体を債権的なものと理解することは可能であるか。

仮想通貨のブロックチェーン上ではコンピューターのアルゴリズムによって、誰にどれだけの仮想通貨を有するかが決定されるのであり、どこにも当事者間の具体的な意思の合致はないため、人の他の人に対する請求権はなく、仮想通貨自体は債権とはいえない。

なお、マウントゴックスの破産事件に関する破産債権査定異議事件（東京地判平成30年1月31日（平29年(ワ)10977号。金融・商事判例1539号8頁））において、以下の通り、顧客が取引所に対して有する権利は、破産法上の「金銭の支払を目的としない債権」（破産法103条2項1号イ）としての側面を有するものと解されており、同判決は、顧客が取引所に対して有する権利が、破産手続上の破産債権に該当することを前提としていると考えられる。

第2章　仮想通貨の法的性質と法的論点

> ビットコイン（電磁的記録）を有する者の権利の法的性質については、必ずしも明らかではないが、少なくともビットコインを仮想通貨として認める場合においては、通貨類似の取扱をすることを求める債権（破産法103条2項1号イの「金銭の支払を目的としない債権」）としての側面を有するものと解され、同債権（以下「コイン債権」という。）は、ビットコイン（電磁的記録）が電子情報処理組織を用いて移転したときは、その性質上、一緒に移転するものと解される。原告は、原告が破産会社に対してビットコインの返還請求権を有するとして、破産債権の届出をしたものであるが、ビットコイン自体は電磁的記録であって返還をすることはできないから、原告は、コイン債権について、破産法103条2項1号イの「金銭の支払を目的としない債権」として、破産手続開始時における評価額をもって、破産債権として届け出たものと解される。原告が主張するように破産会社の代表者が原告のビットコインを引き出して喪失させたのであれば、既にビットコインは他に移転し、同時にコイン債権も他に移転したことになるから、破産手続開始時において、原告は破産会社に対し、コイン債権を有しなかったことになる。本件届出債権は、原告が破産会社に対してコイン債権を有することを前提とするものと解されるところ、その前提を欠くことになるから、原告の上記主張は、結論を左右するものとはいえない。

(3) 仮想通貨の保有者に対する強制執行

ア　強制執行の対象となる財産

　債権者が、債務者に対して、ある請求権に基づき訴訟を提起し、請求認容判決を得た場合や和解調書、執行証書その他の債務名義を有する場合でも、債務者が当該債務名義に従って任意の弁済に応じない場合、債権者は、民事執行法に基づく強制執行を行い、裁判所の決定によって債務者が有する財産を確保しなければ、債権回収を実現することはできない。

　そこで、民事執行法は、債権回収の対象となる債務者の財産の種類に応じて強制執行の方法を定めており、主要なものは、不動産に対する強

2 仮想通貨の保有者に対する強制執行

制競売等の方法（民事執行法43条1項）、動産に対する債務者から執行官に占有を移転する方法（民事執行法123条1項）、債権に対する債権者が当該債権の債務者（第三債務者）に直接取り立てる方法等（民事執行法155条1項）、その他の財産権（不動産、船舶、動産および債権以外の財産権）に対する債権執行の例による方法（民事執行法167条1項）である。

　このように、強制執行の対象財産として主要なものは、不動産、動産、債権、その他の財産権であるが、以下では、債務者が仮想通貨以外に目ぼしい資産がない場合を想定し、①債務者が保有する仮想通貨の秘密鍵を自ら管理する場合（クライアント型ウォレットを使用する場合）と②債務者が保有する仮想通貨の秘密鍵を第三者が管理する場合（サーバー型ウォレットを使用する場合）に分けて、動産、債権またはその他の財産権を対象とする強制執行の方法で、実効的な債権回収を行うことができないかを検討する。

イ　債務者が保有する仮想通貨の秘密鍵を自ら管理する場合（クライアント型ウォレットを使用する場合）

(ア)　動産執行による債権回収
(i)　仮想通貨自体に対する動産執行
　前述の通り、仮想通貨は有体物に該当しない以上、民事執行法上の「動産」にも該当せず、仮想通貨自体は動産執行の対象とはなり得ないと考えられる。

(ii)　パソコン等の端末に対する動産執行
　前述(i)の通り、仮想通貨自体に対する動産執行は不可能であると考えられるが、例えば、ウォレットがインストールされたパソコンやスマートフォン、ハードウォレット（以下「パソコン等」という）の端末に対する動産執行を行うことにより仮想通貨に対する事実上の排他的支配を移転させることよって債権回収を図ることは可能であろうか（なお、パソコン等の端末に対する動産執行が可能なことについては争いがないと考えら

53

第2章　仮想通貨の法的性質と法的論点

れる）。

　この点、仮想通貨の管理に当たり、秘密鍵の管理を仮想通貨保有者本人が行うクライアント型ウォレットが用いられている場合、仮に、仮想通貨を移転するためにパスワードや第三者の関与が不要であれば、パソコン等の端末を動産執行の方法で差し押さえれば、当該パソコン等の端末を使用して債務者が保有する仮想通貨を債権者に移転し、債権回収が図られるかのようにも思われる。

　しかし、動産執行の手続は、①対象動産の差押え（民事執行法122条）、②対象動産の競売等による換価（民事執行法134条）、③債権者への配当（民事執行法139条）という流れで債権者に対する配当が行われるが、動産執行によって債権者が債権を回収できるのは、あくまでも対象動産の売却代金があるからに過ぎない。すなわち、債権者が債務者のパソコン等の端末を動産執行の方法で差し押さえたとしても、その後、債権者が債権を回収できるのは、当該パソコン等の端末の売却代金からであって、動産執行の方法により債務者が保有する仮想通貨を債権者に移転することはできない。なお、動産執行による差押えの効力は、差押物から生ずる天然の産出物にも及ぶが（民事執行法126条）、債務者が保有する仮想通貨はパソコン等の端末の産出物には該当しないと考えられる。これらのことは、パソコン等の端末がビットコインネットワークなどの仮想通貨のネットワークにアクセスするための端末の1つにすぎないという技術的な側面からも明らかである。

　したがって、秘密鍵の管理を仮想通貨保有者本人が行うクライアント型ウォレットが用いられている場合であっても、債権者が動産執行の方法により債務者が保有する仮想通貨から債権回収を行うことはできないと考えられる。

(イ)　**債権執行による債権回収**

　仮想通貨の管理に当たり、秘密鍵の管理を仮想通貨保有者本人が行うクライアント型ウォレットが用いられている場合、第三債務者を観念で

② 仮想通貨の保有者に対する強制執行

きず、仮想通貨保有者は、第三者に対して、仮想通貨の引渡し等を請求する権利を有しないこととなる。そのため、債権執行の対象となる債務者が第三債務者に対して保有する債権自体が存在せず、債権執行を行うことはできないと考えられる。

(ウ) その他財産権の執行による債権回収

仮想通貨にも財産的価値は存することから、「その他の財産権」として強制執行の対象となると考えられる（民事執行法167条1項）。

その他財産権の執行の場合、執行方法は債権執行の例によることになるが、クライアント型ウォレットで仮想通貨が管理されている場合には、第三債務者が存在しないため、仮想通貨保有者に対して、差押命令が送達された時点で差押えの効力が生じることになる（同条3項）。

続いて、差押え後の換価方法について検討する。

(ⅰ) 譲渡命令等による換価方法

「その他の財産権」の換価方法としては、譲渡命令や売却命令等が考えられる（民事執行法161条1項）。当該換価方法によるためには、差押対象債権の「取立てが困難である」ことが必要であるが、クライアント型ウォレットで仮想通貨を管理する場合には、対象債権の取立てや第三債務者の供託による配当等により満足を受けることができず、また転付命令による換価も困難であることから、差押対象債権の「取立てが困難である」といえ、譲渡命令や売却命令等による換価は認められると考えられる。

ただし、譲渡命令等を受けられた場合でも、クライアント型ウォレットについては、債務者である仮想通貨保有者自身が、自己の秘密鍵を、債権者に対して任意で提供する等の協力が得られない限り債権者は満足することができず、その実効性は限定的なものとなる可能性がある。

(ⅱ) 間接強制による執行の可能性

そこで、債権者としては、仮想通貨保有者である債務者が仮想通貨の換価に応じない場合（秘密鍵の提供等任意の協力を行わない場合）は、間

接強制（民事執行法172条1項）の方法によらざるを得ないと考えられる。

　ただし、間接強制による場合であっても、仮想通貨保有者たる債務者の財産として、仮想通貨以外の財産が十分に存在しない場合、執行裁判所が債務者に対して強制金の支払を命じることによる心理的強制効果は限定的なものとなり、間接強制による執行も奏功しないおそれがある。

ウ　債務者が保有する仮想通貨の秘密鍵を第三者が管理する場合（サーバー型ウォレットを使用する場合）

(ア)　動産執行による債権回収
(i)　仮想通貨自体に対する動産執行

仮想通貨自体が動産執行の対象とはなり得ないことは前述のクライアント型ウォレットを使用する場合と同様である。

(ii)　パソコン等の端末に対する動産執行

仮想通貨の管理に当たり、秘密鍵の管理を、ウォレットサービスを提供する仮想通貨取引所等の第三者が行うサーバー型ウォレットが用いられている場合、前述の動産執行の方法により債権回収が可能となるのはパソコン等の端末の売却代金からに過ぎないという問題に加えて、秘密鍵を管理する第三者の関与がなければ、債務者の保有する仮想通貨を移転することができないため、債権者が動産執行の方法により債務者が保有する仮想通貨から債権回収を行うことはできないと考えられる。

(イ)　債権執行による債権回収

仮想通貨の管理に当たり、秘密鍵の管理を、ウォレットサービスを提供する仮想通貨取引所等の第三者が行うサーバー型ウォレットが用いられている場合、当該秘密鍵を管理する第三者を第三債務者とすることで、債権執行の方法により債務者が保有する仮想通貨を債権者に移転することによって債権回収を図ることは可能であろうか。仮想通貨保有者は、当該秘密鍵を管理する第三者との間の利用契約等に基づき、当該第三者に対して、(a)仮想通貨を日本円等の金銭に替えて払い戻すことを請求す

② 仮想通貨の保有者に対する強制執行

る権利（以下「払戻請求権」という）、または(b)仮想通貨を特定のアドレスへ送信することを請求する権利（以下「仮想通貨返還請求権」という）を有していると考えられ、強制執行の対象となる債権は存在すると考えられる。

この点、例えば、特定の発行者および中央の管理者が存在する電子マネーの場合、その発行者等を第三債務者とすることで、その協力を得ることができれば、債権執行の方法により電子マネーを債務者から債権者に移転することも可能であると考えられる。また、電子記録債権については、法定の電子債権記録機関に対して、債権差押命令を送達することにより強制執行の実効性を担保することができる（電子記録債権法49条、民事執行法施行規則150条の10）。

(ウ) その他財産権の執行による債権回収

その他財産権に対する強制執行の方法は、前述の債権執行の方法による場合と同様であると考えられる。

(エ) 強制執行の方法について

前述の通り、第三者が秘密鍵を管理している場合、仮想通貨保有者は、当該第三者に対して、払戻請求権または仮想通貨返還請求権を有していると考えられるため、以下では、それぞれの請求権に関する強制執行の方法について検討する。

(i) 払戻請求権について

前述の通り、払戻請求権とは、仮想通貨保有者の保有する仮想通貨を日本円等の金銭に替えて払戻しを要求する権利であるから、金銭債権として債権執行の対象となる（民事執行法143条）。かかる場合、債権者は、対象となる払戻請求権を差し押えて、第三債務者に対して、金銭の払戻しを請求する（民事執行法155条1項）。また、第三債務者が任意に支払をしない場合には、債権者は、第三債務者に対して、差押対象債権についての取立訴訟（民事執行法157条1項）を提起することもできる。

さらに、債権者は、申立てにより、支払に代えて差押対象債権を券面

第2章　仮想通貨の法的性質と法的論点

額で債権者に移転させる転付命令を受けて、債務者が第三債務者に対して有する払戻請求権をそのまま取得することも考えられる（民事執行法159条1項）。ただし、かかる方法による場合には、券面額、すなわち仮想通貨の価値を、いつの時点で金銭評価すべきかという問題が生ずることに留意が必要である。

(ⅱ)　仮想通貨返還請求権について

他方で、仮想通貨自体は「金銭」に該当しないため、仮想通貨を特定のアドレスへ送信することを要求する仮想通貨返還請求権は、金銭債権には当たらない。したがって、「その他の財産権」（民事執行法167条1項）に該当するものと解する必要がある。

「その他の財産権」に対する強制執行の方法は、債権執行の例によることとされるが、これらの権利は取立てや転付には適さないため、差し押え後の換価は、譲渡命令、売却命令等の方法によって行われることとなる（民事執行法161条1項）。

譲渡命令、売却命令等の発令要件としては、差押対象債権が、条件付若しくは期限付であること、または反対給付に係ることその他の事由によりその取立てが困難であることが必要とされており、仮想通貨返還請求権については、「取立てが困難である」といえるかが問題となる。

そして、「取立てが困難である」とは、債権者が差押対象債権の取立てまたは第三債務者の供託による配当等の実施によって、直ちにかつ確実に執行債権の満足を受けることができず、転付命令による換価も許されずまた相当でないとの事由が存する場合をいうと解されているところ、利用規約等に基づき仮想通貨保有者に払戻請求権が認められる場合には、差押債権者は、当該金銭債権について転付命令による換価も可能であるため、「取立てが困難であるとき」を満たさず、仮想通貨返還請求権について、譲渡命令や売却命令等による換価は認められない可能性があると考えられる。

○コラム　強制執行の技術的問題点

　これまで理論面を中心に強制執行の可能性を検討してきたが、仮想通貨取引所の資産管理方法によっては二重払いの危険が生じ得るという技術的問題から強制執行が奏功しなかったケースを紹介する。

　2018年6月13日、裁判所が仮想通貨取引所に対して債権差押命令を出したにもかかわらず、仮想通貨取引所が債権者に弁済をすることは「技術的に困難」であるとして、債権者への仮想通貨の返還・金銭の払戻しの対応をせず、強制執行が奏功しない事例があった。その際、仮想通貨取引所は「ウォレットは同社で管理しておらず、口座凍結等の措置をとることができない。技術上、二重払いの危険があり、返還できない」と述べ、取引所側ではウォレットの凍結はできず、仮想通貨取引所が命令に応じて債権者に支払った場合、当該取引者を利用する債務者から回収できずに損失を被るおそれがあること等を理由に対応を見送ったとしている。

　そのため、仮想通貨取引所が差押え命令を受けた場合であっても、技術上、債務者である利用者の口座を凍結（サービスの一時停止）することができない場合には、強制執行が奏功しない場合があることに留意が必要である。

　他方で、技術上、利用者のウォレットやアカウントの凍結が可能な場合には、凍結により、利用者は、仮想通貨取引所に対して、ウォレット口座から仮想通貨を移動させることを要求することができず、二重払いの懸念を払拭させることが可能となる。そのため、仮想通貨取引所等は、差押え命令の送達により、債務者への弁済禁止効が生じた際には、債務者たる利用者のウォレット、アカウント等を凍結することができる旨、利用規約の中で明確に定めておくことが望ましい。

第2章　仮想通貨の法的性質と法的論点

3 資金決済法

　2016年6月3日に公布され、2017年4月1日に施行された改正資金決済法では、仮想通貨交換業に関する章（第3章の2）が追加され、仮想通貨交換業者が新たに規制の対象とされた。
　仮想通貨を扱うビジネスにはさまざまなものが考えられるが、当該ビジネスが仮想通貨交換業に該当すると、当該ビジネスを行うためには資金決済法上の登録が必要となる。
　以下では、資金決済法上、どのようなビジネスが仮想通貨交換業に該当するのか、仮想通貨交換業者の登録方法、仮想通貨交換業者に対する規制、監督等について解説する。

(1) 仮想通貨交換業の定義

　仮想通貨を扱うビジネスを行うことを検討する上では、まず当該ビジネスが仮想通貨交換業に該当するか否かを検討することが必要である。
　なお、一般的に仮想通貨と呼ばれるものと資金決済法の仮想通貨の定義は必ずしも一致しないため、そもそも当該ビジネスにおいて扱うものが資金決済法上の仮想通貨に該当するか否かの検討も必要である（資金決済法上の仮想通貨の定義については第2章1(4)参照）。
　仮想通貨交換業とは、次の(ア)ないし(ウ)の行為のいずれかを業として行うことをいう（資金決済法2条7項）。

(ア)　仮想通貨の売買または他の仮想通貨との交換
(イ)　(ア)に掲げる行為の媒介、取次ぎまたは代理

(ウ) (ア)、(イ)に掲げる行為に関して、利用者の金銭または仮想通貨の管理をすること
※(ア)と(イ)をあわせて「仮想通貨の交換等」という。

ア 仮想通貨交換業に該当する行為

(ア) 仮想通貨の売買または他の仮想通貨との交換

　仮想通貨の「売買」とは、仮想通貨と金銭（法定通貨）のやり取りをすることをいい、仮想通貨の「交換」とは、仮想通貨同士をやり取りすることをいう。例えば、利用者に対して仮想通貨を販売する仮想通貨販売所は、利用者との間で仮想通貨を売買しているため、(ア)に該当する。仮想通貨販売所については後述第3章1「仮想通貨交換所と法律」を参照。

　これらの行為に関連して、仮想通貨の現物を売買するのではなく、将来のあらかじめ定められた期日に仮想通貨を売買することを約束するレバレッジ取引が仮想通貨交換業に該当するかは、個別具体的に取引の内容を確認する必要がある。

　仮想通貨を用いたレバレッジ取引には、大きく分けて2種類の取引がある。1つ目は、決済時に取引の目的となっている仮想通貨の現物の受渡しを行う取引であり、こちらは、基本的に仮想通貨の「売買」に該当する。これに対して2つ目は、当該取引の目的となっている仮想通貨の現物の受渡しを行わず、反対売買等を行うことにより、金銭または当該取引において決済手段とされている仮想通貨の授受のみによって決済することができる取引（差金決済取引）である。すなわち、仮想通貨の将来の値上がりや値下がりを見込んで買い注文または売り注文をすることにより、「建玉」を保有し、建玉を決済することで価格変動の差額分を受けとることができる。2つ目の差金決済取引については、仮想通貨の現物の受渡しが行われないことから、資金決済法の適用を受ける仮想通貨の交換等に該当しないとされる（仮想通貨ガイドラインⅠ-1-2）。

第 2 章　仮想通貨の法的性質と法的論点

なお、2018年10月現在では、仮想通貨は金融商品取引法上の有価証券にも金融商品にも指定されていないため、仮想通貨に関連したオプションやポジションの売買等を行う取引を提供したとしても、金融商品取引業にも該当しない。

他方、新規にトークン仮想通貨を発行・販売して既存の仮想通貨により資金調達を行う ICO は、仕組みによっては、仮想通貨にあたる ICO 新規発行トークンと他の既存の仮想通貨を交換することになるため、(ｱ)に該当すると考えられる。この点については、後述第 5 章を参照。

(ｲ)　**仮想通貨の売買または他の仮想通貨との交換の媒介、取次ぎまたは代理**

仮想通貨の売買等の「媒介」とは、他人を両当事者とする法律行為の成立に向けて尽力する事実行為をいい、「取次ぎ」とは、自己の名をもって他人の計算のために法律行為をすること、「代理」とは、代理人がその権限内においてした意思表示または第三者が代理人に対してした意思表示の法律効果が本人に直接帰属することをいう。

利用者の売り注文と買い注文をマッチングする場を提供する仮想通貨取引所は、自ら仮想通貨の売買の主体となるわけではないが、仮想通貨の売買の「媒介」を行っているため、(ｲ)に該当する。また、利用者の代わりに仮想通貨の売買や交換を行う場合は「取次ぎ」または「代理」として(ｲ)に該当する。仮想通貨取引所については、後述第 3 章 1 「仮想通貨交換所と法律」を参照。

(ｳ)　**(ｱ)、(ｲ)に掲げる行為に関して、利用者の金銭または仮想通貨の管理をすること**

(ｱ)や(ｲ)の業務に関して、利用者の金銭や仮想通貨の管理をすることも、仮想通貨交換業に該当する。これに対して、仮想通貨のウォレットを提供するのみで、金銭や他の仮想通貨交換等を扱わない事業者は、仮想通貨交換業者には該当せず、登録を受ける必要はない。この点については、後述第 3 章 3 「仮想通貨ウォレット事業」を参照。

3　資金決済法

イ　業の要件

「業として行う」とは、「対公衆性」のある行為を「反復継続性」をもって行うことをいうとされている（仮想通貨ガイドラインⅠ-1-2）。「反復継続性」に加えて「対公衆性」が要件とされているが、「対公衆性」要件は、実務的には、「業として」捉えることが社会通念に照らして適当でないと考えられる行為を例外的に除外する機能を有するにとどまると考えられる。

具体的な行為が「対公衆性」や「反復継続性」を有するものであるか否かについては、個別事例ごとに実態に即して実質的に判断される。

「対公衆性」や「反復継続性」については、現実に対公衆性のある行為が反復継続して行われている場合のみならず、対公衆性のある行為を反復継続して行うことが想定されている場合も含まれる点には留意が必要である。すなわち、当該行為を反復継続して行おうと考えている場合には、これまで当該行為をしていなくとも最初に行った段階でこの要件を満たすこととなる。

○コラム　仮想通貨ガイドライン

　仮想通貨ガイドラインは、金融庁の事務ガイドラインの一部で、行政部内の職員向けの手引書であり、金融庁のホームページにおいて公表されている。法令等とは異なり、事業者が直接従う義務を負うものではないが、許認可や登録の際に金融庁が着目する具体的な着眼点やポイントが詳細に規定されており、実務はガイドラインに従って行われるため、ガイドラインの内容に従わないということは困難であり、実務上重要な意味をもつ。ガイドラインでも述べられていることではあるが、記載されている字義通りの対応をしなかったとしても、法の趣旨等から問題がないと認められれば不合理とされるものではない。

第2章　仮想通貨の法的性質と法的論点

○コラム　みなし仮想通貨交換業者

　資金決済法附則8条では、改正法の施行の際現に仮想通貨交換業を行っている者は、施行日から起算して6か月間は、登録を受けずに仮想通貨交換業を行うことができるとされており、また、その者が、当該期間内に仮想通貨交換業の登録申請をした場合において、当該期間を経過したときは、その申請について登録または登録拒否の処分があるまでの間も、登録を受けずに仮想通貨交換業を行うことができるとされている。

　そのため、改正資金決済法の施行日である2017年4月1日の時点で現に仮想通貨交換業を行っていた者であり、施行日から6か月の間に、仮想通貨交換業者の登録申請を行った業者は、「みなし仮想通貨交換業者」として、その申請について登録または登録拒否の処分があるまでの間、施行日以前から営んでいた仮想通貨交換業を継続して営むことができる。

　2018年9月現在のみなし仮想通貨交換業者は次の3社である。
- みんなのビットコイン株式会社
- コインチェック株式会社
- 株式会社 LastRoots

　なお、次の12社はみなし仮想通貨交換業者であったが、既に仮想通貨交換業の登録申請の取下げを行っている。
- ビットステーション株式会社
- 株式会社ミスターエクスチェンジ
- 株式会社 CAMPFIRE
- 東京ゲートウェイ株式会社
- 株式会社来夢
- 株式会社 bitExpress
- 株式会社 deBit
- Payward Japan 株式会社
- バイクリメンツ株式会社
- 株式会社 BMEX
- 株式会社エターナルリンク
- ブルードリームジャパン株式会社

　また、FSHO 株式会社は、2018年6月7日、金融庁から仮想通貨交換業の登録拒否処分を受けている。

3 資金決済法

ウ　資金移動業との関係

　仮想通貨を資金移動の手段として利用する場合、資金移動業者の登録（資金決済法37条）が必要となるかが問題となる。

　「資金移動業」とは、銀行等の預金取扱金融機関以外の者が為替取引を業として営むことをいう（資金決済法2条2項）。100万円相当額以下の為替取引については資金移動業該当性を検討することとなるが（資金決済法施行令2条）、100万円相当額超の為替取引を行う営業については「銀行業」（銀行法2条2項2号）に該当し、免許がなければ行うことができない。

　「為替取引」とは、法律上の定義はないものの、銀行法の「為替取引」に関する判例によると、顧客から、隔地者間で直接現金を輸送せずに資金を移動する仕組みを利用して資金を移動することを内容とする依頼を受けて、これを引き受けること、またはこれを引き受けて遂行することをいうとされている（最決平成13年3月12日刑集55巻2号97頁）。なお、銀行法2条2項2号の「為替取引」と資金決済法2条2項の「為替取引」は同義であると理解されている。

　仮想通貨は、金銭と交換することはできるものの、その価値が変動することから、「資金」には該当せず、仮想通貨をそのまま移転するだけでは、直ちに為替取引には該当しないと考えられる。これに対して、仮想通貨の交換等を行う者が、金銭の移動を行うことを内容とする依頼を受けて、これを引き受けること、またはこれを引き受けて遂行する場合には、為替取引に該当し、資金移動業者の登録が必要となり得る。例えば、事業者が金銭の移動を行うことを内容とする依頼を受けて当該金銭を預かり、これを仮想通貨に交換した上で自社ウォレットや他社のウォレットに送信し、受信者が当該仮想通貨を換金できる仕組みとなっているような場合は、仮想通貨を用いているものの、送金手段としての「資金」の移動があるものとして、為替取引に該当する可能性があると考え

エ　貸金業との関係

　仮想通貨の貸付を行うことは、前記アで検討したいずれの行為にも該当しないため、仮想通貨交換業に該当せず、また、仮想通貨は金銭ではないため、貸金業法の規制も及ばない。

　これに対して、仮想通貨交換業者が利用者に対して金銭の貸付を行うときは、当該仮想通貨交換業者は貸金業の登録を受ける必要がある（貸金業法3条1項）。例えば、利用者が仮想通貨交換業者に対して証拠金等を担保として預け入れ、仮想通貨交換業者が当該担保の評価額の数倍の金額の金銭を利用者に貸し付ける等の仮想通貨を用いた信用取引等を行う場合には、貸金業の登録が必要になると考えられる（仮想通貨ガイドラインⅠ－1－2）。

(2)　仮想通貨交換業者の登録

　仮想通貨交換業を営むためには、所轄の財務（支）局長の登録を受ける必要がある（資金決済法63条の2）。

ア　仮想通貨交換業者の登録要件

　仮想通貨交換業への登録を申請した者が、登録拒否要件に該当する場合、または、登録申請書もしくは添付書類のうちに重要な事実について虚偽の記載があり、もしくは重要な事実の記載が欠けているときは、登録は拒否される（資金決済法63条の5第1項）。

　以下では登録拒否要件について述べ、必要書類については後述する。

　なお、一度仮想通貨交換業者の登録を受けた後であっても、登録拒否要件に該当することになった場合には、登録の取消しや業務停止がなされることとなるため、登録後も継続して要件を満たしている必要がある

3 資金決済法

点には留意が必要である（資金決済法63条の17第1項1号）。

登録拒否要件（資金決済法63条の5第1項）

① 株式会社または外国仮想通貨交換業者（国内に営業所を有する外国会社に限る。）でないもの
② 外国仮想通貨交換業者にあっては、国内における代表者（国内に住所を有するものに限る。）のない法人
③ 仮想通貨交換業を適正かつ確実に遂行するために必要と認められる内閣府令で定める基準に適合する財産的基礎を有しない法人
④ 仮想通貨交換業を適正かつ確実に遂行する体制の整備が行われていない法人
⑤ 資金決済法第3章の2の規定を遵守するために必要な体制の整備が行われていない法人
⑥ 他の仮想通貨交換業者が現に用いている商号もしくは名称と同一の商号もしくは名称または他の仮想通貨交換業者と誤認されるおそれのある商号もしくは名称を用いようとする法人
⑦ 資金決済法第63条の17第1項もしくは第2項の規定により第63条の2の登録を取り消され、または資金決済法に相当する外国の法令の規定により当該外国において受けている同種類の登録（当該登録に類する許可その他の行政処分を含む。）を取り消され、その取消しの日から5年を経過しない法人
⑧ 資金決済法もしくは出資の受入れ、預り金および金利等の取締りに関する法律またはこれらに相当する外国の法令の規定に違反し、罰金の刑（これに相当する外国の法令による刑を含む。）に処せられ、その刑の執行を終わり、またはその刑の執行を受けることがなくなった日から5年を経過しない法人
⑨ 他に行う事業が公益に反すると認められる法人
⑩ 取締役もしくは監査役または会計参与（外国仮想通貨交換業者にあっては、国内における代表者を含む。以下「取締役等」という。）のうちに次のいずれかに該当する者のある法人
　イ　成年被後見人もしくは被保佐人または外国の法令上これらに相当する者
　ロ　破産手続開始の決定を受けて復権を得ない者または外国の法令上これに相当する者

ハ　禁錮以上の刑（これに相当する外国の法令による刑を含む。）に処せられ、その刑の執行を終わり、またはその刑の執行を受けることがなくなった日から5年を経過しない者
ニ　資金決済法、出資の受入れ、預り金および金利等の取締りに関する法律もしくは暴力団員による不当な行為の防止等に関する法律またはこれらに相当する外国の法令の規定に違反し、罰金の刑（これに相当する外国の法令による刑を含む。）に処せられ、その刑の執行を終わり、またはその刑の執行を受けることがなくなった日から5年を経過しない者
ホ　仮想通貨交換業者が資金決済法第63条の17第1項もしくは第2項の規定により第63条の2の登録を取り消された場合または法人が資金決済法に相当する外国の法令の規定により当該外国において受けている同種類の登録（当該登録に類する許可その他の行政処分を含む。）を取り消された場合において、その取消しの日前30日以内にその法人の取締役等であった者で、当該取消しの日から5年を経過しない者その他これに準ずるものとして政令で定める者

(ア)　登録を行うことができる主体（資金決済法63条の5第1項1号・2号）

　仮想通貨交換業の登録を受けることができるのは、株式会社か一定の要件を満たす外国仮想通貨交換業者に限られる。

①　株式会社

　株式会社は、仮想通貨交換業の登録を受けることができる。

　資金決済法上、個人が仮想通貨交換業を営むことは認められていない。仮想通貨は、電子的に交換・移転がなされるが、インターネットを用いたさまざまなサービスが定着している昨今、システムの脆弱性を突いたサイバー犯罪の発生も増加している。こうした中、取引の安全性を確保するためには、個人で十分に対応することは困難であり、システムの運営・管理体制の構築を含めたサイバーセキュリティ対策を組織的に実施する仕組みが必要と考えられるためである。また、利用者保護の観点か

3 資金決済法

らすると、個人の場合は、死亡により業務の継続が困難となることからも、個人が仮想通貨交換業を営むことは認められていない。

　一方、法人には、株式会社以外にも、合同会社等の持分会社があり、また組織としては組合や人格なき社団等も存在するが、資金決済法は、株式会社に限り仮想通貨交換業を営むことができるとしている。株式会社は、法人の中でも、多様な資金調達手段による機動的な業務運営や、会社法に基づくコーポレートガバナンス機能の活用による効率的な業務運営が期待できると考えられたためである。

　株式会社であれば、その業種業態を問わず仮想通貨交換業を営むことができる。資金決済法上、仮想通貨交換業者が他の事業を兼業することも禁じられていない。

第2章　仮想通貨の法的性質と法的論点

○コラム　銀行は仮想通貨交換業を営むことができるか

　資金決済法上、仮想通貨交換業を行うことのできる株式会社は限定されていないが、銀行が仮想通貨に関連する業務を行うことが可能かは問題となり得る。銀行が行うことのできる業務は、銀行法において列挙され、それ以外の業務を行うことは禁止されているためである（銀行法10条ないし12条）。

　前記第3章2の通り、資金決済法上、仮想通貨は法律上の通貨とは異なるため、仮想通貨に関連する業務を行うことは、金銭等の存在を前提とする銀行の固有業務（預金業務、貸付業務、為替取引。銀行法10条1項）には該当しない。そこで、銀行が仮想通貨交換業を営むことができるかは、「その他の付随業務」（銀行法10条2項）に該当するかによることとなる。

　「その他の付随業務」としてどのような業務が認められるかについては、銀行法において他業が禁止されていることに十分留意し、①当該業務が銀行法10条1項各号および2項各号に掲げる業務に準ずるか、②当該業務の規模が、その業務が付随する固有業務の規模に比して過大なものとなっていないか、③当該業務について、銀行業務との機能的な親近性やリスクの同質性が認められるか、また、④銀行が固有業務を遂行する中で正当に生じた余剰能力の活用に資するかといった観点を総合的に考慮した取扱いとなっているかによって判断される（金融庁「主要行等向けの総合的な監督指針」Ⅴ―3―2）。

　国会審議における政府答弁においても、仮想通貨の販売、投資、勧誘等の業務が法令で銀行に認められている業務に該当するかどうかについては、仮想通貨に関連する業務がその銀行の固有業務との機能的な親近性やリスクの同質性があるかどうか、その業務規模が銀行の固有業務に比して過大でないか等の観点から、業務の態様に応じて判断されるべきものとされている。また、その判断に当たっては、仮想通貨が、銀行が取り扱うにふさわしい社会的な信頼等を有する決済手段として定着していくかどうかといったことも十分見極めながら判断していく必要があると考えているとのことである（2016年5月24日参議院財政金融委員会）。当該政府答弁によれば、政府は、銀行が直ちに仮想通貨交換業を取り扱うことはできないと考えているようにも思われる。

　前記「主要行等向けの総合的な監督指針」では、「その他の付随業務」の範疇に当たるかどうかを判断する際の参考として、金融庁のノーアクションレター制度における回答を参照することとされているが、現時点ではこの問題に関する回答はなされていない。

○コラム　銀行グループ会社での仮想通貨交換業

　銀行自体が仮想通貨に関連する業務を行うことができるかについては、コラム（銀行は仮想通貨交換業を営むことができるか）の通りの論点があるが、銀行または銀行持株会社が認可を受けて、仮想通貨に関連する業務を営む会社を子会社とすることは可能と考えられる。

　銀行または銀行持株会社は、子会社とすることのできる会社が限定され、出資の比率も制限されている（銀行法16条の2・16条の4・52条の23・52条の24）。しかし、フィンテック関連の業務の進展をはじめ、将来的に銀行グループを取り巻く環境に様々な展開が予想される中、日本の銀行グループが、環境変化に対応しつつ今後も成長を続けていくためには、イノベーションを戦略的に取り込みながら、柔軟に業務展開を行っていくことが重要と考えられることから、2016年の銀行法の改正により、「情報通信技術その他の技術を活用した当該銀行の営む銀行業の高度化もしくは当該銀行の利用者の利便の向上に資する業務またはこれに資すると見込まれる業務を営む会社」（以下「銀行業高度化等会社」という）が新たに子会社とできる会社の類型に追加された。これにより、銀行または銀行持株会社は、金融庁の認可を得ることで、基準議決権数（国内銀行業高度化等会社につき、銀行は5％、銀行持株会社は15％）を超えて銀行業高度化等会社の議決権を保有することが可能となった（いわゆる5％ルール・15％ルール。銀行法16条の2第1項12号の3）。仮想通貨に関連する業務を営む会社も、この銀行業高度化等会社に該当しうるものである。

　なお、独占禁止法11条においては、銀行業を営む会社が、他の国内の会社の議決権数の5％以上を保有するには、あらかじめ公正取引委員会の認可を受ける必要があると定められている。「他の国内の会社」からは銀行業高度化等会社が除かれていないため、銀行が国内会社である銀行業高度化等会社の議決権を5％を超えて取得・保有する場合には、公正取引委員会の認可も取得する必要があり得る点に留意する必要がある。

　実例としては、仮想通貨NEMの流出事件が話題となったコインチェック株式会社を2018年4月にマネックスグループ株式会社が完全子会社化した件がある（後述第4章2(4)参照）。マネックスグループ株式会社は株式会社静岡銀行から25％以上の出資を受けていたが、金融庁によって個別に買収が認められた。

第2章　仮想通貨の法的性質と法的論点

> ○コラム　その他の金融業における仮想通貨交換業の兼業
>
> 　銀行業以外の金融業（金融商品取引業（第二種金融商品取引業および投資助言・代理業を除く）、信託業）を営む株式会社が、仮想通貨に関連する業務を営む場合には、内閣総理大臣その他行政当局から兼業の承認等を受ける必要があり、承認に当たって個別に判断される（金融商品取引法35条4項、信託業法21条2項）。
> 　国会審議における政府答弁においては、第一種金融商品取引業者や投資運用業者が仮想通貨に関連する業務を受ける際の承認について、業務が公益に反すると認められないかどうか、あるいはリスク管理の観点から問題がないかどうかといった点から判断していくことになるとされている（2016年5月24日参議院財政金融委員会）。

② 外国仮想通貨交換業者

　外国の事業者も、日本で仮想通貨交換業を行う場合は、原則として、株式会社を設立して業務を行う必要がある。しかし、当該外国の事業者が、外国仮想通貨交換業者に該当する場合は、その組織形態のままで登録を受けることができる。

　外国仮想通貨交換業者とは、資金決済法に相当する外国の法令の規定により、当該外国において、資金決済法に基づく仮想通貨交換業者の登録と同種類の登録（当該登録に類する許可その他の行政処分を含む）を受けて仮想通貨交換業を行うものをいう（資金決済法2条9項）。

　2015年6月のG7エルマウサミット首脳宣言やFATF（金融活動作業部会）の仮想通貨に関するガイダンスを踏まえ、外国においても、仮想通貨交換業に対する規制導入が進んでいる。外国の法令の規定に基づき、当該外国において同種の登録等を行って仮想通貨交換業を営む事業者については、日本において改めて株式会社を設立せずとも、当該事業者自身に仮想通貨交換業者の登録を認めることがふさわしいと考えられることから、外国仮想通貨交換業者も登録を行うことができるとされている。

　ただし、事業者の実態を把握し、適切かつ実効性のある監督を行う観

点から、外国仮想通貨交換業者が日本において仮想通貨交換業者として登録を行うには、①国内に営業所を有すること、②国内に住所を有する代表者がいること等が条件となる（資金決済法63条の5第1項1号・2号）。

仮想通貨交換業者の登録を受けた外国仮想通貨交換業者は、外国仮想通貨交換業者以外の登録業者と同様に、資金決済法上の「仮想通貨交換業者」として取り扱われる。営むことのできる仮想通貨交換業の内容も、遵守すべき規制の内容も、外国仮想通貨交換業者以外の登録業者と差異はない。

> ○コラム　外国仮想通貨交換業者の実情
>
> 　2018年9月現在、日本において外国仮想通貨交換業者として登録された事業者は存在しない。
> 　アメリカの仮想通貨（ビットコイン）取引所「Kraken（クラケン）」を運営するPayward（ペイワード）は、Payward Japan株式会社を設立し日本における登録申請を行っていたものの、2018年4月、匿名通貨の取扱い等に関して金融庁よりマネーロンダリング対策の不備の指摘があり、申請の取下げを申し出、6月までに日本における仮想通貨交換業サービスを廃止すると報道された。
> 　他方、2018年6月、米国最大級の仮想通貨交換所であるcoinbase（コインベース）について、2018年内の仮想通貨交換業の登録申請に向けて準備していると報じられた。

仮想通貨交換業者の登録を受けていない外国仮想通貨交換業者が、日本国内にある者に対して仮想通貨交換業に該当する行為の勧誘をすることは禁止される（資金決済法63条の22）。仮想通貨の取引はインターネットを通じて行われることが通常であるため、日本国内において仮想通貨の交換等の行為がなされたと評価することが困難な場合も生じると考えられるが、こうした場合であっても、登録を受けることなく日本国内の者への仮想通貨の交換等の勧誘をする外国仮想通貨交換業者に対しては、

当該事業者を監督する本国当局に日本で違法行為を行っていると通告し、監督を促すといった措置を講ずることができるようにするためである。

どのような行為が「勧誘」に該当するかであるが、外国仮想通貨交換業者がホームページ等に仮想通貨交換業に係る取引に関する広告等を掲載する行為は、原則として該当する。例えば、香港の仮想通貨取引所であるBinance（バイナンス）は、ホームページやサービス上で日本語表示を行っていたところ、2018年3月23日、金融庁から、無登録で、インターネットを通じて日本居住者を相手方として仮想通貨交換業を行っていたとして、警告を受けている。

他方、ホームページ等が日本語ではない場合にも「勧誘」に該当するおそれがある点には留意が必要である。ただし、日本国内にある者が当該サービスの対象とされていない旨の担保文言が明記され、利用者の居所を確認する手続を経たり、明らかに日本国内にある者による取引であると合理的に考えられる場合には、当該者からの注文に応ずることがないように配慮したりする等、日本国内にある者との間の仮想通貨交換業に係る取引につながらないような合理的措置が講じられている場合には、「勧誘」には該当しないとされる（仮想通貨ガイドラインⅡ－4－2）。

(イ) **財務状態（資金決済法63条の5第1項3号）**

仮想通貨交換業者は、仮想通貨交換業を適正かつ確実に遂行するために必要と認められる財産的基礎を有することが必要である。そのため、仮想通貨交換業を営もうとする事業者は、①資本金の額が1,000万円以上かつ、②純資産額が負の値でないことが要件とされている（仮想通貨府令9条）。

法令上は上記の要件が規定されているだけであるが、実際の登録審査にあたっては、業容や特性に応じた財産的基礎を確保するよう努めているかにも着目して審査がなされる（仮想通貨ガイドラインⅡ－1－2①）。

なお、2018年9月時点の仮想通貨交換業者16社の資本金の額は次のとおりである。

登録番号	仮想通貨交換業者名	資本金の額（円）
関東財務局長第00001号	株式会社マネーパートナーズ	3,100,000,000
関東財務局長第00002号	QUOINE 株式会社	1,082,449,262
関東財務局長第00003号	株式会社 bitFlyer	2,061,191,378
関東財務局長第00004号	ビットバンク株式会社	566,000,000
関東財務局長第00005号	SBI バーチャル・カレンシーズ株式会社	490,000,000
関東財務局長第00006号	GMO コイン株式会社	100,000,000
関東財務局長第00007号	ビットトレード株式会社	160,000,000
関東財務局長第00008号	BTC ボックス株式会社	102,560,000
関東財務局長第00009号	株式会社ビットポイントジャパン	3,270,000,000
関東財務局長第00010号	株式会社 DMM Bitcoin	1,290,000,000
関東財務局長第00011号	株式会社ビットアルゴ取引所東京	760,000,000
関東財務局長第00012号	Bitgate 株式会社	10,000,000
関東財務局長第00013号	株式会社 BITOCEAN	10,000,000
近畿財務局長第00001号	株式会社フィスコ仮想通貨取引所	387,060,000
近畿財務局長第00002号	テックビューロ株式会社	100,000,000
近畿財務局長第00003号	株式会社 Xtheta	60,000,000

(ウ) **社内体制（資金決済法63条の5第1項4号・5号）**

　仮想通貨交換業者は、法令等を遵守し適切に業務運営を行うため、社内体制の整備を行う必要がある。そのため、登録の要件として、仮想通貨交換業を適正かつ確実に遂行する体制の整備がなされていること（資金決済法63条の5第1項4号）、資金決済法第3章の2の規定を遵守するために必要な体制の整備がなされていること（同5号）があげられている。

　「仮想通貨交換業を適正かつ確実に遂行する」とは、仮想通貨交換業を遂行するに十分な業務運営や業務管理がなされていることを指しており、資金決済法上の各種義務に係る措置が確実に行われることをいうが、この他、例えば、個人情報保護法や犯収法等、他法に基づき仮想通貨交換業者に課せられる義務が確実に行われることや企業が社会的に広く遵

守すべき規範や指針（例えば、企業が反社会的勢力による被害を防止するための指針等）も遵守する体制を構築する必要があると考えられる。

構築すべき社内体制の内容については、法令のみならず仮想通貨ガイドラインにも留意して整備する必要がある。

(エ)　名称（資金決済法63条の5第1項6号）

他の仮想通貨交換業者が現に用いている商号もしくは名称と同一の商号もしくは名称、または他の仮想通貨交換業者と誤認されるおそれのある商号もしくは名称を用いようとする法人は、仮想通貨交換業者の登録をすることができない。このような商号等の使用を認めると、利用者が仮想通貨交換業者の区別ができず、利用者の保護に欠けるおそれがあるためである。

(オ)　その他（資金決済法63条の5第1項7～10号）

仮想通貨交換業者の信頼性確保の観点から、過去に仮想通貨交換業者として不適格とされてから5年を経過しない法人、過去に資金決済法、出資法またはこれらに相当する外国の法令に違反してから5年を経過しない法人、また、仮想通貨交換業の他に行う事業が公益に反すると認められる法人は、仮想通貨交換業者の登録をすることができない。

また、株式会社の取締役もしくは監査役または会計参与（外国仮想通貨交換業者にあっては、国内における代表者を含む）について、行政処分歴や刑事処分歴等の欠格事由がある場合は、仮想通貨交換業者の登録が拒否される。これらの取締役等は、業務の執行やその執行を監査する立場にあり、組織の運営において重要な役割を果たすためである。

イ　仮想通貨交換業者の登録手続

(ア)　登録の流れ

① 金融庁への事前相談

仮想通貨交換業者の登録を申請するためには、事業者は、申請書等を提出する前に、金融庁に対して対面や電話等による事前相談を行う必要

がある。

　登録を申請しようとする事業者は、自社の概要や取り扱う仮想通貨の概要・サービスの概要等（資金決済法上の仮想通貨の該当性、仮想通貨交換業の該当性を含む）を記載した申請概要等を金融庁に対して提出する。金融庁は、申請予定者の概要、申請を行おうとする経緯・目的、業務の内容・方法、業務体制（業を適確・的確に遂行するに足りる人的構成、社内規則の整備状況等）について、ヒアリング等で内容を確認する。

② 　金融庁による事前審査
　事前相談により、当該サービスが仮想通貨交換業に該当すると判断された場合、登録を申請しようとする事業者は、登録申請書のドラフトを金融庁に提出する。金融庁は、申請書の記載内容や添付書類に過不足がないか、会社の社内体制等が登録拒否要件（資金決済法63条の５）や仮想通貨ガイドラインに記載されている要件を満たしているかについて、事前審査を行う。

　事前審査の際の主な確認事項は、利用者保護措置（仮想通貨ガイドラインⅡ－２－２－１）、利用者が預託した金銭・仮想通貨の分別管理（仮想通貨ガイドラインⅡ－２－２－２）、およびシステムリスク管理（仮想通貨ガイドラインⅡ－２－３－１）であるとされている。

③正式申請、審査
　事前審査を通過すると、登録を申請しようとする事業者は、正式申請を行うことができる。事前審査は経ているものの、必要に応じて、システム管理態勢（サイバーセキュリティ、コンティンジェンシープラン（BCP）、暗号鍵管理の徹底、ウォレット管理の適正化等）、マネーロンダリング・テロ資金供与対策（本人確認・取引時確認）、分別管理態勢（顧客の預り仮想通貨の管理）や利用者保護に向けた取組み（詐欺的コインの排除、顧客への適切なリスク説明）について専門官による現場ヒアリングも行われる。

第2章　仮想通貨の法的性質と法的論点

登録審査のポイント

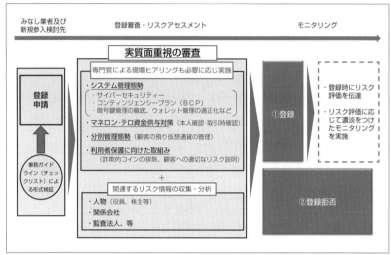

（出典）　平成30年4月27日金融庁「仮想通貨交換業に関する研究会」（第2回）資料2・10頁より引用

また、役員や株主等の人物や関係会社、監査法人等についての関連するリスク情報の収集・分析も行われる。

④　登録

正式申請の審査を通過すると、仮想通貨交換業者としての登録がされる。

○コラム　登録にかかる期間および費用

　仮想通貨交換業者の登録にかかる期間については、2017年10月以降に登録を申請した事業者（2018年9月時点で百数十社ともいわれている）が2018年9月現在においても登録がされておらず、未だ不透明な状況である。

　金融商品取引業者および前払式支払手段発行者（第三者型）の平均的な処理期間は、業態および申請予定者の状況等によって差異はあるものの、事前相談にかかる期間は概ね3～4か月程度、事前審査にかかる期間は概ね1～2か月程度といわれ、現在登録されている仮想通貨交換業者の処理期間は概ね6か月程度とされているが、実際には、それ以上の期間がかかっているのが現状である。

　また、仮想通貨交換業者の登録にかかる費用としては、業態等によるものの、後述するように、事業者が担当者を雇用するための費用、システム構築にかかる費用および外部専門家（弁護士、監査法人等）に対する報酬等が必要となると考えられる。

(イ)　登録の関係者

　仮想通貨交換業者の登録を受けようとする場合、事業者内部において担当者（主に、窓口対応、内部体制（マネーロンダリング対策含む）および規程整備、システム管理態勢整備等）が必要となることはもちろんであるが、弁護士等の外部専門家の協力が不可欠である。後述するように、登録の申請に際しては数十にも及ぶ規程類等を作成する必要があり、事業担当者が一からこれらを作成することは困難であると思われる。システムリスクについては、監査法人が評価をした上で規程の作成を行うことも考えられる。

　なお、仮想通貨交換業者は、利用者財産の管理の状況について、毎年1回以上、公認会計士または監査法人の監査を受けなければならない（資金決済法63条の11第2項）。また、事業年度ごとに提出が義務づけられている報告書については、公認会計士または監査法人の監査報告書を添付する必要がある（資金決済法63条の14第3項）ため、仮想通貨交換業を

行う上では公認会計士または監査法人の監査が不可欠となる。

(ウ) 必要書類

仮想通貨交換業の登録を受けるためには、以下の表の書類・規程等を作成する必要がある。

仮想通貨ガイドラインにおいて作成が求められている規程類に関しては、所定の内容の規程が存在していればよいため、必ずしも以下の表のとおり全て別個の規程とする必要はない。例えば、苦情処理に関する社内規程と金融 ADR に関する社内規程を 1 つのものにすることは可能である。

仮想通貨交換業者必要書類		
No.	項目	根拠法令等
Ⅰ.	申請書（仮想通貨府令別紙様式第1号）	法63条の3第1項・府令5条
Ⅱ.	添付書類	法63条の3第2項・府令6条
1	法63条の5第1項各号（登録拒否事由）に該当しないことを誓約する書面	府令6条1号
2	取締役等の住民票の抄本（外国人である場合には、在留カードの写し、特別永住者証明書の写しまたは住民票の抄本）またはこれに代わる書面	府令6条2号
3	取締役等の婚姻前の氏名を登録申請書に記載した場合において、16の書類が当該婚姻前の氏名を証するものでないときは、当該婚姻前の氏名を証する書面	府令6条3号
4	取締役等が成年被後見人等および破産者（復権を得ない者）等に該当しない旨の官公署の証明書（当該取締役等が外国人である場合には、別紙様式第4号により作成した誓約書）またはこれに代わる書面	府令6条4号
5	取締役等の履歴書または沿革	府令6条5号
6	株主の名簿ならびに定款および登記事項証明書またはこれに代わる書面	府令6条6号

7	外国仮想通貨交換業者である場合にあっては、外国の法令の規定により当該外国において法63条の2の登録と同種類の登録（当該登録に類する許可その他の行政処分を含む。）を受けて仮想通貨交換業を行う者であることを証する書面	府令6条7号
Ⅲ. 添付書類（財務に関する書類）		法63条の3第2項・府令6条
8	最終の貸借対照表および損益計算書またはこれに代わる書面（登録の申請の日を含む事業年度に設立された法人にあっては、会社法435条1項の規定により作成するその成立の日における貸借対照表またはこれに代わる書面）	府令6条8号
9	会計監査人設置会社である場合にあっては、登録の申請の日を含む事業年度の前事業年度の会社法396条1項の規定による会計監査報告の内容を記載した書面	府令6条9号
10	事業開始後3事業年度における仮想通貨交換業に係る収支の見込みを記載した書面を記載した書面	府令6条10号
Ⅳ. 添付書類（仮想通貨交換業を適正かつ確実に遂行する体制の整備に関する事項を記載した書類）		法63条の3第2項・府令6条
11	取り扱う仮想通貨の概要を説明した書類	府令6条11号
12	仮想通貨交換業に関する組織図（内部管理に関する業務を行う組織を含む。）	府令6条12号
13	仮想通貨交換業を管理する責任者の履歴書	府令6条13号
14	仮想通貨交換業に関する社内規則等（社内規制その他これに準ずるものをいう。）	府令6条14号・19条
	○ 内部管理態勢の方針に関する社内規程	ガイドラインⅡ-1-2
	○ コンプライアンスに係る基本的な方針等に関する社内規程	ガイドラインⅡ-2-1-1-2
	○ コンプライアンス・プログラム（実践計画）	
	○ コンプライアンス・マニュアル（行動規範・倫理規程）	

第2章　仮想通貨の法的性質と法的論点

○	取引時確認等の措置に関する社内規程	ガイドラインⅡ-2-1-2-2
○	取引時確認マニュアル	
○	反社会的勢力による被害の防止に関する社内規程	ガイドラインⅡ-2-1-3-2
○	反社会的勢力による被害の防止に関する対応マニュアル	
○	反社会的勢力による被害の防止に関する基本方針	
○	不祥事件に関する社内規程	ガイドラインⅡ-2-1-4-2
○	利用者保護措置に関する社内規程	ガイドラインⅡ-2-2-1-2
○	利用者財産の分別管理に関する社内規程	ガイドラインⅡ-2-2-2-2
○	帳簿書類の作成に関する社内規程	ガイドラインⅡ-2-2-3-2
○	利用者情報管理に関する社内規程	ガイドラインⅡ-2-2-4-2
○	利用者情報に関する具体的な取扱基準	
○	プライバシーポリシー	
○	苦情等への対処に関する社内規程	ガイドラインⅡ-2-2-5-2
○	苦情等の処理に関するマニュアル	
○	金融ADR制度への対応に関する社内規程	ガイドラインⅡ-2-2-5-3
○	システムリスク管理に関する社内規程（情報セキュリティ管理、サイバーセキュリティ管理を含む）	ガイドラインⅡ-2-3-1-2
○	システムリスク管理に関する基本方針（セキュリティポリシー、外部委託先に関する方針を含む）	
○	情報セキュリティ管理に関する方針	
○	コンティンジェンシープラン	

		○ 情報資産管理（バックアップ、アクセス制限等）に関するマニュアル	
		○ 事務リスク管理に関する社内規程	ガイドラインⅡ－2－3－2－2
		○ 外部委託に関する社内規程	ガイドラインⅡ－2－3－3－2
		○ 委託先リスク発生対応マニュアル	
		○ 障害者への対応に関する社内規程	ガイドラインⅡ－2－2－4
15	仮想通貨交換業の利用者と仮想通貨交換業に係る取引を行う際に使用する契約書類(利用規約、約款、受取証書等)		府令6条15号
16	仮想通貨交換業を第三者に委託する場合にあっては、当該委託に係る契約の契約書（業務委託契約書等）		府令6条16号
17	指定紛争解決機関に関する書面		府令6条17号
		○ 指定紛争解決機関が存在する場合：指定紛争解決機関の商号または名称	
		○ 指定紛争解決機関が存在しない場合：法63条の12第1項2号に定める苦情処理措置および紛争解決措置の内容	
Ⅴ．添付書類（その他参考になる事項を記載した書面）			府令6条18号
18	その他参考書類（取引時確認方法等）		
19	特定事業者作成書面		ガイドラインⅡ－2－1－2－2
20	チェックリスト		事前相談の際に受領

　No.34のチェックリストとは、160超の項目からなる、社内体制が構築できているかを確認するためのリストである。チェックリストの申請者記載欄には、社内規程の名称と該当条文を転記し、その条文に則って具体的に何を行うのかを記載する。すべての項目について、もれなく記載する必要がある。

(3) 仮想通貨交換業者に対する規制

　仮想通貨交換業者に対する規制としては、大きく分けて、資金決済法上の利用者保護のためのルールと犯収法上のマネーロンダリング対策のためのルールが存在する。ここでは、資金決済法上の利用者保護のためのルールについて説明し、犯収法上のマネーロンダリング対策については後述する（第2章4「犯罪収益移転防止法」）。

ア　経営管理態勢

　仮想通貨交換業者の経営陣は、業務推進や利益拡大といった業績面のみならず、法令等遵守や適正な業務運営を確保するため、内部管理部門および内部監査部門の機能強化等、内部管理態勢の確立・整備に関する事項を経営上の最重要課題の1つとして位置づけ、その実践のための具体的な方針の策定および周知徹底について、誠実かつ率先して取り組む必要がある（仮想通貨ガイドラインⅡ-1）。

　ここでの「内部管理部門」とは、法令および社内規則等を遵守した業務運営を確保するための内部事務管理部署、法務部署等をいう。また、「内部監査部門」とは、営業部門から独立した検査部署、監査部署等をいい、内部管理の一環として被監査部門等が実施する検査等を含まないとされる。

　仮想通貨交換業者の規模等により、独立した内部監査部門の監査を受けることが難しい場合には、外部監査を導入することも可能である。

　また、反社会的勢力の排除についても、「企業が反社会的勢力による被害を防止するための指針について」（平成19年6月19日、犯罪対策閣僚会議幹事会申合せ）を踏まえた基本方針を社内外に宣言し、当該基本方針を実現するための態勢を整備することが求められる（仮想通貨ガイドラインⅡ-2-1-3）。

3 資金決済法

そして、内部管理部門において重大な問題等を確認した場合には、経営陣に対し適切な報告が行われ、全社的な改善策の策定・実施が行われることが必要である。

イ 法令等遵守（コンプライアンス）態勢

仮想通貨交換業者が法令や社内規則等を厳格に遵守し、適正かつ確実な業務運営に努めることは、利用者の仮想通貨交換業に対する信頼を向上させ、仮想通貨の更なる流通・発展を通じた利用者利便の向上という観点から重要である。仮想通貨交換業者において、コンプライアンスは、経営の最重要課題の１つとして位置づけられる必要がある（仮想通貨ガイドラインⅡ－2－1－1）。

また、仮想通貨交換業者は、適正かつ確実な業務運営を確保する観点から、業務に関し、その規模・特性に応じた社内規則等を定め、不断の見直しを行うとともに、役職員に対して社内教育を行うほか、その遵守状況を検証する必要がある。法令等遵守態勢の整備のためには、基本的な方針に加え、具体的な実践計画（コンプライアンス・プログラム）や行動規範（倫理規程、コンプライアンス・マニュアル）等を策定し、これらを役職員に周知徹底した上で、実際に実践する必要がある。実践計画や行動規範の内容の見直しや、法令等遵守に関する研修・教育体制の構築も必要である。

ウ 取引時確認等の措置

仮想通貨については、その匿名性等からテロ資金供与およびマネーローンダリングといった組織犯罪等に利用されることが懸念されている。このため、犯収法に基づく取引時確認、取引記録等の保存、疑わしい取引の届出等の措置に関する内部管理体制を構築することは、組織犯罪による金融サービスの濫用を防止し、金融市場に対する信頼を確保するためにも重要な意義を有している（仮想通貨ガイドラインⅡ－2－1－2）。

仮想通貨交換業者がとるべき具体的措置については、後述第2章4を参照。

エ　反社会的勢力による被害の防止

仮想通貨交換業者として業務の適切性を確保するためには、反社会的勢力に対し屈することなく法令等に即して対応することが不可欠であり、経営陣には、断固たる態度で反社会的勢力との関係を遮断し、排除していくことが求められる（仮想通貨ガイドラインⅡ-2-1-3）。

「企業が反社会的勢力による被害を防止するための指針について」に基づき、特に上場会社においては有価証券上場規程により、反社会的勢力への対応が義務付けられている。反社会的勢力から不当要求がなされた場合には、速やかに経営陣に対して報告がなされ、経営陣の適切な指示・関与のもと対応を行う等、経営陣も含めて組織として適切に対応することが重要である。

仮想通貨交換業者は、反社会的勢力とは一切の関係をもたないよう、事前審査を徹底し必要に応じて契約書や取引約款へ暴力団排除条項を導入することに加え、反社会的勢力であることを知らずに関係を有してしまった場合を想定し、契約の事後検証、定期的な自社株の取引状況や株主の属性情報等を確認することが求められる。相手方が反社会的勢力であると判明した場合には、可能な限り速やかに関係を解消する必要がある。

また、仮想通貨交換業者としては、反社会的勢力対応部署において、反社会的勢力に関する情報を一元的に管理・蓄積し、当該情報を集約したデータベースを構築し更新していく等の方法により、取引先の審査や株主の属性判断等を行う際に活用する体制を構築する必要がある。

反社会的勢力に関するデータベースの構築方法としては、①企業情報データベースに記載の反社会的勢力に関する情報を用い、自社で作成し更新していく方法、②暴力追放運動推進センターと契約を締結し、提供

されるリストを利用する方法、③反社会的勢力のリストを提供している事業者と契約を締結し、当該リストを利用する方法等が利用されることが多い。実際にどの方法をとるかは、仮想通貨交換業者がデータベース構築にかけることのできる手間と費用を勘案して決定することとなる。

オ 不祥事件に対する監督上の対応

取締役等または従業員に仮想通貨交換業の業務に関し法令に違反する行為または仮想通貨交換業の適正かつ確実な遂行に支障を来す行為（以下「不祥事件」という）が起こった場合、内部管理部門および経営陣に対し報告がなされ、内部監査部門等の独立した部門で当該事件の調査・解明がなされる必要がある（仮想通貨ガイドラインⅡ-2-1-4）。

不祥事件には、法令に違反する行為だけでなく、仮想通貨交換業の業務に関して利用者の利益を損なうおそれのある行為や、利用者から告訴、告発または検挙された行為等が含まれる。

カ 利用者保護措置

仮想通貨交換業者は、その取り扱う仮想通貨と本邦通貨または外国通貨との誤認を防止するための説明、手数料その他の仮想通貨交換業に係る契約の内容についての情報の提供その他の仮想通貨交換業の利用者の保護を図り、および仮想通貨交換業の適正かつ確実な遂行を確保するために必要な措置を講じなければならない（資金決済法63条の10、仮想通貨府令16条～19条）。

仮想通貨交換業に係る取引に際しては、仮想通貨交換業者から利用者に対して、取引判断に必要な正確な情報が提供される等、仮想通貨交換業の適正かつ確実な遂行が確保されることが重要であることから、当該措置を講ずることが求められている。

なお、利用者に対する説明の態勢としては、例えば、インターネットを通じた取引の場合には、利用者がその操作するパソコンの画面上に表

示される説明事項を読み、その内容を理解した上で画面上のボタンをクリックする等の方法、対面取引の場合には書面交付や口頭による説明を行った上で当該事実を記録しておく方法が、それぞれ考えられる（仮想通貨ガイドラインⅡ－2－2－1－2(1)）。

(ア) 情報提供
(a) **仮想通貨と本邦通貨または外国通貨との誤認防止**

仮想通貨は、不特定多数の者に対して使用できるものではあるが、いわゆる法定通貨と異なり強制通用力を有さず、価値が保障されない。しかし、利用者がこのことを十分に理解せず、仮想通貨が強制通用力をもつ等と誤解してしまうと、利用者に不測の損害が生じる可能性がある。

そのため、仮想通貨と本邦通貨や外国通貨には差異があることを利用者に認識させる必要があり、仮想通貨と本邦通貨または外国通貨を誤認することを防止するための説明を行う義務がある（仮想通貨府令16条1項）。

具体的に説明すべき事項は、以下の通りである（仮想通貨府令16条2項）。

---

① 取り扱う仮想通貨は、本邦通貨または外国通貨ではないこと
② 取り扱う仮想通貨が、特定の者によりその価値を保証されていない場合は、その旨、または、特定の者によりその価値を保証されている場合は、当該者の氏名、商号もしくは名称および当該保証の内容
③ その他取り扱う仮想通貨と本邦通貨または外国通貨との誤認防止に関し参考となると認められる事項

---

②について、仮想通貨の発行者等により仮想通貨の価値が保証される場合には、その価値がいつ、いかなる場合も保証されていると利用者が誤認することがないよう、当該保証者の氏名や保証の具体的内容について情報提供することが必要と考えられている。なお、例えば、ある仮想通貨の発行者等が、発行済の仮想通貨の全てについて法定通貨による買

取りを保証するような場合は、資金決済法上、仮想通貨ではなく通貨建資産（資金決済法2条6項）に該当する可能性がある（平成29年パブコメ34頁No.36～38）。

次に、具体的な説明方法について、仮想通貨交換業者は、利用者との間で仮想通貨の交換等を行うときは、あらかじめ、当該利用者に対し、書面の交付（電磁的方法を含む）その他適切な方法により、上記の説明事項について説明をしなければならない（仮想通貨府令16条1項、仮想通貨ガイドラインⅡ－2－2－1－2(1)①）。

また、仮想通貨交換業者が、その営業所において利用者と仮想通貨交換業に係る取引を行う場合には、説明事項の①、②を利用者の目のつきやすいように窓口に掲示しなければならない（仮想通貨府令16条3項）。

(b) 利用者に対する情報の提供

仮想通貨交換業者は、利用者との間で仮想通貨交換業に係る取引を行うときは、あらかじめ、当該利用者に対し、次に掲げる事項についての情報を提供しなければならない。（仮想通貨府令17条1項、仮想通貨ガイドラインⅡ－2－2－1－2(2)）。

① 仮想通貨交換業者の商号および住所
② 仮想通貨交換業者である旨および当該仮想通貨交換業者の登録番号
③ 当該取引の内容
④ 取り扱う仮想通貨の概要
⑤ 取り扱う仮想通貨の価値の変動を直接の原因として損失が生ずるおそれがあるときは、その旨およびその理由
⑥ ⑤に掲げるもののほか、当該取引について利用者の判断に影響を及ぼすこととなる重要な事由を直接の原因として損失が生ずるおそれがあるときは、その旨およびその理由
・ 仮想通貨の特性（電子機器その他の物に電子的方法により記録される財産的価値であり、電子情報処理組織を用いて移転するものであること）

第 2 章　仮想通貨の法的性質と法的論点

> 　　・　サイバー攻撃による仮想通貨の消失・価値減少リスクがあること　等
> ⑦　分別管理の方法および分別管理を行う者の氏名、商号または名称
> 　　・　利用者保護のための制度として利用者が預託した金銭・仮想通貨と仮想通貨交換業者自らの財産との分別管理義務が設けられている旨
> 　　・　利用者が預託した金銭・仮想通貨の分別管理の具体的方法
> ⑧　利用者が支払うべき手数料、報酬もしくは費用の金額もしくはその上限額またはこれらの計算方法
> 　　・　利用者が当該仮想通貨交換業者以外の者に対しても手数料等を支払う必要がある場合には、当該委託先に対するものも含めた総額
> 　　・　手数料等の実額ではなく上限額や計算方法のみを説明する場合には、利用者が実際に支払うこととなる手数料等の総額の見込み額または計算例
> ⑨　利用者からの苦情または相談に応ずる営業所の所在地および連絡先
> ⑩　当該取引が外国通貨で表示された金額で行われる場合においては当該金額を本邦通貨に換算した金額およびその換算に用いた標準またはこれらの計算方法
> ⑪　仮想通貨交換業者が講じている金融 ADR 措置の内容
> ⑫　その他当該取引の内容に関し参考となると認められる事項
> 　　・　仮想通貨交換業に係る取引に関する金銭および仮想通貨の預託の方法
> 　　・　当該取引に関する金銭および仮想通貨の状況を確認する方法　等

　仮想通貨交換業者が、利用者との間で仮想通貨交換業に係る取引を継続的にまたは反復して行うことを内容とする契約を締結するときは、あらかじめ、当該利用者に対し、次に掲げる事項についての情報を提供しなければならない（仮想通貨府令17条 2 項、仮想通貨ガイドラインⅡ－ 2 － 2 － 1 － 2(2)⑤）。

> ①　上記①～⑪に関する事項
> ②　契約期間の定めがあるときは、当該契約期間
> ③　契約の解約時の取扱い（手数料、報酬または費用の計算方法を含む）
> ④　その他当該契約の内容に関し参考となると認められる事項
> 　　・　仮想通貨交換業に係る取引に関する金銭および仮想通貨の預託の方

> 法
> ・ 当該取引に関する金銭および仮想通貨の状況を確認する方法
> ・ 暗証番号の設定その他のセキュリティに関する事項
> ・ 口座開設契約等により、利用者ごとに仮想通貨交換業者が受け入れられる金額に上限がある場合には、当該上限金額　等

　なお、継続的または反復して行う取引の場合は、取引のたびに情報提供を行う必要はなく、取引開始時にあらかじめ情報提供を行えば、取引時の情報提供は不要と考えられている。ただし、利用者に対する情報提供の趣旨に鑑み、利用者が理解しやすいよう、工夫して情報提供を行うことが重要であると考えられている（平成29年パブコメ35頁No.43～45）。

(c) 受領情報の提供

　仮想通貨交換業者は、その行う仮想通貨交換業に関し、利用者から金銭または仮想通貨を受領したときは、遅滞なく、当該利用者に対し、書面の交付その他の適切な方法により、次に掲げる事項についての情報を提供しなければならない（仮想通貨府令17条3項）。

> ① 仮想通貨交換業者の商号および登録番号
> ② 当該利用者から受領した金銭の額または仮想通貨の数量
> ③ 受領年月日

　情報の提供方法について、書面の交付に代えてその他適切な方法により提供することについて、承諾または撤回の意思表示を受ける場合には、利用者の承諾等があったことを記録する必要がある（仮想通貨ガイドラインⅡ－2－2－1－2(3)）。

(d) 定期的な情報の提供

　仮想通貨交換業者は、利用者との間で仮想通貨交換業に係る取引を継続的にまたは反復して行うときは、3か月を超えない期間ごとに、当該

利用者に対し、書面の交付その他の適切な方法により、次に掲げる事項についての情報を提供しなければならない（仮想通貨府令17条4項）。

---

① 取引の記録
② 管理する利用者の金銭の額および仮想通貨の数量

なお、所定の期間において1度も取引がなかった場合であっても、定期的な情報提供の義務を有する点は留意する必要がある（平成29年パブコメ36頁No.49）。

(イ) その他の利用者保護措置
(a) **仮想通貨の特性等に応じた利用者保護のための体制整備**
　仮想通貨交換業者は、その行う仮想通貨交換業について、仮想通貨の特性、取引の内容その他の事情に応じ、利用者の保護を図るために必要な体制を整備する措置を講じる必要がある。（仮想通貨府令18条1号）。
　例えば、仮想通貨交換業者が、その行う仮想通貨交換業に関して、レバレッジ取引を提供する場合には、利用者は提供されるレバレッジ倍率に比例して高額の損失を被るリスクを負うこととなるため、利用者保護のための体制整備として、仮想通貨の特性や取引内容に応じて、適切なレバレッジ倍率やロスカットルール等を設定すること等が考えられる（仮想通貨ガイドラインⅡ－2－2－1－2(5)）。

(b) **犯罪行為対策**
　仮想通貨交換業者が、その行う仮想通貨交換業について、捜査機関等から当該仮想通貨交換業に係る取引が詐欺等の犯罪行為に利用された旨の情報の提供があることその他の事情を勘案して犯罪行為が行われた疑いがあると認めるときは、当該取引の停止等を行う措置を講じなければならない（仮想通貨府令18条2号）。

③ 資金決済法

(c) インターネット等の非対面取引における措置

　仮想通貨交換業者が、インターネット等を利用して、利用者と仮想通貨交換業に係る取引を行う場合にあっては、当該利用者が当該仮想通貨交換業者と他の者を誤認することを防止するための適切な措置を講じなければならない（仮想通貨府令18条3号）。

　具体的には、ホームページのリンクに関し、利用者が取引相手を誤認するような構成になっていないかを確認する。また、フィッシング詐欺対策については、利用者がアクセスしているサイトが真正なサイトであることの証明を確認できるような措置を講じる等、業務に応じた適切な不正防止策を講じる必要がある（仮想通貨ガイドラインⅡ－2－2－1－2(4)①）。

　また、仮想通貨交換業者が、利用者からインターネット等を利用して仮想通貨交換業に関わる取引に関わる指図を受ける場合にあっては、当該指図の内容を、当該利用者がパソコン等の操作を行う際に容易に確認し、訂正することができるようにするための適切な措置を講じなければならない（仮想通貨府令18条4号）。

　具体的には、利用者が仮想通貨交換業に係る取引についての指図内容を仮想通貨交換業者に送信する前に、当該指図内容を表示した上で利用者に対して内容の確認を求める等、利用者が仮想通貨交換業に係る取引に関する指図内容を容易に確認・訂正できるような対応を行う必要がある（仮想通貨ガイドラインⅡ－2－2－1－2(4)②）。

キ　利用者が預託した金銭・仮想通貨の分別管理

　仮想通貨交換業者は、その行う仮想通貨交換業に関して、仮想通貨交換業の利用者の金銭または仮想通貨を自己の金銭または仮想通貨と分別して管理しなければならない（資金決済法63条の11第1項）。

　仮想通貨交換業者は、仮想通貨交換業に係る取引を行うに際し利用者の財産である金銭や仮想通貨を管理することとなるが、仮想通貨交換業

者による利用者の財産の不正な流用や消失、事業の破綻等により、利用者の財産を毀損するリスクがある。実際に、マウントゴックス社の事件では、仮想通貨交換所が破綻し、代表者が利用者の財産を横領した容疑等により逮捕された。このように、利用者の財産を自己の財産と分別して管理することは、利用者保護の観点から必須であるといえる。

一般に、財産の分別管理方法については大きく分けて、供託の方法で保全するもの、信託の方法で保全するもの、自己の資産と顧客資産を明確に区分し、直ちに判別できる状態で管理するものが存在する。

仮想通貨については、現時点では、私法上の位置づけが明確ではないため、法令上または事実上、供託や信託を行うことができないという制約がある。また、利用者の金銭についてのみ供託や信託を行うとしても、どこまで利用者保護の実効性があるか疑問であるとの指摘や、仮想通貨交換業者が金銭の信託等を行うことが現実的に可能かとの指摘もあるところである。

これらを踏まえ、仮想通貨府令20条では、仮想通貨交換業者における利用者の金銭および仮想通貨の管理方法について具体的に規定し、分別管理の基本的な方法として、以下を求めている（仮想通貨ガイドラインⅡ－2－2－2－2(1)①②)。

① 分別管理に係る社内規則に、金銭・仮想通貨それぞれについて、分別管理の執行方法を具体的に定め、利用者との契約に反映する。
② 自己の固有財産である金銭・仮想通貨と、利用者が預託した金銭・仮想通貨を、①の執行方法に基づいて明確に区分し、かつ、個々の利用者の持分について、直ちに判別できることとする。また、その遵守状況について適切に検証することとする。

⑺ 金銭の分別管理

仮想通貨交換業者は、利用者の金銭を管理するときは、次に掲げる方法により、当該金銭を分別管理しなければならない（仮想通貨府令20条

1項）。

> ①　預金銀行等への預金または貯金（当該金銭であることがその名義により明らかなものに限る。）
> ②　信託業務を営む金融機関等への金銭信託で元本補塡の契約のあるもの

　①の方法により利用者の金銭を管理する場合、仮想通貨交換業者が管理する帳簿上の残高と、分別管理している銀行等の口座残高を、毎営業日照合することが求められている。また、照合した結果、銀行等の口座残高が帳簿上の残高に満たない場合には、原因の分析を行った上、速やかに当該不足額を解消することが求められている。なお、当該不足額に関しては、不足が生じた日の翌日から起算して2営業日以内に解消することが望ましいとされる（仮想通貨ガイドラインⅡ-2-2-2-2(1)④）。

　なお、②の方法により利用者の金銭を管理する場合は、仮想通貨府令21条1項1号～12号の要件を満たす利用者区分管理信託に係る契約に基づいて管理することが求められている（仮想通貨ガイドラインⅡ-2-2-2-2(1)⑤）。

(イ)　**仮想通貨の分別管理**

　仮想通貨交換業者は、利用者の仮想通貨を管理するときは、仮想通貨の区分に応じ、次に定める方法により、当該仮想通貨を分別管理しなければならない（仮想通貨府令20条2項）。

> ①　仮想通貨交換業者が自己で管理する仮想通貨
> 　　利用者の仮想通貨と自己の固有財産である仮想通貨とを明確に区分し、かつ、当該利用者の仮想通貨についてどの利用者の仮想通貨であるかが直ちに判別できる状態（当該利用者の仮想通貨に係る各利用者の数量が自己の帳簿により直ちに判別できる状態を含む。②において同じ。）で管理する方法
> ②　仮想通貨交換業者が第三者をして管理させる仮想通貨
> 　　当該第三者において、利用者の仮想通貨と自己の固有財産である仮想

第2章　仮想通貨の法的性質と法的論点

> 通貨とを明確に区分させ、かつ、当該利用者の仮想通貨についてどの利用者の仮想通貨であるかが直ちに判別できる状態で管理させる方法

　利用者の仮想通貨の管理については、仮想通貨交換業者が管理する帳簿上の残高と、ブロックチェーン等のネットワーク上の有高を、毎営業日照合することが求められている。また、照合した結果、利用者の仮想通貨の有高が帳簿上の残高に満たない場合には、原因の分析を行った上、速やかに当該不足額を解消することが必要となる。なお、当該不足額に関しては、不足が生じた日の翌日から起算して5営業日以内に解消することが望ましいとされる（仮想通貨ガイドラインⅡ－2－2－2－2⑴③）。
　仮想通貨の管理・処分のために必要な暗号鍵等の管理については、例えば、自社の仮想通貨を管理・処分するために必要な暗号鍵等と、利用者の仮想通貨を管理・処分するために必要な暗号鍵等の保管場所を明確に区分して保管することが求められている。具体的には、暗号鍵等を保管するためのコンピュータやUSBメモリー等を明確に区分することが考えられるとしている（仮想通貨ガイドラインⅡ－2－2－2－2⑴⑥）。
　また、利用者の利便性等を損なわない範囲で、可能な限り、仮想通貨を管理・処分するために必要な暗号鍵等をインターネット等の外部のネットワークに接続されていない環境で管理することが求められている（仮想通貨ガイドラインⅡ－2－2－2－2⑴⑦）。これは、仮想通貨の特性上、サイバー攻撃等によって利用者から預託を受けた仮想通貨が消失するリスク等があるため、利用者保護の観点から、いわゆるホットウォレットではなくコールドウォレットで管理する必要があるとの考えに基づくものである（平成29年パブコメ53頁No.115）。
　ホットウォレットでの管理については、2018年1月にコインチェック株式会社が保有していた仮想通貨ネムが流出した事件からその危険性が改めて認識されており、今後適用される新基準においては、ホットウォレットでの管理は禁止される見込みである。

③　資金決済法

ク　帳簿書類

　仮想通貨交換業者は、その仮想通貨交換業に関する帳簿書類を作成し、これを保存しなければならない（資金決済法63条の13）。これは、仮想通貨交換業者の業務および利用者財産の管理の状況を正確に反映させるとともに、分別管理監査の結果に関する記録を行わせることにより、利用者保護に資するためであるとされている（仮想通貨ガイドラインⅡ－2－2－3－1）。

　作成・保存が義務づけられる帳簿書類は後述(5)の通りであるが、これらの帳簿書類の作成について規定した社内規則等を定め、役職員が社内規則等に基づき適切な取扱いを行うよう、社内研修等により周知徹底を図ることが求められている（仮想通貨ガイドラインⅡ－2－2－3－2①）。

ケ　利用者に関する情報管理態勢

　仮想通貨交換業者は、仮想通貨交換業に係る情報の漏えい、滅失または毀損の防止その他の当該情報の安全管理のために必要な措置を講じなければならない（資金決済法63条の8）。この規定に関連して、利用者に関する情報の安全管理措置や取扱いが規定されている（仮想通貨府令12条～14条）。

　これらに加え、仮想通貨交換業者は、個人情報の保護に関する法律およびこれに関連する以下のガイドラインの規定に基づく適切な取扱いを確保する必要があることから（仮想通貨ガイドラインⅡ－2－2－4－1）、仮想通貨交換業者の登録を行う際は、個人情報保護法に関する法令・ガイドラインについても確認する必要がある。

- 個人情報の保護に関する法律についてのガイドライン（通則編）
- 同ガイドライン（外国にある第三者への提供編）
- 同ガイドライン（第三者提供時の確認・記録義務編）

第2章　仮想通貨の法的性質と法的論点

> ・　金融分野における個人情報保護に関するガイドライン
> ・　金融分野における個人情報保護に関するガイドラインの安全管理措置等についての実務指針

(ア)　情報の安全管理措置

　仮想通貨交換業者は、仮想通貨交換業の業務の内容および方法に応じ、仮想通貨交換業に係る電子情報処理組織の管理を十分に行うための措置を講じなければならない（仮想通貨府令12条）。また、仮想通貨交換業者は、個人である利用者に関する情報の安全管理、従業者の監督および当該情報の取扱いを委託する場合にはその委託先の監督について、当該情報の漏えい、滅失または毀損の防止を図るために必要かつ適切な措置を講じなければならない（仮想通貨府令13条）。

　利用者に関する情報管理態勢としては、以下の措置が求められている（仮想通貨ガイドラインⅡ－2－2－4－2(1)）

> ①　内部管理態勢の整備を図る。
> 　・　情報管理の適切性を確保するための組織体制の確立（部門間における適切なけん制の確保を含む）
> 　・　社内規程の策定　等
> ②　利用者に関する情報の取扱いについて、具体的な取扱基準を定めた上で、研修等により役職員に周知徹底を図る。
> ③　利用者に関する情報の管理状況を適時・適切に検証できる態勢の整備を図る。
> 　・　利用者に関する情報へのアクセス管理の徹底（アクセス権限を付与された本人以外が使用することの防止等）
> 　・　内部関係者による利用者に関する情報の持ち出しの防止に係る対策
> 　・　外部からの不正アクセスの防御等情報管理システムの堅牢化等の対策　等
> ④　利用者に関する情報を利用した不正行為を防止するための適切な措置を図る。
> 　・　特定職員に集中する権限等の分散

③ 資金決済法

>・ 幅広い権限等を有する職員への管理・けん制の強化　等
> ⑤ 利用者に関する情報の漏えい等が発生した場合に、適切に責任部署へ報告され、二次被害等の発生防止の観点から、対象となった利用者への説明、当局への報告および必要に応じた公表が迅速かつ適切に行われる態勢の整備を図る。
> ⑥ 情報漏えい等が発生した原因を分析し、再発防止に向けた対策を講じる。
> ⑦ 他社の漏えい事故を踏まえ、類似事例の再発防止のために必要な措置の検討を行う。
> ⑧ 独立した内部監査部門において、定期的にまたは随時に、利用者に関する情報管理に係る幅広い業務を対象とした監査を行う。
> ⑨ 利用者に関する情報管理に係る監査に従事する職員の専門性を高めるため、研修の実施等の方策を適切に講じる。
> ⑩ 情報の適切な取扱いを確保するために認定資金決済事業者協会で主催する研修または同等の内容の研修に役職員を定期的に参加させる。

　また、個人である利用者に関する情報については、安全管理および従業者の監督について、当該情報の漏えい、滅失または毀損の防止を図るために必要かつ適切な措置として、個人情報保護に関するガイドライン等に基づく措置を講じることが求められている（仮想通貨ガイドラインⅡ－2－2－4－2(2)①）。

(イ)　クレジットカード情報の取扱い

　クレジットカード情報（カード番号、有効期限等）を含む個人情報については、情報が漏えいした場合、不正使用によるなりすまし購入など二次被害が発生する可能性が高いことから、上記に加え、以下に定める厳格な管理措置が求められている（仮想通貨ガイドラインⅡ－2－2－4－1、Ⅱ－2－2－4－2(2)③）。

> ① クレジットカード情報等について、利用目的その他の事情を勘案した適切な保存期間を設定し、保存場所を限定し、保存期間経過後適切かつ速やかに廃棄する。

② 業務上必要とする場合を除き、クレジットカード情報等をコンピュータ画面に表示する際には、カード番号を全て表示させない等の適切な措置を講じる。
③ 独立した内部監査部門において、クレジットカード情報等を保護するためのルール及びシステムが有効に機能しているかについて、定期的又は随時に内部監査を行う。

(ウ) 特別の非公開情報の取扱い

　仮想通貨交換業者は、個人である利用者に関する人種、信条、門地、本籍地、保健医療または犯罪経歴についての情報その他の特別の非公開情報（労働組合加盟に関する情報、民族、性生活、社会的身分に関する情報等を含む）を取り扱うときは、適切な業務の運営の確保その他必要と認められる目的（金融分野における個人情報保護に関するガイドライン6条1項各号）以外の目的のために利用しないことを確保するための措置を講じなければならない（仮想通貨府令14条、仮想通貨ガイドラインⅡ－2－2－4－2(2)②）。

コ　苦情等への対処・金融ADR制度への対応

　仮想通貨交換業者は、苦情処理措置や紛争解決に関する措置を講じなければならない（資金決済法63条の12第1項）。
　仮想通貨交換業者が利用者からの相談・苦情・紛争等（以下「苦情等」という）に真摯に対応して利用者の理解を得ようとすることは、仮想通貨交換業者にとって利用者に対する説明責任を事後的に補完する意味合いを持つ利用者保護上重要な活動の1つであるとされる。また、利用者の保護を図り仮想通貨交換業務への利用者の信頼性を確保する観点から、苦情等への事後的な対処の重要性もさらに高まっている（仮想通貨ガイドラインⅡ－2－2－5－1）。

(ア) 金融ADR制度への対応

　仮想通貨交換業者は、金融ADR制度への対応が求められる（資金決

③ 資金決済法

済法63条の12、仮想通貨ガイドラインⅡ-2-2-5-3)。

　利用者保護の充実および仮想通貨交換業への利用者の信頼性の向上を図るためには、仮想通貨交換業者と利用者との実質的な平等を確保し、中立・公正かつ実効的に苦情等の解決を図ることが重要である。また、主要な金融関連業については、簡易・迅速な苦情処理・紛争解決を行うため金融ADR制度が設けられていることが通例である(例えば資金移動業者)。そこで、仮想通貨交換業者についても金融ADR制度が設けられている。

　資金決済法は、指定紛争解決機関(資金決済法2条13項・第6章)であって、その紛争解決等業務の種別が仮想通貨交換業務であるもの(以下「指定仮想通貨ADR機関」という)が存在する場合と存在しない場合とに区別して、講じるべき措置を規定している。

　指定仮想通貨ADR機関が存在する場合には、仮想通貨交換業者はそのうち1つの指定仮想通貨ADR機関との間で仮想通貨交換業に係る手続実施基本契約を締結しなければならない(資金決済法63条の12第1項1号)。

　なお、金融ADR制度における苦情処理・紛争解決への対応については、主に仮想通貨交換業者と指定仮想通貨ADR機関との間の手続実施基本契約によって規律されているところであるが、仮想通貨交換業者による金融ADR制度への対応について、具体的には、仮想通貨ガイドラインⅡ-2-2-5-3-1に記載する点に留意して検証することとなる。

(イ)　苦情等対処に関する内部管理態勢、苦情処理措置および紛争解決措置

　仮想通貨交換業に関する苦情等には、さまざまな態様のものがあり得る。そこで、仮想通貨交換業者は、まず自身で苦情等対処に関する内部管理態勢を構築することが求められている。具体的には、社内規程の整備や研修その他の方法で社内に周知・徹底を図る必要がある(その他の

具体的な内部管理態勢については仮想通貨ガイドラインⅡ－2－2－5－2参照）。

また、指定仮想通貨ADR機関が存在しない場合には、仮想通貨交換業者は、仮想通貨交換業に関する苦情処理措置および紛争解決措置を講じる必要がある（資金決済法63条の12第1項2号）。

2018年9月時点で、指定仮想通貨ADR機関は存在しないため、仮想通貨交換業者は、仮想通貨交換業に関する苦情処理措置および紛争解決措置を講じることとなる（仮想通貨ガイドラインⅡ－2－2－5－3－2）。

この場合、苦情処理措置としては、以下の各事項のうちの1つまたは複数を選択する必要がある（仮想通貨ガイドラインⅡ－2－2－5－3－2①イ）。

- 苦情処理に従事する従業員への助言・指導を一定の経験を有する消費生活専門相談員等に行わせること
- 自社で業務運営体制・社内規則を整備し、公表等すること
- 認定資金決済事業者協会を利用すること
- 国民生活センター、消費生活センターを利用すること
- 他の業態の指定ADR機関を利用すること
- 苦情処理業務を公正かつ的確に遂行できる法人を利用すること

また、紛争解決措置として、以下の各事項のうちの1つまたは複数を選択する必要がある（仮想通貨ガイドラインⅡ－2－2－5－3－2①ロ）。

- 裁判外紛争解決手続の利用の促進に関する法律に定める認証紛争解決手続を利用すること
- 弁護士会を利用すること
- 国民生活センター、消費生活センターを利用すること
- 他の業態の指定ADR機関を利用すること
- 紛争解決業務を公正かつ的確に遂行できる法人を利用すること

○コラム　金融 ADR とは

　金融 ADR 制度は、金融機関との取引に関して、利用者と金融機関との間でトラブルが発生したときに、当事者以外の第三者である金融ADR 機関に関わってもらい、裁判以外の方法で解決を図る制度のことである。

　紛争解決機関を行政庁が指定・監督し、その中立性・公正性が確保されていること、利用者から紛争解決の申立てが行われた場合には、金融機関に紛争解決手続の利用や和解案の尊重等を求め、紛争解決の実効性が確保されていること、金融分野に知見を有する者が紛争解決委員として紛争解決に当たることにより、金融商品・サービスに関する専門性が確保されていることから、事案の性質や当事者の事業に応じた迅速・簡便・柔軟な紛争解決が可能になるというメリットがある。

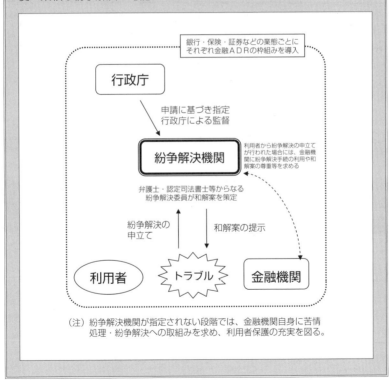

（注）紛争解決機関が指定されない段階では、金融機関自身に苦情処理・紛争解決への取組みを求め、利用者保護の充実を図る。

第2章　仮想通貨の法的性質と法的論点

サ　システムリスク管理

　仮想通貨交換業者は、情報の漏えい、滅失または毀損の防止等、情報の安全管理のために必要な措置を講じる必要がある（資金決済法63条の8、仮想通貨府令12条）。

　システムリスクとは、コンピューターシステムのダウンまたは誤作動等のシステムの不備等に伴い利用者や仮想通貨交換業者が損失を被るリスクや、コンピューターが不正に使用されることにより利用者や仮想通貨交換業者が損失を被るリスクをいう。

　仮想通貨交換業者は、その業務の性質上、高度・複雑な情報システムを有していることが多く、さらにコンピューターのネットワーク化の拡大に伴い、重要情報に対する不正アクセス、漏えい等のリスクが大きくなっている。システムが安全かつ安定的に稼働することは、仮想通貨交換業者に対する信頼性を確保するための大前提であり、システムリスク管理態勢の充実強化は極めて重要である（仮想通貨ガイドラインⅡ－2－3－1－1）。

　システムリスク管理態勢に関する主な着眼点の一例としては、次のとおりである（仮想通貨ガイドラインⅡ－2－3－1－2）。

---

(1)　役職員のシステムリスクに対する認識等
　①　システムリスクの重要性についての役職員の十分な認識、定期的なレビュー、全社的なリスク管理の基本方針の策定
　②　代表取締役による、システム障害やサイバーセキュリティ事案（以下「システム障害等」という）の未然防止と発生時の迅速な復旧対応についての経営上の重大な課題との認識、態勢の整備
　　※「サイバーセキュリティ事案」＝いわゆる「サイバー攻撃」（情報通信ネットワークや情報システム等の悪用により、サイバー空間を経由して行われる不正侵入、情報の窃取、改ざんや破壊、情報システムの作動停止や誤作動、不正プログラムの実行やDDoS攻撃等）により、サイバーセキュリティが脅かされる事案

③ 取締役会によるシステムリスクの重要性の十分な認識、システムを統括管理する役員（システムに関する十分な知識・経験を有し業務を適切に遂行できる者であることが望ましい）を定める　等
(2) システムリスク管理態勢
　① システムリスク管理の基本方針の策定。これには、セキュリティポリシー（組織の情報資産を適切に保護するための基本方針）及び外部委託先に関する方針を含める　等
(3) システムリスク評価
(4) 情報セキュリティ管理
　① 情報資産を適切に管理するための方針策定、組織体制の整備、社内規程の策定、内部管理態勢の整備。他社における不正・不祥事件も参考に、情報セキュリティ管理態勢のPDCAサイクルによる継続的な改善
　② 情報の機密性、完全性、可用性を維持するための、情報セキュリティに係る統括管理者による管理
　③ コンピュータシステムの不正使用防止対策、不正アクセス防止対策、コンピュータウィルス等の不正プログラムの侵入防止対策等の実施
　④ 仮想通貨交換業者が責任を負うべき利用者の重要情報を網羅的に洗い出し、把握、管理　等
　⑤ 洗い出した利用者の重要情報の重要度判定やリスク評価の実施および情報管理ルールの策定
　⑥ 不正アクセス、不正情報取得、情報漏えい等の牽制、防止の仕組みの導入
　⑦ 機密情報の暗号化やマスキング等の管理ルールの策定。暗号化プログラム、暗号鍵、暗号化プログラムの設計書等の管理に関するルールの策定
　⑧ 機密情報の保有・廃棄、アクセス制限、外部持ち出し等の取扱い等
　⑨ 情報資産について、管理ルール等に基づく管理の定期的なモニタリング、管理態勢の継続的な見直し
　⑩ 全役職員に対するセキュリティ教育（外部委託先におけるセキュリティ教育を含む。）
　⑪ データがき損した場合に備えた措置（定期的なデータのバックアップ等）　等
(5) サイバーセキュリティ管理
　① サイバーセキュリティについて、組織体制の整備、社内規程の策定

第2章　仮想通貨の法的性質と法的論点

> 等
> ②　サイバー攻撃に備え、入口対策、内部対策、出口対策といった多段階のサイバーセキュリティ対策を組み合わせた多層防御
> ③　システムの脆弱性について、OS の最新化やセキュリティパッチの適用等
> ④　インターネット等の通信手段を利用した非対面の取引を行う場合の適切な認証方式の導入や不正防止策の構築
> ⑤　サイバー攻撃を想定したコンティンジェンシープランの策定等　等
> (6)　システム企画・開発・運用管理
> (7)　システム監査
> (8)　外部委託管理
> (9)　コンティンジェンシープラン
> (10)　障害発生時等の対応

シ　事務リスク管理

　事務リスクとは、仮想通貨交換業者の役職員が正確な事務を怠る、あるいは事故・不正等を起こすことにより、仮想通貨交換業者が損失を被るリスクをいう。仮想通貨交換業者は、事務リスクを軽減することの重要性を認識し、事務リスク軽減のための具体的な方策を講じる等、当該リスクに係る内部管理態勢を適切に整備する必要がある（仮想通貨ガイドラインⅡ－2－3－2－1）。

ス　外部委託

　仮想通貨交換業者は、その業務の一部を第三者へ委託することが可能であり、委託先の選定等について特に制限は設けられていない（資金決済法63条の9）。委託先がその委託業務を再委託することも可能である。
　もっとも、仮想通貨交換業者は、委託事務に関する最終的な責任を負う立場にあるため、例えば、委託先と利用者との間でトラブルが生じた場合に、委託先の問題であるとして放置することは許されない。仮想通貨交換業者が委託先も含めた全体として適正かつ確実な業務運営を確保

する必要があることから、仮想通貨交換業者の業容に応じて、例えば以下のような点に留意することを求めている。

まず、仮想通貨交換業者は、仮想通貨交換業の一部を第三者に委託する場合には、登録の際に、当該委託に係る業務の内容ならびにその委託先の氏名または商号もしくは名称および住所を、登録申請書に記載する必要がある（資金決済法63条の3第1項9号）。

また、仮想通貨交換業者は、仮想通貨交換業の一部を第三者に委託、または再委託した場合には、当該委託に係る業務の委託先に対する指導その他の当該業務の適正かつ確実な遂行を確保するために必要な措置を講じる必要がある（資金決済法63条の9、仮想通貨府令15条）。

外部委託をする場合に求められる主な措置（仮想通貨ガイドラインⅡ-2-3-3）

① 委託先の選定基準や外部委託リスクが顕在化したときの対応等を規定した社内規則等を定め、役職員が社内規則等に基づき適切な取扱いを行うよう、社内研修等により周知徹底する。
② 委託先における法令等遵守態勢の整備について、必要な指示を行う等、適切な措置を確保する。
③ 利用者に対しては、当該仮想通貨交換業者自身が業務を行ったものと同様の権利が確保されるようにする。
④ 委託業務に関して契約どおりサービスの提供が受けられない場合、仮想通貨交換業者は利用者利便に支障が生じることを未然に防止するための態勢を整備する。
⑤ 個人である利用者に関する情報の取扱いを委託する場合には、当該委託先の監督について、当該情報の漏えい、滅失または毀損の防止を図るために必要かつ適切な措置を講じる。
⑥ 外部委託先の管理について、責任部署を明確化し、外部委託先における業務の実施状況を定期的または必要に応じてモニタリングする等、外部委託先において利用者に関する情報管理を適切に行う。
⑦ 外部委託先において情報漏洩自己等が発生した場合に、適切な対応がなされ、速やかに委託元に報告される体制としている。
⑧ 外部委託先による利用者に関する情報へのアクセス権限について、委

託業務の内容に応じて必要な範囲内に制限している。その上で、外部委託先においてアクセス権限が付与される役職員およびその権限の範囲が特定されていることを確認する。さらに、アクセス権限を付与された本人以外が当該権限を使用すること等を防止するため、外部委託先において定期的または随時に、利用状況の確認（権限が付与された本人と実際の利用者との突合を含む。）が行われている等、アクセス管理の徹底が図られていることを確認する。

⑨　二段階以上の委託が行われた場合には、外部委託先が再委託先等の事業者に対して十分な監督を行っているかについて確認する。また、必要に応じ、再委託先等の事業者に対して自社による直接の監督を行う。

⑩　委託業務に関する苦情等について、利用者から委託元である仮想通貨交換業者への直接の連絡体制を設けるなど適切な苦情相談態勢を整備する。

セ　障害者への対応

仮想通貨交換業者は、障害者への対応に当たって、利用者保護および利用者利便の観点も含め、障害者差別解消法および障害者差別解消対応指針に則り適切な対応を行う、対応状況を把握・検証し対応方法の見直しを行う等、内部管理態勢を整備する必要がある（仮想通貨ガイドラインⅡ－2－4）。

(4)　利用者財産の分別管理状況の監査

仮想通貨交換業者は、利用者財産の分別管理の状況、すなわち分別管理の法令遵守およびその内部統制の整備および運用の状況について、毎年1回以上、公認会計士または監査法人の監査を受けなければならない（資金決済法63条の11第2項、仮想通貨府令23条1項）。

利用者財産の適正な管理については、事業者が不正を行うことを牽制するとともに、問題の早期発見を図ることが重要であり、罰則による担保だけでなく、定期的に外部からのチェックを働かせる観点から、監査

が必要とされている。

　なお、仮想通貨交換業者と利害関係のある者は、分別管理監査をすることができない（仮想通貨府令23条2項）。

　公認会計士または監査法人による監査報告書の作成に当たっては、日本公認会計士協会の「仮想通貨交換業者における利用者財産の分別管理に係る合意された手続業務に関する実務指針」が参照される。

(5) 監督

　仮想通貨交換業者は、法令上の監督を受けることとなり、仮想通貨交換業に関する帳簿書類を作成・保存するとともに（資金決済法63条の13）、仮想通貨交換業に関する報告書の提出等が必要となる（資金決済法63条の14）。

帳簿書類の内容（仮想通貨府令26条1項）

①　仮想通貨交換業に係る取引記録
②　総勘定元帳
③　顧客勘定元帳（仮想通貨交換業の利用者との間で仮想通貨交換業に係る取引を継続的にまたは反復して行うことを内容とする契約を締結する場合に限る）
④　各営業日における管理する利用者の金銭の額および仮想通貨の数量の記録（資金決済法2条7項3号に掲げる金銭等の管理行為を行う者に限る）
⑤　各営業日における信託財産の額の記録（資金決済法2条7項3号に掲げる行為を行う者であって、20条1項2号に定める方法により利用者の金銭を管理する仮想通貨交換業者に限る）
⑥　分別管理監査の結果に関する記録

　なお、帳簿書類に関し、会社法432条、犯収法7条等によっても帳簿書類の作成・保存が義務付けられる場合があるが、資金決済法63条の13はこれらの特則を定めるものではないため、それぞれの規定を遵守する

必要がある。ただし、各法に定める記載事項を満たす場合には、各法に基づき作成すべき帳簿を1つの帳簿で兼ねることはできる。

また、仮想通貨交換業者に対する監督措置として、立入検査や報告徴求（資金決済法63条の15）、業務改善命令（資金決済法63条の16）、登録取消し（資金決済法63条の17）等も規定されている。

ア　立入検査等

内閣総理大臣は、仮想通貨交換業の適正かつ確実な遂行のために必要があると認める場合、仮想通貨交換業者およびその業務の委託を受けた者に対して、仮想通貨交換業者の業務・財産に関する報告・資料の提出と立入検査を行うことができる（資金決済法63条の15）。

内閣総理大臣は、仮想通貨交換業者から、定期的に仮想通貨交換業に関する報告書等の提出を受けており、通常はこの報告書をもとに仮想通貨交換業の実施状況や財産内容等を把握することとなる。しかし、報告書等の提出のみでは仮想通貨交換業の業務の実態把握を行うことができない場合もあり得ることから、機動的に監督上の対応を行うための措置として、必要に応じて、仮想通貨交換業者に対し、業務・財産に関する報告・資料の提出命令や、職員による立入検査を行うことができることとされている。

イ　業務改善命令

内閣総理大臣は、仮想通貨交換業の適正かつ確実な遂行のために必要があると認めるときは、その必要の限度において、仮想通貨交換業者に対し、業務の運営または財産の状況の改善に必要な措置その他監督上必要な措置をとるべきことを命じることができる（資金決済法63条の16）。

業務改善命令の内容については、金融庁のホームページにて公開される。なお、2018年3月以降2018年9月現在までに、仮想通貨交換業者16社中7社に対して、実際に業務改善命令が発出されている。

ウ　登録の取消し等

　内閣総理大臣は、仮想通貨交換業者について、次の①～③のような事由が生じたときに、登録の取消しや業務停止命令を行うことができる（資金決済法63条の17）。

①　登録拒否要件に該当するとき
　申請者に登録拒否事由があったにもかかわらず、登録申請書類にその事実が記載されず登録を受けたことが登録後に判明した場合や、申請時には登録拒否事由に当たらないと判断されても、法令違反が繰り返される等、後日、登録拒否事由が生じた場合等には、仮想通貨交換業者としての適格性が備わっていないことから、登録の取消しや業務停止命令を行うことができる旨規定されている。

②　不正の手段により登録を受けたとき
　申請者に登録拒否事由があったにもかかわらず、登録申請書類への虚偽記載、故意の不記載等によって登録が行われた場合に、このような事実が判明した場合が該当する。このような場合には、登録の前提となった仮想通貨交換業者の適格性が正しく確認されていないことから、登録の取消しや業務停止命令を行うことができる旨規定されている。

③　資金決済法等に違反したとき
　法令違反や業務改善命令等の処分に違反している場合、利用者保護のため、その業務を停止することが必要な場合がありうることから、登録の取消しや業務停止命令を行うことができる旨規定されている。

(6) 海外の動向

　仮想通貨交換所の規制には①仮想通貨交換所を対象とした新たな規制を設ける類型と、②既存の規制を用いる類型の2つが存在する。本項では①の類型としてニューヨーク州（国レベルの規制はなく、州レベルの規制）およびアブダビの規制方針を紹介する。

ア　ニューヨーク州

　ニューヨーク州で仮想通貨に関する事業を営むにはニューヨーク州金融サービス局法200条に基づいて、ニューヨーク州金融サービス局（NYDFS）が制定するBit License（ビットライセンス）とよばれる免許を取得することが必要となる。

　ビットライセンスが必要となる行為については基本的に顧客に対する仮想通貨の売買や交換のほか、仮想通貨の保管、発行および送信サービスも含まれることとされている。

　ビットライセンスを取得するためには、NYDFSが公表している申請用紙を提出する必要があり、マネーロンダリング対策、消費者保護、サイバーセキュリティ等の観点から審査がなされる。ビットライセンスの審査は厳格であるといわれており、2018年7月時点においてビットライセンスを取得している事業者は8社である。

　また、アメリカではBit License法に基づいてライセンスを取得したとしても、Security（「証券」）と評価された仮想通貨を売買するためには、別途米国証券取引委員会（SEC）よりブローカーディーラー（証券会社）としてのライセンスを取得しなければならないため、取り扱う仮想通貨がSecurityに該当するかについては常に留意しなければならない。

イ　アブダビ

UAEの首長国の1つであるアブダビでは仮想通貨交換業、仮想通貨保管業を含めた仮想通貨ビジネス規制の方針を打ち出している。アブダビ・グローバル・マーケット（ADGM）の金融サービス規制庁（FSRA）は、2018年6月25日、仮想通貨に関連する事業の規制ガイドラインを公開した。

規制の対象となるのは、仮想通貨の売買や保管を行う業務活動、仮想通貨売買にアドバイスを与える業務活動等（OCAB）であり、この中でも特別な形態として、仮想通貨交換業および仮想通貨保管業がさらに厳格な規制を設けるべき対象として位置づけられている。

OCABにおいては、マネーロンダリング対策に加え、消費者保護、サイバーセキュリティ保護が要規制項目として掲げられている。対象となる仮想通貨は規制庁が承認したものに限定される。承認に当たっては、仮想通貨の成熟度、事業への目的適合性から判断される。

仮想通貨交換業は、OCABに課される規制に加えてさらに市場監視、取引記録の保存や公への情報等についての規制が課されることになる。

(7)　仮想通貨交換業・関連事業の今後

2018年1月、コインチェック株式会社の不正アクセスによる仮想通貨流出事件が生じたことを契機に、金融庁は仮想通貨交換業者等への監督を強化する方向で対応を行ってきたといえる。

コインチェック株式会社の事件で最も問題とされたのは、顧客から預かった仮想通貨の管理体制にあった。そのため、仮想通貨交換業の登録審査において、今後は顧客の資産管理体制の整備がより重要な項目になるものと考えられる。

また、仮想通貨関連事業は、マネーロンダリング対策等、全世界的な

潮流に影響されるビジネスであるため、今後は海外の規制動向も確認しつつ、日本の仮想通貨関連事業の規制の方向性を考える必要がある。

> ○コラム　外国仮想通貨取引所に対する金融庁の警告
>
> 　外国に拠点を置く仮想通貨取引所であっても、日本の居住者に向けてサービスを提供する場合には日本の資金決済法の適用対象となる。実際に外国の取引所が無登録で日本の居住者に向けて仮想通貨交換業の実施に該当するサービスを提供していたことから金融庁から警告を受けた例がある。
>
> 　2018年3月23日、金融庁は、香港に拠点を置く仮想通貨取引所Binance（バイナンス）に対して、日本の居住者向けに無登録でサービスを実施したとして警告を発している。当初のBinanceは取引所で日本語に対応しており、日本居住者による利用が多い状況にあった。警告が発された後は、Binanceは取引所内の日本語対応をやめ、本拠地をマルタ島に移転することを決定した。
>
> 　2018年6月2日、香港に本拠を置く仮想通貨取引所HitBTC（ヒットビーティーシー）は日本居住者の取引所利用を一時的に制限することを発表しており、金融庁による海外取引所に対する規制の余波を受けた可能性がある。HitBTCも2018年に入ってから日本語対応を開始し、徐々に日本人居住者の利用が増加している状況にあった。

4 犯罪収益移転防止法・アンチマネーロンダリングに関する法律

　マネーロンダリングとは、犯罪によって得た収益について、架空名義や他人の名義を利用した金融機関等との取引を経て正当に得た資金であるように見せかけ、その出所や受益者を隠蔽する行為を指す。

　仮想通貨は利用者の匿名性が高く、その移転が国際的な広がりを持ち、迅速に行われるという性質を有することや、仮想通貨に対する規制が各国において異なること等から、出所や受益者の追跡が困難であるため、マネーロンダリングに用いられる可能性が高い。

　組織犯罪は国際社会の脅威となっており、その犯罪収益はさらなる組織犯罪のために運用されるおそれがあることから、日本だけでなく国際社会全体がマネーロンダリングの防止・撲滅のために法規制をはじめとしたさまざまな手段を講じている。

　実際に、2018年6月30日時点までに行われた国内の仮想通貨交換業者（みなし業者を含む）に対する行政処分20件のうち、「マネー・ローンダリング及びテロ資金供与に係るリスク管理態勢の構築」等を求める旨の業務改善命令等、16件がマネーロンダリングに関する事由を処分理由に含むものであった。このように、仮想通貨を取り扱う際には、マネーロンダリング対策を意識することが不可欠であるといえる。

　そこで、本項では犯罪収益移転防止法をはじめとした、仮想通貨に関連するアンチマネーロンダリングのための法規制を概説する。

第 2 章　仮想通貨の法的性質と法的論点

(1) 仮想通貨と犯罪収益移転防止法

ア　犯罪収益移転防止法とは

　犯収法は、犯罪による収益が組織的な犯罪を助長するために使用されるとともに、犯罪による収益が移転して事業活動に用いられることにより健全な経済活動に重大な悪影響を与えること、および犯罪による収益の移転がその剥奪や被害の回復に充てることを困難にするものであることから、犯罪による収益の移転（マネーロンダリング）の防止を図ることや、テロリズムに対する資金供与の防止に関する国際条約等の的確な実施を確保することを狙いとした法律であり、これらを通して国民生活の安全と平穏を確保するとともに、経済活動の健全な発展に寄与することを目的としている（犯収法 1 条）。

　このような目的を達成するために、犯収法においては、金融機関等の一定の類型の事業者（以下「特定事業者」という）に対して、一定の義務を課している。

イ　仮想通貨と犯罪収益移転防止法の関係

　仮想通貨交換業を営む事業者は、2016年の犯収法改正により特定事業者に追加され、犯収法の規制対象となった（犯収法 2 条 2 項31号）。このため、仮想通貨交換業者は犯収法に規定される後述の義務を負う。

　仮想通貨交換業が犯収法の規制対象となった背景には、仮想通貨がマネーロンダリングに悪用される可能性が高いことに加え、世界的な仮想通貨に関わるマネーロンダリング規制の進展がある。

　2015年 6 月 8 日の G 7 エルマウサミット首脳宣言では、仮想通貨の規制を進め、金融活動作業部会（FATF）が定める基準の効果的な履行を確保することが宣言された。FATFとはマネーロンダリング対策における国際協調を推進するために OECD 加盟国を中心とした35か国・地

④ 犯罪収益移転防止法・アンチマネーロンダリングに関する法律

域および2つの国際機関から構成され、マネーロンダリング対策およびテロ資金対策に関する国際基準の策定および見直しや、FATF参加国・地域相互間における当該国際基準の遵守状況の監視等を行う政府間会合である。FATFは、同月26日に「仮想通貨についてのリスクベースドアプローチに係るガイダンス」を公開し、仮想通貨と法定通貨を交換する交換所に対して登録・免許制を課すとともに、顧客の本人確認や疑わしい取引の届出、記録保存の義務等のマネーロンダリング・テロ資金供与規制を課すべきとした。これを受け、我が国では資金決済法が改正され、さらに仮想通貨交換業者が犯収法の規制対象となったのである。

世界的な仮想通貨規制の要請と、FATFから法制度の確立をはじめとしたマネーロンダリング規制の整備を促された過去が我が国にあることも踏まえると、犯収法は仮想通貨に関わるマネーロンダリング対策において大きな役割を果たすことが期待されている。

(2) 犯収法上の義務

犯収法は、仮想通貨交換業を営む事業者に対し、取引時確認（犯収法4条）、確認記録の作成・保存（犯収法6条）、取引記録の作成・保存（犯収法7条）、疑わしい取引の届出（犯収法8条）、取引時確認等を的確に行うための体制整備（犯収法11条）等を義務づけている。体制整備を除いたこれらの義務に反した場合、行政庁は当該違反を是正するための必要な措置をとるべきことを命ずることができ（犯収法18条）、さらに是正命令に違反した場合は、刑罰の対象となり得る（犯収法25条）。

	通常の特定取引	ハイリスク取引
ア　取引時確認	一定の取引を行う際に、以下の各事項について確認する必要がある。	左記に加え、200万円を超える財産の移転を伴う取引を行う場合、「資産

第2章　仮想通貨の法的性質と法的論点

	・本人特定事項 ・取引を行う目的 ・職業および事業の内容の確認 ・実質的支配者の本人特定事項	および収入の状況」についても確認を要する。
イ　確認記録の作成・保存	取引時確認を行った場合、特定事項について記録の作成・保存をする必要がある。	左記に加え、ハイリスク取引の際には作成・保存する事項が増加する。
ウ　取引記録の作成・保存	特定事項について記録の作成・保存をする必要がある。	
エ　疑わしい取引の届出	マネーロンダリングの疑われる取引について、届出義務を負う。	通常の特定取引に比べ、疑わしい取引かを判断するために、より厳格な方法が用いられる。
オ　体制整備	取引時確認をした事項に係る情報を最新の内容に保つための措置をとる必要がある。	

以下では、これらの義務について概説する。

ア　取引時確認

　取引時に相手方の身元を確認し、記録することで、警察等によって取引主体を追跡・捕捉することが可能となり、事後的なマネーロンダリングの撲滅に資する。また、取引主体が身元の露見を恐れるため、マネーロンダリングのための取引を予防する効果も期待できる。このように、取引時確認はマネーロンダリング対策において重要である。

(ア)　取引時確認が必要な場面

　取引時確認は、犯収法の規制対象となる行為（以下「特定業務」という）のうちの一定の取引（以下「特定取引等」という）について要求される。犯収法において、仮想通貨交換業に係る業務（資金決済法2条7項参照）は特定業務とされているところ（犯収法4条1項、同法別表（第4条関係））、特定取引等とは、①特定取引と、②マネーロンダリングに用いられるおそれが特に高い取引（以下「ハイリスク取引」という）に分かれる。

4 犯罪収益移転防止法・アンチマネーロンダリングに関する法律

① 特定取引

特定取引とは、特定業務に属する取引のうち、ハイリスク取引（後述）に該当せず、(a)対象取引に該当する取引と、(b)対象取引に該当しない取引のうち特別の注意を要する取引（犯収法施行規則5条）とに分けられる。

(a) 対象取引に該当する取引

対象取引とは、(i)対象取引の類型（仮想通貨交換業者については犯収法施行令7条1項各号）のいずれかに該当し、かつ、(ii)簡素な顧客管理の許容される取引（犯収法施行規則4条1項各号）に該当しない取引をいう。

もっとも、仮想通貨交換業上の取引が(ii)簡素な顧客管理の許容される取引に該当することはほぼないため（例外的に該当する類型としては、国または地方公共団体、破産管財人が法令上の手続に従い行う取引（犯収法施行規則4条1項13号）等）、以下では(i)のうち、取引仮想通貨交換業者が特に注意しなければならない対象取引の類型を取り上げる。

なお、例外として、取引を行う顧客について既に取引時確認を行っており、かつ、当該取引時確認について確認記録を保存している場合には、顧客から記録されている者と同一であることを示す書類等の提示または送付を受けるか、顧客しか知り得ない事項等の申告を受けることにより、顧客が当該記録と同一であることを確認するとともに、確認記録を検索するための事項、取引等の日付、取引等の種類を記録し、取引の日から7年間保存すれば、取引時確認済みの顧客との取引として取引時確認の省略が認められている（犯収法4条3項）。

(i) 仮想通貨の交換等を継続的にもしくは反復して行うことまたは資金決済法第2条第7項第3号に掲げる行為を行うことを内容とする契約の締結（犯収法施行令7条1項1号ヨ）

「仮想通貨の交換等」の意義については前述の第2章3「資金決済法」を参照されたい。これを継続的に行うことを内容とする契約、例えば、仮想通貨取引用アカウント作成等のための基本契約の締結が該当する。

「資金決済法第2条第7項第3号に掲げる行為」の意義についても同

様に参照されたい。当該行為のための契約の締結の行為も該当する。
 (ii) 仮想通貨の交換等であって、当該仮想通貨の交換等に係る仮想通貨の価額が200万円を超えるもの（犯収法施行令7条1項1号タ）

 仮想通貨の交換等の取引であって、その交換または売買される仮想通貨の価額が200万円を超える取引は、原則として特定取引に該当する。

 この規制を回避するため、200万円という閾値を下回るように2回以上に分割して取引を行ったとしても、これらの取引が同時にまたは連続して行われ、1回当たりの金額を減少させるために行われるものであることが一見して明らかである時は、これらの取引は1つの取引とみなされる（犯収法施行令7条3項）。「一見して明らか」か否かについては、各仮想通貨交換業者において、当該取引の態様や各事業者の知識や経験、商慣行をもとに適宜判断されることとなる。

 (iii) 仮想通貨交換業に関し管理する顧客等の仮想通貨を当該顧客等の依頼に基づいて移転させる行為（仮想通貨の交換等に伴うものを除く）であって、当該移転に係る仮想通貨の価額が10万円を超えるもの（犯収法施行令7条1項1号レ）

 仮想通貨交換業者が、顧客の依頼により、10万円超の価額の仮想通貨を他の者に移転させる行為が該当する。

 その他、仮想通貨交換業者が仮想通貨の受取、送付、および保管のみの機能を有するサービスを提供する場合にも、対象となる仮想通貨が売買の対象となっていた場合等、仮想通貨交換業に関し管理するものに該当する場合は本規制が適用される。

 他方、仮想通貨交換業者が単に顧客等の口座開設を行うだけの場合や、口座管理手続等のために顧客等からの依頼に基づかず利用者の仮想通貨の移転を行う場合には、本規制は適用されない。

 なお、閾値を超えないよう、仮想通貨を複数回に分割して移転させた場合については、(ii)と同様の規制が存在する（犯収法7条3項）。

(b) **特別の注意を要する取引**

特別の注意を要する取引とは、(i)疑わしい取引、または、(ii)同種の取引の態様と著しく異なる態様で行われる取引をいう（犯収法施行規則5条）。

(i) 疑わしい取引とは、取引において収受する財産が犯罪による収益である疑い、または、顧客等が組織犯罪処罰法10条・麻薬特例法6条の罪を行っている疑いがあると認められる取引である（犯収法施行令7条1項）。

(ii) 同種の取引の態様と著しく異なる態様で行われる取引とは、仮想通貨交換業者が有する一般的な知識や経験、商慣行を踏まえて判断するものとされ、例えば資産や収入に見合っていると考えられる取引ではあるものの、一般的な同種の取引と比較して高額な取引等が挙げられる。もっとも、一般的な態様と異なる取引だとしても、顧客による説明等により合理性や必然性が認められれば該当しない。

② **ハイリスク取引**

ハイリスク取引とは、(a)なりすまし取引、(b)偽り取引、(c)ハイリスク国の居住者等との特定取引、または、(d)外国PEPs（Politically Exposed Persons、外国政府高官）等との特定取引である（犯収法4条2項各号参照）。

なお、ハイリスク取引に関しては取引時確認済みの顧客との取引として取引時確認の省略は認められないことに留意する必要がある（犯収法4条3項は同条1項にのみ言及している）。

(a) **なりすまし取引**

なりすまし取引とは、取引の相手方が、既に基本契約等を締結した顧客またはその代表者等になりすましている疑いがある場合の当該取引を指す。

例えば、何らかの手段により秘密鍵を詐取した疑いがある者が、当該秘密鍵を用いて仮想通貨を現金化しようとする場合がなりすまし取引の

(b) 偽り取引

偽り取引とは、取引の基となる基本契約等の締結に際して行われる取引時確認において、確認事項を偽っていた疑いがある顧客またはその代表者等との取引を指す。

ここにいう確認事項は、本人特定事項のみならず確認事項全てにわたると解され、偽る行為の中には虚偽の事実を告げるだけでなく、告げるべき事実を隠蔽することも含まれる。

(c) ハイリスク国の居住者等との特定取引

イラン・北朝鮮に居住もしくは在住する顧客等との間の取引、もしくはイラン・北朝鮮に居住もしくは在住する顧客等に対して財産の移転を伴う特定取引も、ハイリスク取引に当たる（犯収法施行令12条2項）。

(d) 外国PEPs等との特定取引

外国PEPs等、すなわち外国政府高官等との間の特定取引もハイリスク取引にあたる。PEPsは、その権限や立場を濫用してマネーロンダリング等を行うおそれがあるということから、規制の対象となっているが、日本の総理大臣等、日本の政府高官等との取引については対象となっていない。

外国PEPs等の範囲は以下の通りである（犯収法施行令12条3項、犯収法施行規則15条）。

(i) 国王などの外国の元首、および、外国において次の各号に掲げる職にある者、ならびにこれらの者であった者
  1 我が国における内閣総理大臣その他の国務大臣および副大臣に相当する職
  2 我が国における衆議院議長、衆議院副議長、参議院議長または参議院副議長に相当する職
  3 我が国における最高裁判所の裁判官に相当する職
  4 我が国における特命全権大使、特命全権公使、特派大使、政府代表

4 犯罪収益移転防止法・アンチマネーロンダリングに関する法律

> 　　または全権委員に相当する職
> 　5　我が国における統合幕僚長、統合幕僚副長、陸上幕僚長、陸上幕僚副長、海上幕僚長、海上幕僚副長、航空幕僚長または航空幕僚副長に相当する職
> 　6　中央銀行の役員
> 　7　予算について国会の議決を経、または承認を受けなければならない法人の役員
> (ii)　(i)に掲げる者の家族（配偶者、父母、子および兄弟姉妹、ならびに配偶者の父母および子をいう）
> (iii)　法人であって、(i)および(ii)に掲げる者が実質的支配者である法人

(イ)　確認事項

取引時確認が必要となる場合、以下の事項についての確認をする必要がある。

①　本人特定事項

自然人については当該自然人の氏名・住居・生年月日を、法人については名称および本店または主たる事務所の所在地について確認する必要がある（犯収法4条1項1号）。さらに、法人の代表者による取引や代理人による取引の場合等、取引を行っている自然人が顧客本人と異なる場合には、その法人の代表者・取引担当者・代理人等（以下あわせて「代表者等」という）についても、本人特定事項の確認を行う必要がある（犯収法4条4項）。

これらの事項を確認するための書類は以下の通りである。なお、短期在留外国人には例外規定が存在する（犯収法施行令10条、犯収法施行規則8条1項1号）。

個人

A群	・運転免許証、運転経歴証明書、在留カード、特別永住者証明書、個人番号カード、旅券等（犯収法施行規則7条1号イ）

第2章　仮想通貨の法的性質と法的論点

B群	・　上記のほか、官公庁発行書類等で氏名、住居、生年月日の記載があり、顔写真が貼付されているもの（同ロ） ・　各種健康保険証、国民年金手帳、母子健康手帳、取引を行う事業者との取引に使用している印鑑に係る印鑑登録証明書等（同ハ）
C群	・　B群以外の印鑑登録証明書、戸籍謄本・抄本、住民票の写し・住民票記載事項書（同ニ） ・　上記のほか、官公庁発行書類等で氏名、住居、生年月日の記載があり、顔写真のないもの（個人番号の通知カードを除く）（同ホ）

法人

- 登記事項証明書、居印鑑登録証明書（規則7条2号イ）
- 上記のほか官公庁発行書類で法人の名称および本店または主たる事務所の所在地の記載があるもの（犯収法施行規則7条2号ロ）

　これらに加え、顧客または代表者等の現在の住居・所在地が本人確認書類と異なる場合、または住居等の記載がない時は、別の本人確認書類や補完書類（納税証明書、社会保険料領収書、公共料金領収書等（領収日付の押印または発行年月日の記載のあるもので、その日付が提示または送付を受ける日の前6か月以内のものに限る））により現在の住居・所在地を確認する必要がある（犯収法施行規則6条2項）。

　さらに、取引の態様によって次の通り確認方法が変わる。

対面での取引（個人）

- 顧客からA群に属する書類の提示を受ける方法（犯収法施行規則6条1項1号イ）
- 顧客からB群の本人確認書類の提示を受けるとともに
  - （i）本人確認書類に記載されている顧客の住居宛てに取引関係文書（預金通帳、支払明細書、その他の当該顧客等との取引に係る文書）を書留郵便等により、転送不要郵便物等として送付する、または、職員が実際に赴いて取引関係文書を交付する方法（犯収法施行規則6条1項1号ロ、同条4項）
  - （ii）提示を受けた本人確認書類以外の本人確認書類（B群またはC群に

> 属する書類に限る）または補完書類の提示を受ける方法（同条1項1号ハ）
> (iii) 提示を受けた本人確認書類以外の本人確認書類または補完書類の送付を受ける方法（同二）

> ・ 顧客からC群の本人確認書類の提示を受けるとともに、本人確認書類に記載されている顧客の住居宛てに取引関係文書を書留郵便等により転送不要郵便物等として送付する、または、職員が実際に赴いて取引関係文書を交付する方法（犯収法施行規則6条1項1号ロ、同条4項）

対面での取引（法人）

> ・ 法人の代表者等から本人確認書類の提示を直接受ける方法（犯収法施行規則6条1項3号イ）

非対面での取引（個人）

> ・ 顧客から、本人確認書類またはその写しの送付を受け、確認記録に添付するとともに、本人確認書類に記載されている顧客の住居宛てに取引関係文書を書留郵便等により転送不要郵便物等として送付、または、職員が実際に赴いて取引関係文書を交付する方法（犯収法施行規則6条1項1号ホ、同条4項）

その他に、本人限定郵便等や電子証明書を用いる方法も存在する（犯収法施行規則6条1項1号ヘ、ト、チ）。

非対面での取引（法人）

> ・ 法人の代表者等から、本人確認書類またはその写しの送付を受けるとともに、本人確認書類に記載されている会社の本店、主たる事務所宛てに取引関係文書を書留郵便等により転送不要郵便物等として送付する、または、職員が実際に赴いて取引関係文書を交付する方法（代表者等の本人特定事項の確認も必要）（犯収法施行規則6条1項3号ロ、同条4項）

その他に、電子証明書を用いる方法もある（犯収法施行規則6条1項3号ハ）。

なお、代表者等の本人特定事項の確認は、個人の本人特定事項の確認において認められる方法と同様である。

○コラム　これからの本人確認の展望

〔IDセルフィー〕
　コインチェックやbitFlyer等の仮想通貨交換業者においては、法定の本人特定事項の確認を行った上で、さらにIDセルフィー（本人確認書類と本人の両方が写った画像情報）の提出を要求している。
　IDセルフィーで本人事項の確認を行うためには、撮影する本人確認書類が本人の写真のある一定の書類（運転免許証、旅券等）に限られ、かつ、IDセルフィーから、本人確認書類に記載された写真・氏名・住居・生年月日等を確認することができる必要がある等の条件がある。
　しかし、IDセルフィーの確認のみで本人特定事項の確認が完了しうるため、非対面での取引における本人特定事項の確認方法として、非常に効率的であるといえる。
　実際に、未来投資戦略2017（2017年6月閣議決定）においては「FinTechに対応した効率的な本人確認の方法について検討を進める」こととされており、2018年9月現在、警察庁が「犯罪による収益の移転防止に関する法律施行規則の一部を改正する命令案」を検討する中で、IDセルフィーの活用が議題に上っている。

〔ブロックチェーンを用いた本人確認の簡素化〕
　また、ブロックチェーン技術の情報改ざん困難性を活用して本人確認プラットフォームを構築し、本人確認手続きの効率化を目指す試みがある。
　具体的には、プラットフォーム利用者が顧客の本人確認を行うと、ブロックチェーン上に当該顧客の本人確認情報が記録される。そして、かかる情報を利用することで、当該顧客と他の当該プラットフォーム利用者との間で再度の本人確認をすることなく取引を進めることを可能とするものである。
　この試みについては、2018年7月に金融庁が「FinTech実証実験ハブ」第1号案件について実証実験の終了を発表するなど、今後の本人確認業務の動向に大きな影響を及ぼし得るものとして注目を集めている。

④ 犯罪収益移転防止法・アンチマネーロンダリングに関する法律

② 取引を行う目的
「取引を行う目的」とは、その取引によって達成したい事柄を指し、申告を受ける方法により確認される（犯収法施行規則9条、14条2項）。

どのような項目により確認するかは法定されておらず、各事業者において取引の内容等を踏まえて決める必要がある。具体的には、口頭で確認することのほか、事業者が作成した類型のチェックリストのチェック等が考えられる。

③ 職業および事業の内容
「職業」・「事業の内容」とは、自然人については日常従事する仕事等、法人・団体については営利・非営利を問わずその目的を達成するためになされる行為全般を指す。

顧客が自然人または人格のない社団・財団である場合は申告を受ける方法により（犯収法施行規則10条1号、14条2項）、顧客が国内法人である場合には登記事項証明書、定款等の書類を確認する方法により（犯収法施行規則10条2号、14条2項）、それぞれ確認を行うことになる。法人のウェブサイトや会社案内等による確認は認められていない。

④ 実質的支配者の本人特定事項
法人が顧客等である場合、実質的支配者が存在する時には実質的支配者の本人特定事項もまた確認事項となる。

実質的支配者とは、法人の事業経営を実質的に支配することが可能となる関係にある者をいう。その特定方法は資本多数決法人（株式会社、投資法人、特定目的会社等）かそうでないか（一般社団・財団法人、学校法人、宗教法人、社会福祉法人、特定非営利法人、持分会社等）によって異なり、次の表の通りである。なお、該当する者が複数いる場合には、その全てが実質的支配者となる。

(a) 資本多数決法人（犯収法施行規則11条2項1号、2号、4号）

(i)	当該法人の議決権の25％超を保有する自然人がいる場合（ただし、当該法人の事業経営を実質的に支配する意思もしくは労力を有していないことが明らかな場合またはほかの自然人が議決権の総数の50％を超える議決権を直接もしくは間接的に有している時を除く）	当該自然人
(ii)	(i)に該当しない場合であって、出資・融資・取引その他の関係を通じて事業活動に支配的な影響力を有すると認められる自然人がいる場合	当該自然人
(iii)	(i)(ii)のいずれにも該当しないと認められる場合	当該法人を代表し、その業務を執行する自然人

(b) その他の法人（犯収法施行規則11条2項3号、4号）

(i)	法人の収益総額の25％の配当を受ける自然人がいる場合、もしくは出資・融資・取引その他の関係を通じて事業活動に支配的な影響力を有すると認められる自然人がいる場合（ただし、当該法人の事業経営を実質的に支配する意思もしくは労力を有していないことが明らかな場合またはほかの自然人が議決権の総数の50％を超える議決権を直接もしくは間接的に有している時を除く）	当該自然人
(ii)	(i)に該当しない場合	当該法人を代表し、その業務を執行する自然人

　確認方法は、通常の特定取引かハイリスク取引かで異なる。通常の特定取引の場合は、実質的支配者の本人特定事項について申告を受ける（犯収法施行規則11条1項）。ハイリスク取引の場合、これに加えて、顧客の株主名簿等の議決権の保有状況を示す書類（資本多数決法人の場合）、登記事項証明書等の法人の代表を証する書類（その他の法人の場合）を確認する必要がある（犯収法施行規則14条3項）。

⑤ 資産および収入の状況

ハイリスク取引のうち、200万円を超える財産の移転を伴う取引を行う場合、資産および収入の状況も確認事項となる（犯収法4条2項、犯収法施行令11条）。ただし、疑わしい取引の届出を行うか否かの判断ができる程度に行うこととされており、必ずしも顧客の資産・収入の両方を確認する必要はなく、さらに顧客の全ての資産・収入を確認する必要はない。

確認は書類によって行う。自然人については、源泉徴収票、確定申告書、預貯金通帳、およびその他資産および収入の状況を示す書類によって確認し、法人の場合は、財務諸表、損益計算書、これらに類する書類により確認する（犯収法施行規則14条4項）。

⑥ 代表者等についての取引担当者としての権限の確認

個人客の代理人による取引の場合や、法人顧客の代表者・取引担当者等による取引等、取引を行っている自然人が顧客等本人と異なる場合には、取引の担当者となる権限を委任状により確認する必要がある。

顧客が自然人の場合に、同居の親族または法定代理人が委任状を持参することなく取引を行う際には、住民票や顧客および代表者の本人確認書類を用いて、「同居の親族または法定代理人」であることを確認する必要がある。また、顧客が自然人以外の場合で、その代表者等が委任状を持参することなく取引を行う際には、当該代表者が代表権を有する者として登記されていることを確認する必要がある。

(ウ) 実務上の運用

以下では、仮想通貨交換業者として登録されているGMOコイン株式会社において、実際に口座を開設する際に採用されている取引時確認のフローを概観し（2018年7月時点）、実務上どのような取引時確認が行われているかについて確認する。

第2章　仮想通貨の法的性質と法的論点

① 電話番号認証

ログイン後、最初に、ショートメッセージサービス（SMS）を用いた本人認証を行う。

SMS を用いて送られた認証コードを入力すると、個人情報登録画面に進む。

② 個人情報登録画面

個人情報の登録画面では、氏名、フリガナ、生年月日、性別、住所、取引を行う目的、職業、国籍、アメリカ納税義務の有無、外国の重要な公人（外国 PEPs 等）に該当するか否かを登録する（外国 PEPs 等の該当如何は、ハイリスク取引に当たるか否かの判断に用いられるものと思われる。）。

個人情報の登録が完了し、規約に同意すると、口座開設の申込画面を経て、本人確認方法を選択することとなる。

4 犯罪収益移転防止法・アンチマネーロンダリングに関する法律

口座開設申込

個人情報の登録

お名前

[姓]
未入力の項目があります。
例 鈴木

[名]
未入力の項目があります。
例 一郎

お名前（ふりがな）

[せい]　例 すずき

[めい]　例 いちろう

生年月日

[　　　]　例 19800105（1980年1月5日生まれの場合）

性別

[男性]　[女性]

郵便番号

[　　　]　例 0011234

住所

[選択してください ▼]

● 集合住宅　○ 戸建て

[　　　]　例 1番地3号

建物名　[　　　]　例 コインマンション

部屋番号　[　　　]　例 303

電話番号

[　　　]　例 09012341234
2段階認証で便利な携帯電話がおすすめです

第 2 章　仮想通貨の法的性質と法的論点

取引を行う目的
☐ 仮想通貨の取得、保有及び処分
☐ その他（下欄に入力してください）

[　　　　　　　　　　]

職業
[未設定　　　　　　　▼]

国籍
| 日本 | 米国 | その他 |

米国納税義務
[該当しない] [該当する]　　🛈 米国納税義務者とは

外国の重要な公人
[該当しない] [該当する]　　🛈 外国の重要な公人とは

キャンペーンやコラム情報
[希望しない] [希望する]

規約への同意
GMOコインサービス基本約款
仮想通貨現物売買約款
仮想通貨現物売買の重要事項説明書
店頭仮想通貨証拠金取引約款
店頭仮想通貨証拠金取引の重要事項説明書
店頭仮想通貨証拠金取引の確認書
個人情報保護宣言

☐ 同意する

[　　　　確認画面へ　　　　]

④ 犯罪収益移転防止法・アンチマネーロンダリングに関する法律

③ 本人確認

まず、ⓐ本人確認書類の画像（運転免許証、旅券、健康保険証、住民票の写し等）をアップロードするか、ⓑ受取時に本人確認をするかを選ぶ。

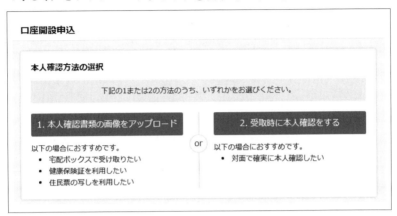

ⓐ 本人確認書類のアップロード及び確認が終わり次第、GMOコインより口座開設コードが記載された転送不要郵便物が送付され、このコードを入力することにより、口座が開設される。これは、非対面における本人特定事項の確認方法に準拠している。

ⓑ 口座開設の申込時には本人確認書類を提出せず、口座開設完了の報告書類が配送される際に、配送人に本人確認書類（A群に属するもののみであるため、ⓐの確認方法よりも使用可能な書類は限定される）を提示する。これは、対面での取引における本人特定事項の確認方法に準拠している。

第２章　仮想通貨の法的性質と法的論点

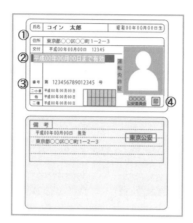

①住所、氏名、生年月日が鮮明に記載されていることをご確認ください。住所、氏名、生年月日は口座開設申込み時に入力したものと同じであることをご確認ください。

②有効期限をご確認ください。GMOコインにアップロードした時点で有効期限内のもののみ受付いたします。

③番号が鮮明に記載されていることをご確認ください。

④公安印が鮮明に写っていることをご確認ください。裏面に記載がある場合は、裏面の公安印もご確認ください。

⑤顔写真が鮮明に写っていることをご確認ください。

※ご注意※
当社では両面のアップロードをいただいております。
撮影の際は、本人確認書類の端が欠けないように、書類全体が鮮明に写るようにしてください。

※画像ファイルは、5MB以内のjpg/png/gifファイルをお選びください。

口座開設申込

受取時本人確認

受取時本人確認とは、佐川急便株式会社の「受取人確認サポート」を利用するサービスです。
口座開設のお申込の段階で本人確認書類を提出していただく必要はございません。

口座開設完了後、「口座開設のお知らせ」を送付させていただきます。お受け取りいただく際、ご登録情報が確認できる公的書類を配達業者に提示することで、本人確認を行わせていただきます。

4　犯罪収益移転防止法・アンチマネーロンダリングに関する法律

> ○コラム　取引時確認の外部委託
>
> 　取引時確認を確実に行うためには、体制整備を含む多額のコストを要する。そのため、転送不要郵便の発送等の業務について外部委託を請ける業者が存在し、複数の仮想通貨交換業者が利用しているようである。
> 　金融庁をはじめとした行政庁も、手続の省力化等のために、特定事業者が犯収法上義務付けられた本人確認業務を他の特定事業者に委託することは可能であるとの見解を表明している。ただし、その場合、委託した特定事業者の責任において本人確認および本人確認記録の作成、保存の措置が確実に行われることが必要であり、また、当該特定事業者は、自らの事務所で保存している場合と同様に、必要に応じて直ちに本人確認記録を検索できる状態を確保しなければならないとされる。これらの措置が講じられていない場合、当該特定事業者に対して監督措置がとられる可能性があるため、注意する必要がある。

イ　確認記録の作成・保存

仮想通貨交換業者は、取引時確認を行った場合には、直ちに確認記録を作成し（犯収法6条1項）、これを特定取引等に係る契約が終了した日から7年間保存しなければならない（同条2項）。

記録事項は以下の通りである（犯収法施行規則20条1項各号）。

本人特定事項

・顧客の本人特定事項（個人：氏名・住居・生年月日、法人：名称・所在地）
・代表者等による取引の時は、当該代表者等の本人特定事項、当該代表者等と顧客との関係および当該代表者等が顧客のために取引の任に当たっていると認めた理由
・国、地方公共団体、上場企業等（国等）との取引に当たっては、当該国等を特定するに足りる事項
・取引を行う目的
・職業または事業の内容（顧客が法人である場合には、事業の内容の確認を行った方法および確認をした書類の名称等）
・顧客が法人である時は、実質的支配者の本人特定事項、実質的支配者と顧客との関係、その確認を行った方法（ハイリスク取引の時は、確認をした書類の名称等）
・資産および収入の状況の確認を行った場合には、その確認を行った方法および確認をした書類の名称等
・顧客が自己の氏名および名称と異なる名義を取引に用いる時は、当該名義ならびに異なる名義を用いる理由
・顧客等が外国PEPs等に該当する時は、その旨および外国PEPs等であると認めた理由
・取引記録を検索するための口座番号その他の事項
・なりすまし取引または偽り取引の時は関連取引時確認に係る確認記録を検索するための事項

4 犯罪収益移転防止法・アンチマネーロンダリングに関する法律

本人特定事項の確認のためにとった措置等

・本人確認書類の名称、記号番号その他本人確認書類を特定するに足りる事項
・本人特定事項の確認を行った方法

その他

・取引時確認を行った者の氏名その他当会社を特定するに足りる事項
・確認記録の作成者の氏名その他当会社を特定するに足りる事項
・本人確認書類の提示を受けた時（ハイリスク取引に際して追加の書類として提示を受けた時を除く）は、その日付および時刻
・本人確認書類またはその写しの送付を受けた時は、その日付（当該本人確認書類またはその写しを必ず添付）
・顧客または代表者等に取引関係文書を送付する方法で本人特定事項の確認を行った時は、事業者から取引関係文書を送付した日付
・顧客または代表者等の住居等に赴いて取引関係文書を交付した時は、その日付
・ハイリスク取引に際して追加で書類の提示または送付を受けた時は、その日付
・取引を行う目的、職業・事業の内容、実質的支配者または資産および収入の確認を行った時は、その日付
・取引時確認を行った取引の種類
・本人確認書類に現在の住居等の記載がないため、他の本人確認書類または補完書類の提示を受けることにより住居等の確認を行った時は、当該確認に用いた本人確認書類または補完書類の名称、記号番号その他の当該書類を特定するに足りる事項（書類またはその写しの送付を受けた時には当該書類またはその写しを必ず添付）
・法人顧客について、本人確認書類または補完書類に記載のある営業所等に取引関係文書を送付することまたは当該営業所等に赴いて取引関係文書を交付した時は、営業所の名称、所在地その他当該場所を特定するに足りる事項および当該場所の確認の際に提示を受けた本人確認書類または補完書類の名称、記号番号その他の当該書類を特定するに足りる事項（書類またはその写しの送付を受けた時には当該書類またはその写しを必ず添付）

第2章　仮想通貨の法的性質と法的論点

> ・顧客が本邦に住居を有しない旅行者等の短期在留者であって、上陸許可の証印等により在留期間の確認を行った場合には、上陸許可の証印等の名称、日付、番号その他当該証印等を特定するに足りる事項

ただし、添付資料または本人確認書類の写しを確認記録に添付する時には、当該書類またはその写しに記載がある事項については、確認記録への記載を省略することができる。

また、記録事項の内容に変更または追加があることを知った場合は当該変更・追加事項を確認記録に付記し、または付記に代えて別途記録を作成して確認記録と共に保存しなければならない。この際、既に作成された確認記録の内容を削除してはならない。

ウ　取引記録の作成・保存

仮想通貨交換業者は、その業務に係る取引を行った場合には、少額の取引その他の政令で定める取引（①残高照会等の財産の権利・占有の移転を伴わない取引、②価額が1万円以下の財産の移転に係る取引（犯収法施行令15条1項1号、2号））を除き、直ちに取引記録等を作成し（犯収法7条1項）、当該取引が行われた日から7年間保存しなければならない（同条3項）。

記録事項は次の通りである（犯収法施行規則24条各号）。

> ・口座番号その他の顧客等の確認記録を検索するための事項（確認記録がない場合には、氏名その他の顧客または取引等を特定するに足りる事項）
> ・取引の日付、種類、財産の価額
> ・財産の移転を伴う取引にあっては、当該取引および当該財産の移転元または移転先の名義その他の当該移転元または移転先を特定するに足りる事項

エ　疑わしい取引の届出

仮想通貨交換業者は、背後に犯罪の関与が疑われる、疑わしい取引の届出義務を負う（犯収法8条）。

4 犯罪収益移転防止法・アンチマネーロンダリングに関する法律

① 疑わしい取引の意義

　疑わしい取引は2つの類型に分けられる。まず(a)特定業務に係る取引において収受した財産が犯罪による収益である疑いがある場合、次に(b)顧客等が特定業務に関し組織的犯罪処罰法10条の罪もしくは麻薬特例法6条の罪に当たる行為を行っている疑いがある場合である。

　(a)の「犯罪による収益」とは、組織的犯罪処罰法2条4項に規定する「犯罪収益等」または麻薬特例法2条5項に規定する「薬物犯罪収益等」をいうと定義される（犯収法2条1項）。

　「犯罪収益等」は①「犯罪収益」、②「犯罪収益に由来する財産」または③「これらの財産とそれ以外の財産が混和した財産」から成る。①「犯罪収益」は組織的犯罪処罰法2条2項に規定されており、主として同項1号に規定する別表に掲げる犯罪行為により生じ、もしくは当該犯罪行為により得た財産またはその報酬として得た財産を指す。別表に掲げる犯罪行為は多岐にわたるが、具体的には殺人、強盗、恐喝、詐欺等が含まれる。また、テロリストに提供されようとする資金も「犯罪収益」に含まれる。②「犯罪収益に由来する財産」とは、犯罪収益の果実として得た財産、犯罪収益の対価として得た財産や犯罪収益の保有または処分に基づき得た財産等を指す。③「混和した財産」とは、「犯罪収益」、「犯罪収益に由来する財産」とこれらの財産以外の財産が混和した財産をいう。「薬物犯罪収益等」についても、収益の対象が薬物犯罪に係るものになるほかは、概ね「犯罪収益等」と内容は変わらない。

　「疑いがある」かどうかは、役職員が、その業界における一般的な知識と経験とを前提として、その取引の形態を見て、疑いがあるかを判断する。具体的な犯罪名まで認識している必要はない。

　(b)の「組織的犯罪処罰法10条の罪もしくは麻薬特例法6条の罪」とは、犯罪収益等隠匿の罪、すなわち、マネーロンダリングを指す。こうした行為を行っている疑いがあると認められる場合または行おうとしている場合には届出義務が生じ、顧客等との契約その他の取引が成立すること

② 疑わしい取引の判断方法

疑わしい取引の判断方法は以下の通りである（犯収法8条2項、犯収法施行規則27条各号）。

(a) 確認記録または取引記録のない新規顧客との取引（(c)に該当する取引を除く）

犯収法施行規則26条の各号の項目に従って、取引に疑わしい点があるかどうかを確認する。

同条各号の内容は以下の通りである。

・疑わしい取引の態様と、特定事業者が他の顧客等との間で通常行う特定業務に係る取引の態様との比較
・疑わしい取引の態様と、特定事業者が当該顧客等との間で行った過去の他の特定業務に係る取引の態様との比較
・疑わしい取引の態様と、取引時確認の結果その他特定事業者が当該取引時確認の結果に関して有する情報との整合性

(b) 既に確認記録または取引記録を作成・保存している既存顧客との間で行う取引（(c)に該当する取引を除く）

当該顧客等に係る確認記録や取引記録等を精査し、かつ犯収法施行規則26条の各号の項目に従って、取引に疑わしい点があるかどうかを確認する。

(c) ハイリスク取引や、特別の注意を要する取引等マネーロンダリングに悪用されるリスクが高いと認められる取引

上記(a)(b)に定める方法に加え、顧客等に対して質問を行う等の必要な調査を行うとともに、当該取引に疑わしい点があるかどうかを統括管理者（後述オ④）またはこれに相当する者に確認させる。

③ 疑わしい取引の届出

疑わしい取引の届出様式は、警察庁犯罪収益移転防止対策室のウェブサイトに入力要綱とあわせて掲載されている。仮想通貨交換業者の届出を受理する行政庁は、2018年9月時点においては金融庁長官である。

オ 体制整備

仮想通貨交換業者は、取引時確認、取引記録等の保存、疑わしい取引の届出等（以下「取引時確認等の措置」という）を的確に行うため、以下の措置を取る必要がある。なお、②以下については努力義務である。

① 取引時確認をした事項に係る情報を最新の内容に保つための措置（犯収法11条柱書）

なりすましの疑い等を的確に判断するためには、顧客の最新の本人特定事項等を把握していることが必要であるため、事業者は、確認をした事項について、最新の内容に保つための措置を講じる必要がある。

具体的には、確認した本人特定事項等に変更があった場合に顧客が事業者にこれを届け出る旨を約款に盛込むこと等の措置が考えられる。

② 使用人に対する教育訓練の実施（犯収法11条1号）

事業者の使用人等が、犯収法上に定める措置を的確に実施できるようにするために、事業者は使用人に対して教育訓練等を実施するよう努めねばならない。

具体的には、マネーロンダリングのリスクの有無を認識するための具体的な注意点についての教育訓練、疑わしい取引該当性を一元的に集約・判断する部署の設置、犯収法の遵守状況を監査する機能の強化等があげられる。

③ 取引時確認等の措置の的確な実施に関する規程の作成（犯収法11条2号）

取引時確認等の的確な実施を確保するため、取引時確認等の措置の実施手順や対応要領等を定めた規程の作成に努める必要がある。

④ 業務統括管理者の選任（犯収法11条3号）

事業者内部において、教育訓練の実施、内部規程の作成等、取引時確認等の的確な実施のために必要な業務に関する責任の所在を明らかにし、一元的・効率的な業務運営を行う必要があることから、取引時確認等の実施等に関する事項を統括管理する者を選任することが求められる。

⑤ リスク評価、情報収集、記録の精査（犯収法施行規則32条1項1号・2号・3号）

自らが行う取引を調査、分析して、マネーロンダリングのリスクを評価した上で、これを書面化し、更新していくことが要求される。また、作成した書面の内容を勘案し、取引時確認等の措置を行うに際して必要な情報を収集するとともに、当該情報を整理、分析すること、確認記録や取引記録等を継続的に精査することも求められる。

⑥ リスクの高い取引を行う際の対応（同4号・5号）

外国PEPsとの取引や、通常でない取引等のリスクの高い取引を行うに際しては、統括管理者の承認を取引の都度得ることが要求される。また、リスクの高い取引を行うに当たって行われる情報の収集、整理および分析の結果を書面化し、これを確認記録や取引記録等とともに7年間保存することが求められる。

⑦ 必要な能力を有する職員の採用（同6号）

取引時確認等の措置を的確に行うために必要な能力を有する者を採用

4 犯罪収益移転防止法・アンチマネーロンダリングに関する法律

するべく、必要な措置を講ずることが要求される。具体的には、属性としてリスクが高いとされる反社会的勢力を採用しないことや、採用後の教育訓練とあいまって取引時確認等の措置を的確に行う能力を見つける素養のある者を、面接等を通して適性を把握し、採用することが考えられる。

⑧ 取引時確認等に係る監査の実施（同7号）
監査は内部監査や社内検査によって行われても問題はない。また、頻度についても、各業者の判断により効果的かつ十分で認められる程度で行われればよい。

カ 罰則等

犯収法では、事業者による各種義務の履行を確保するため、各々の事業者を所管する行政庁による報告・資料提出要求（犯収法15条）、立入検査等（犯収法16条）、指導・助言・勧告（犯収法17条）といった権限が認められている。

特に、行政庁は、取引時確認事項の確認義務、確認記録・取引記録の作成・保存義務、疑わしい取引の届出義務等の犯収法に定める義務に事業者が違反していると認める時は、当該事業者に対し、当該違反を是正するために必要な措置をとるべき命令（是正命令）を行うことができる（犯収法18条）。なお、体制整備の違反については是正命令の対象とはされていない。是正命令に違反した場合は、刑罰（2年以下の懲役もしくは300万円以下の罰金または併科、犯収法25条）の対象となり得る。

また、国家公安委員会が事業者の違反を認めた場合、行政庁に対して当該事業者に対し是正命令等を行うべき旨の意見の陳述をすることができる。そして、国家公安委員会は、この意見の陳述に必要な限度において、当該事業者に対して報告・資料提出を求め、都道府県警察に必要な調査を指示することができる。指示を受けた都道府県警察は、特に必要

があると認められる時は、国家公安委員会の承認を得て、当該事業者に対して立入検査を行うことも可能である。

(3) その他アンチマネーロンダリングに関する法律

ア 外国為替及び外国貿易法

外為法では、①本邦から外国へ向けた支払の受領をした場合、または②本邦もしくは外国において居住者が非居住者との間で支払等をした場合は、政令で定める報告が不要となる場合に該当しない限り、財務大臣への報告が必要となる（外為法55条）。「支払」とは強制通用力のある通貨等の支払い手段の移転だけでなく、当事者間で債権債務の消滅や財産的価値の移転があったと同視し得る財の移転を指す。そのため、仮想通貨に関する取引であっても、日本と外国との間または居住者と非居住者との間で、債権債務の消滅や財産的価値の移転を行い、その対価として仮想通貨により支払いをした場合または支払いの受領をした場合であって、当該対価が3,000万円相当額を超える場合には、財務大臣への報告が必要となる。仮想通貨はボラティリティが高いため、いかにして価額を算定するかが問題となるが、金融庁は支払い等が行われた日における当該支払等の対象となる仮想通貨の相場を用いるよう指示をしている。

また、仮想通貨の交換に係る取引が資金移動業に該当すると判断された場合、当該事業者は当該取引について本人確認義務（外為法18条・18条の5）およびその確認記録の作成・保存義務（外為法18条の3・18条の5）を負う。

イ 国外送金調書法

国外送金調書法では、国外送金や国外からの送金の受領（以下「国外送金等」という）を行う金融機関の顧客が、国外送金等をする際に、①顧客による告知書の金融機関への提出、②顧客による確認書類または署

④ 犯罪収益移転防止法・アンチマネーロンダリングに関する法律

名用電子証明書等の金融機関に対する提出または送信、および、③金融機関による②の確認を要求している。告知書には個人番号または法人番号を記載しなければならないため、マイナンバー徴求に際してはマイナンバー法に基づく確認手続きを踏む必要がある。

ウ　テロ資金凍結法

国家公安委員会が公告した国際テロリストによる財産処分行為や、これを相手方とする財産処分行為に対する許可制が設けられている。これらに違反した場合、刑事罰の対象となる。

(4) グローバルな観点からのアンチマネーロンダリング

仮想通貨が社会に浸透するにつれ、改めて仮想通貨がマネーロンダリングに用いられる危険性が世界中から再認識されている。前述の通り2018年2月に行われたFATFの会合で仮想通貨規制に関する追加的措置を設けることが公表されたのもその証左である。

仮想通貨がマネーロンダリングに用いられる主な理由は、匿名性の高さと、瞬時にして法規制が異なる国外に送信することが可能な点に起因する追跡の困難性にあると考えられる。他方で、ブロックチェーン技術の改ざん困難性に鑑みれば、本来であれば仮想通貨の移転経路は容易に判明し得るものである。これらの事実を踏まえると、官民が協力してモネロやジーキャッシュといった送信履歴の追跡が困難で匿名性が非常に高い仮想通貨の利用を規制し、国際的に仮想通貨に関する統一的な規制を設け、その移転経路をグローバルな形で追跡できるスキームを形成することが、仮想通貨の利便性を維持しながらも仮想通貨を用いたマネーロンダリングを防止することに役立つと考えられる。

今後、仮想通貨に関するアンチマネーロンダリング規制は刻々と変化することが予想される。特に、2019年4月から6月に予定される

第 2 章　仮想通貨の法的性質と法的論点

FATF 第 4 次対日相互審査に向けて、日本国内におけるアンチマネーロンダリング体制の大幅な強化が想定される。マネーロンダリング対策が不十分なために仮想通貨交換業者への行政処分が続出している昨今においては、仮想通貨に関わる者である以上、その動向を常に追う必要がある。

第3章

仮想通貨ビジネスと法務

第3章　仮想通貨ビジネスと法務

1 仮想通貨交換所と法律

(1) 仮想通貨交換所とは

ア　取引所、販売所、交換所

　前述の通り（ビットコインの登場については第1章を参照）、ビットコインは、2008年11月に登場したが、始まりは50BTCにすぎず、2009年1月に第1号のブロックが生成された。2018年7月現在、ビットコインのブロックチェーンは約530,000個が生成され、ビットコインの発行量は約17,000,000BTCに上っている。

　ビットコインは、登場当初、世間的な注目を浴びていなかったものの、2013年の年末頃から価格が急上昇し、メディアにも注目されるようになり、一躍注目を浴びるに至った。その後、2014年4月当時、有力なビットコインの交換所であった株式会社Mt. Gox（マウントゴックス）の破産手続開始もあり、ビットコインの価格は下降していったが、2017年に入り、ビットコインを含む仮想通貨の価格が再び急上昇するに至った。このような仮想通貨市場の拡大の流れもあり、仮想通貨ビジネスを取り巻くさまざまなプレイヤーが登場するようになった。

　まず、仮想通貨ビジネスのプレイヤーとして思い当たるのは、前述のマウントゴックスをはじめとする仮想通貨交換所である。仮想通貨交換所よりも仮想通貨取引所の方が耳にする機会が多いかもしれないが、一般に仮想通貨取引所と呼ばれるものを厳密に区別すると、①仮想通貨取引所、②仮想通貨販売所、③仮想通貨交換所の3つ（以下、合わせて「仮想通貨交換所等」という）に区別される。仮想通貨交換所等はいずれも仮想通貨の仲介手数料や独自に調達した仮想通貨の売買による差益を主

な収入源とする仮想通貨ビジネスである。

イ　仮想通貨取引所

　仮想通貨取引所は、仮想通貨の売買を仲介する事業者である。要するに仮想通貨を売りたい顧客の売り注文と買いたい顧客の買い注文をマッチングさせる場を提供する事業者である。

　代表的な日本国内の仮想通貨取引所は、QUOINEX（QUOINE株式会社）、BitTrade（ビットトレード株式会社）、BTCBOX（BTCボックス株式会社）、BITPoint（株式会社ビットポイントジャパン）等である。

ウ　仮想通貨販売所

　仮想通貨販売所は仮想通貨を販売する事業者である。仮想通貨の購入者は、仮想通貨販売所を運営する事業者から仮想通貨を購入する。

　代表的な日本国内の仮想通貨販売所は、GMOコイン（GMOコイン株式会社）、Bitgate（Bitgate株式会社）等である。

エ　仮想通貨交換所

　仮想通貨交換所は取引所と販売所の両方の機能を有する事業者である。

　代表的な日本国内の仮想通貨交換所はビットフライヤー（株式会社bitFlyer）、ビットバンク（ビットバンク株式会社）、Zaif（テックビューロ株式会社）、DMMBitcoin（株式会社DMM Bitcoin）等である。

　世界的に有力な仮想通貨交換所は、中国・香港のBITFINEX（ビットフィネックス）である。また、同様に有力な仮想通貨交換所の1つであるBinance（バイナンス）は2018年3月に香港からマルタ島への移転を発表した。

　なお、ビットフライヤーとGMOコインが提携して提供するビットコイン決済等、仮想通貨交換所の中には仮想通貨を決済の際に利用できる決済代行サービスを行っているところもある。

(2) 仮想通貨交換所のサービスに関する法規制

ア　総論

　前述の通り、2017年4月の改正資金決済法施行に伴い、仮想通貨交換業については内閣総理大臣への登録が必要である。

　そして、資金決済法により、仮想通貨交換業は、①仮想通貨の売買または他の仮想通貨との交換、②これらの行為の媒介、取次ぎまたは代理、③これらの行為に関して利用者の金銭または仮想通貨の管理をすること、のいずれかを業として行うことと定義されている。これらの定義の基本的な解釈等については第2章3(1)参照。

　後述の通り、仮想通貨交換所等を営むには、いずれも仮想通貨交換業の登録が必要である。

　仮想通貨交換所等に仮想通貨を保管するときは、ハッキング等の被害が発生する可能性があることに注意が必要である。例えば、香港のビットフィネックスは2016年8月に約120,000BTC、イギリスのBitstamp（ビットスタンプ）は2015年1月に約19,000BTC、香港のGatecoin（ゲートコイン）は2016年5月に約250BTCと約185,000ETH、韓国のYoubit（ユービット）は2017年4月に約4,000BTC、日本のコインチェックは2018年1月に約523,000,000XEMのハッキングによる被害を受けている。

　なお、仮想通貨交換所等によって、取引価格が異なることにも注意が必要である。取引量が少なく、流動性の低い市場もあれば、国によってニーズや事情が異なるため取引価格が国によって異なるということもある。

イ　仮想通貨取引所

　仮想通貨取引所を営む場合、前述の仮想通貨交換業の定義のうち、「②これらの行為の媒介、取次ぎまたは代理」に該当するため、仮想通

貨交換業の登録を受ける必要がある。

　「媒介、取次ぎまたは代理」の具体的な定義は資金決済法に規定されていないが、一般に「媒介」とは、他人の間に立って両者を当事者とする法律行為の成立に尽力する事実行為をいい、「取次ぎ」や「代理」は自己の名をもって他人の計算あるいは他人のために法律行為をすることであると考えられている。そのため、顧客の売り注文と買い注文をマッチングさせる場を提供する仮想通貨取引所は②に該当する。

ウ　仮想通貨販売所

　仮想通貨販売所を営む場合、前述の仮想通貨交換業の定義のうち、「①仮想通貨の売買または他の仮想通貨との交換」に該当するため、仮想通貨交換業の登録を受ける必要がある。

　なお、ATMで仮想通貨の売買等を行う場合も①に該当する。

エ　仮想通貨交換所

　仮想通貨交換所を営む場合、前述の仮想通貨交換業の定義のうち、①および②に該当するため、仮想通貨交換業の登録を受ける必要がある。

オ　その他

　仮想通貨交換所等のサービスに関して、顧客の金銭や仮想通貨を管理するサービスは、前述の仮想通貨交換業の定義のうち、「③これらの行為に関して利用者の金銭または仮想通貨の管理をすること」に該当するため、仮想通貨交換業の登録を受ける必要がある。

　これに対し、仮想通貨のウォレットを開設するのみで、法定通貨との交換等を扱わず、仮想通貨の管理のみを行う事業者は、仮想通貨交換業に該当せず、規制対象外である。これは、法定通貨との交換等を伴わないため、相対的にマネーロンダリング、テロ資金供与のリスクが低いと考えられること、売買の場面で一般的に想定される損害発生リスクが発

生しないと考えられることがその理由とされている。

(3) その他仮想通貨交換所等が行うサービス

ア　レバレッジ取引

　前述の仮想通貨交換所等のサービスは仮想通貨交換業者としての登録が必要となるサービスであるが、仮想通貨交換所等は、これら以外にも仮想通貨に関連するサービスを提供する事業者が多い。

　代表的なものとして、現物の仮想通貨の売買または交換を伴わない差金決済取引（第2章3(1)ア(ｱ)参照）、レバレッジをかけた取引や証拠金を用いた取引などが提供されている。レバレッジとは、投資資本を追加せずに金融市場へのエクスポージャーを増やすことを可能にする仕組みのことであるといわれるが、要するに、「小さな金額でより大きな金額を動かせること」を意味する。例えば、1ドル100円の場合、本来なら1万ドルの取引には100万円の資金が必要であるが、レバレッジ25倍の場合、約4万円の資金で運用することができる。投資において、レバレッジを利用した取引を行うのに必要な資金を証拠金と呼ぶ。一般的に、レバレッジ取引という場合、外国為替証拠金取引（Foreign eXchange、通称「FX」）におけるレバレッジ取引を指す場合が多い。そのため、仮想通貨FXなどと呼ばれるものも仮想通貨のレバレッジ取引を指す。

　仮想通貨の現物の受渡しを伴わない仮想通貨のレバレッジ取引自体については、現在のところ規制の対象外となっているが、仮想通貨に限らず、レバレッジ取引は利益および損失がレバレッジの倍率に応じて大きくなるため、相応にリスクを伴う取引であることに注意が必要である。日本国内では、GMOコイン、DMMビットコイン、ビットポイント、ビットバンクトレード、コインエクスチェンジ、ビットフライヤー、ザイフ等が仮想通貨のレバレッジ取引を提供している。

イ　仮想通貨の決済サービス

(ア)　概要

　仮想通貨交換所等の中には仮想通貨を決済の際に利用できる決済代行サービスを行っているところもある。従来からあるクレジット会社のように、決済サービスを行い、決済時に自動的に仮想通貨を法定通貨に換金する。

(イ)　仮想通貨決済の利用例

　前述の通り、ビックカメラでは全店にてビットコインによる決済が可能であるが、その決済サービスの提供はビットフライヤーが行っている。ビックカメラは売上を日本円で受領することでビットコインの価格変動リスクを回避している。また、ザイフは、ビットコイン、モナコインによる決済サービス「Zaif payment」を提供している。これらの仮想通貨の決済サービスは、導入が手軽で、手数料も従来のクレジットカードよりも安いことに特徴がある。

　仮想通貨決済を導入する店舗で仮想通貨による決済を行うには、①仮想通貨交換所等で仮想通貨を購入する、②購入した仮想通貨をウォレット（財布）に移す、③商品の代金をウォレットから支払う、という流れとなる。

　また、店舗において仮想通貨決済を導入するには、①ビットフライヤー等の仮想通貨交換所等の口座を開設し、当該口座宛に支払いを受ける、②Zaif payment 等の仮想通貨決済サービスを使用する、③GMOペイメントゲートウェイやモバイル決済 for Air レジ等の総合決済サービスを使用するという３つの方法がある。

　日本国内においても仮想通貨決済を導入している店舗は徐々に増加しており、2018年7月現在の主な導入店舗は次表の通りである。

第3章　仮想通貨ビジネスと法務

業種	店名	決済可能な仮想通貨
家電量販店	ビックカメラ（全店） コジマ（一部店舗） ソフマップ（一部店舗）	ビットコイン
メガネ店	メガネスーパー（全店）	ビットコイン
旅行代理店	H.I.S（一部店舗）	ビットコイン
PCパーツショップ	パソコンショップアーク	ビットコイン、モナコイン
クリニック	名古屋タワーサイドクリニック	ビットコイン、イーサリアム、モナコイン等
飲食店	中華料理店「聘珍樓」	ビットコイン
	Nembar（ネムバー）	ネム

　なお、海外では、アメリカのBitPay（ビットペイ）とCoinbase（コインベース）が仮想通貨の決済サービスのシェアの大部分を占めている。

(ウ)　仮想通貨決済のメリット・デメリット

① 　仮想通貨決済を利用する顧客側のメリット・デメリット

　顧客側から見た仮想通貨決済のメリットとしては、例えば、海外で仮想通貨決済を利用している店舗であれば、外貨に両替することなく決済が可能であることが挙げられる。外貨に両替すると、為替手数料や両替所ごとの為替レートの違いで無駄なコストを要するため、特に海外利用において大きなメリットがあるといえる。また、仮想通貨は銀行やその他の金融機関を経由することなく、送金者と受取人間で直接通貨のやり取りができるため、クレジットカード等と比較して、送金が非常に早い。さらに、仮想通貨投資で利益を得た人にとっては、一度法定通貨に換金するのは手間と手数料のコストがかかるため、仮想通貨決済は有用である。なお、仮想通貨で決済することは利益確定扱いとなり、課税の対象となる点に注意が必要である。

　一方で、顧客側から見た仮想通貨決済のデメリットとしては、ボラティリティの高さが挙げられる。仮想通貨の価格の流動性は非常に大きく、暴騰・暴落は珍しくない。一般に決済通貨として通用するためには

1　仮想通貨交換所と法律

価格が安定している必要があるが、仮想通貨のボラティリティの高さが決済通貨の性質と相容れず、価格変動リスクを抱えることとなる。さらに、仮想通貨が社会一般に決済通貨として浸透しているわけではないため、利用できる場所が限られることも仮想通貨決済のデメリットとして挙げられる。また、仮想通貨決済のためには決済にスマートフォン等の電子機器をオンライン環境下で使用しなければならない点もデメリットの1つである。

仮想通貨決済を利用する顧客側から見た仮想通貨決済のメリットおよびデメリットは次表の通りである。

メリット	デメリット
・世界中の導入店舗で利用可能 ・送金が早い ・利益分を法定通貨に換える手間なく利用可能	・価格変動が大きい ・利用できる場所が限られる ・オフラインで使用不可

② 仮想通貨決済を導入する店舗側のメリット・デメリット

店舗側から見た仮想通貨決済のメリットとしては、手数料が低額であることが挙げられる。一般にクレジットカード利用により店舗側が負担する手数料は、3〜5％程度であるが、仮想通貨決済の場合の手数料は0〜1％であり、店舗が負担する金額が低額となる。これは特に単価が高い商品を扱う店舗では非常に大きなコスト削減となる。顧客側のメリットと同様に、日本を訪れた外国人も外貨両替による手数料のコストが発生するため、仮想通貨決済は、外国人の無駄なコストを削減でき、店舗の利用者が増える可能性がある。また、クレジットカードや電子マネーの導入に専用の機器が必要であるのに対して、仮想通貨決済は、QRコードを読み取る機器のみで導入できるため、導入費用が安く済むといったメリットもある。

一方で、店舗側から見た仮想通貨決済のデメリットとしては、顧客側

第3章　仮想通貨ビジネスと法務

から見たデメリットと同様に、ボラティリティの高さが挙げられる。また、店舗側としては、受領した仮想通貨をそのまま他の決済に使用するのでなければ、どこかのタイミングで法定通貨への換金が必要であり、そのために手間と手数料のコストを要することもデメリットとして挙げられる。さらに、送金・着金の取引完了までに早いとはいえ時間差が生じることもデメリットとして挙げられる。しかし、これらのデメリットは、coincheck paymentやbitwire等の仮想通貨交換所等が提供する決済サービスを利用することにより、利用手数料を要するものの、決済サービスを提供する仮想通貨交換所等によってリスクが担保される。

　加えて、ビットコインの送信詰まりと呼ばれる問題がある。後述の通り、ビットコインの個々の取引データ（トランザクション）は、マイナーによるプルーフオブワーク（PoW）により承認されることによってブロックチェーンのブロックに格納され、新しいブロックが確定される。これを例えば、AがBに対して、商品を売却し、商品代金をビットコイン（1BTC）で決済を行った場合に当てはめると、①「BがAに対して1BTCを送信」というトランザクションが作成される、②作成されたトランザクションの承認が依頼される、③マイナーによるPoWによりトランザクションの承認がされる、という手順を辿る。そして、③のトランザクションの承認がされない限り、ビットコインで決済をしても、BからAに対して送金した1BTCがAのウォレットに受信されない。ビットコインのトランザクションの承認は10分間隔で一斉に行われるが、10分間に承認できるトランザクションには限りがある。そのため、取引量が多すぎると処理能力以上の未確認トランザクションが溜まってしまい、なかなかトランザクションが承認されない。その結果、決済が完了するまでに時間を要するという事態が発生する。

　仮想通貨決済を導入する店舗側から見た仮想通貨決済のメリットおよびデメリットは次表の通りである。

1 仮想通貨交換所と法律

メリット	デメリット
・手数料が安い ・海外旅行客の利用が狙える ・宣伝効果が期待できる ・導入費用が安い	・価格変動が大きい ・法定通貨への換金が面倒 ・送金と着金タイミングに時間差 ・決済が完了するまでに時間を要する場合がある

(エ) 法的分析

　仮想通貨による決済を法的に整理すると、法定通貨による決済とはその法的性質が異なる。

　前述の通り、法定通貨は、法律によって強制通用力を有するものを指し、民法上も、債権の目的物が金銭であるときは、債務者は、その選択に従い、各種の通貨で弁済をすることができるとされている（民法402条1項）。一方で、仮想通貨は、その定義から本邦通貨および外国通貨が除かれている通り（資金決済法2条5項1号括弧書き）、法定通貨と異なり、強制通用力を有しない。そのため、前述第2章1の通り、仮想通貨による金銭債務の弁済は、債務者が、債権者の承諾を得て、その負担した給付（法定通貨の給付）に代えて他の給付（仮想通貨の給付）を行うものであり、代物弁済（民法482条）であると考えられる。

ウ　仮想通貨の送金サービス

　仮想通貨は、ウォレット間で送付することによって送金取引にも利用されている。資金決済法上、仮想通貨の送信に着目した規制は特段設けられていない。しかし、単に顧客が仮想通貨を任意に送信することを許容するのみでなく、事業者が仮想通貨を送金のための手段として用い、資金移動の仕組みを構築してこれを実施する場合には、為替取引、すなわち「顧客から、隔地者間で直接現金を輸送せずに資金を移動する仕組みを利用して資金を移動することを内容とする依頼を受けて、これを引き受けること、またはこれを引き受けて遂行すること」に該当する可能

性があり、後述の通り、事業者において銀行の免許または資金移動業者としての登録が必要とされる場合があるため、留意が必要である。

(4) 仮想通貨交換所等の利用規約作成に当たっての注意点

ア　総論

　仮想通貨交換所等のサービスを行うに当たっては、サービスの内容に応じて利用規約を策定する必要があるが、ここでは一般的なアプリケーションやプラットフォーム等のインターネットビジネスの利用規約と異なる仮想通貨交換所等のサービス特有の利用規約作成上の注意点について触れる。

イ　仮想通貨の取扱いに関する規定

　まず、利用規約に定めるべき特徴的な内容として、仮想通貨の取扱いに関する規定が考えられる。利用規約において、仮想通貨の取扱いに関する規定を定めておかなければならない理由は、前述の通り、仮想通貨の法的性質について確立した見解が存在しないためである。すなわち、法律上または解釈上、法的性質が明確なものについては、利用規約等に特段の定めがなくとも、当該法的性質に従った取扱いがされるため、将来、紛争等で問題となった場合の当事者の予測可能性が担保されるが、法的性質について確立した見解が存在しないものについて利用規約等においてもその取扱いの定めがない場合には、その取扱いをめぐって当事者間に紛争を生じさせるおそれがある。そして、仮想通貨の取扱いをめぐる仮想通貨交換業者と利用者との法律関係については、私法上の契約関係によって決せられるため、契約関係を明確にするために、利用規約等において仮想通貨の取扱いに関する規定を設ける必要がある。

　前述の裁判例（東京地判平27年8月5日判例集未登載）においても、「ビットコインは、『デジタル通貨……』あるいは『暗号学的通貨』であ

るとされており……、本件取引所の利用規約においても、『インターネット上のコモディティ』とされていること……、その仕組みや技術は専らインターネット上のネットワークを利用したものであること……からすると、ビットコインには空間の一部を占めるものという有体性がないことは明らかである。」とされており、ビットコインの法的性質の判断に当たって、仮想通貨交換所等の利用規約の規定に言及されている。なお、マウントゴックス社の破産手続においては、ビットコインの返還請求権は破産債権として取り扱われており、その他ウォレット内の仮想通貨の返還請求権を対象として裁判所が債権差押命令の決定がされた例が存在する等、現状の裁判実務では、仮想通貨の返還（引渡）請求権は、債権として取り扱われている。

　下記は、2018年9月1日現在のビットフライヤーの利用規約の仮想通貨の取扱いに関する規定である。「当社は、登録ユーザーの要求により、当社所定の方法に従い、ユーザーアカウントからの金銭の払出しまたは仮想通貨の送信に応じます。」（7条6.2.）と規定されている通り、利用者が仮想通貨交換業者に対して、一定の行為（ユーザーアカウントからの仮想通貨の送信）を要求できる権利、すなわち、債権としての取扱いが規定されている。

第7条　本サービスの利用
6．登録ユーザーアカウントへの金銭または仮想通貨の預入、および同アカウントからの金銭または仮想通貨の払出に関する利用条件は以下の通りです。
　2．当社は、登録ユーザーの要求により、当社所定の方法に従い、ユーザーアカウントからの金銭の払出しまたは仮想通貨の送信に応じます。ユーザーは、自己の責任において払出先または送信先を指定することとし、当社は、登録ユーザーの指図に従って金銭の払出しまたは仮想通貨の送信を行った場合は、かかる金銭または仮想通貨について一切の責任を免れ、当社は、登録ユーザーが提供した払出先または送信先の情報の正確性および有効性について、一切の責任を負いません。

ウ 取引時確認に関する規定

仮想通貨交換業者は、提供するサービスに関して利用者から金銭および仮想通貨を預かり、管理することができるため、そのためのウォレットを開設している場合が多い。しかし、前述の通り、仮想通貨交換業者は、犯罪収益移転防止法上の特定事業者となり、同法の規定により、ウォレット開設時に利用者の取引時確認を行う必要がある。なお、特定事業者については第2章4(1)参照。

(5) 次世代型の仮想通貨取引所

近時、分散型取引所（Decentralized Exchange、通称「DEX」）と呼ばれる新しいタイプの仮想通貨取引所が注目されている。分散型取引所とは、中央管理者を介さず、個人間で直接仮想通貨のやりとりができる取引所のことである。

Bittrex（ビットレックス）やPoloniex（ポロニエックス）、コインチェック等に代表される現在主流の中央集権型取引所では、それぞれの取引所を運営する中央の管理者が存在する。そして、多くの利用者は取引所に連携しているウォレットを利用したり、アカウント開設を取引所内で行ったりするため、その取引所に対して秘密鍵や個人の仮想通貨の資産を預けている形になっている。しかし、マウントゴックス事件やコインチェック事件等のように、中央集権型取引所は中央の管理者の手で運営されているため、内部不正や外部からのハッキング等様々な危険を孕んでいる。

分散型取引所が提供するサービスは、取引板（売り注文および買い注文）を表示し、取引板を生成できるようなシステムを維持することだけである。分散型取引所では、資産の管理や取引を全てその分散型取引所が存在するブロックチェーン上で行い、秘密鍵は利用者個人で完全に管

理し、実際に取引する際にしか秘密鍵を使わないため資産は常に利用者個人の管理下にある。また、分散型取引所は、中央集権型取引所で必要とされるハッキングリスクに対応するための人員や高度なプログラムを不要とするため、中央集権型取引所よりも利用者の取引手数料を大幅に下げることができると言われている。

　このように、中央集権型取引所に比べて、内部不正や外部からのハッキング等の危険から安全で、透明性が高く、また、取引手数料が低額であることが評価されて、分散型取引所は、次世代型の取引所になると期待されている。

　現状、サービスを展開している分散型取引所には、EtherDelta（イーサデルタ）、Counterparty（カウンターパーティー）、Waves Lite Client（ウェーブスライトクライアント）等がある。

2　仮想通貨のマイニング事業

(1)　マイニング事業とは

ア　マイニングとは

マイニングとは、技術的な側面から説明すると「マイナーがナンスを計算してブロックを確定する作業」であり、機能的な側面から説明すると「ブロック内のデータが正しいことを確認して新しいブロックに繋ぐ作業」である。マイナーについては後述する（第3章2(1)イ）。

マイニングという概念を技術的な側面から理解するに当たって改めてブロックチェーンの仕組みを整理する。

①　ブロックチェーンの仕組み

次図の通り、ブロックチェーンは、「ブロック」と呼ばれる取引データの塊を一定時間の間隔で作り、それを時系列にチェーン状に繋げて、データを台帳のように記録していく仕組みである。各ブロックの中には、①複数の取引データ、②前のブロックの「ハッシュ値」および③「ナンス」と呼ばれる適当な数値が並んでおり、ブロックとブロックは前のブロックのハッシュ値で繋がっている。

②　ハッシュ関数

「ハッシュ」とは、データの暗号化や改ざん、データの破損を検出するための技術のことであり、ブロックチェーン上の取引データを定められた計算式に通すと、固定の長さのデータに変換される。この計算式のことを「ハッシュ関数」、ハッシュ関数を通して出力されたデータのこ

2　仮想通貨のマイニング事業

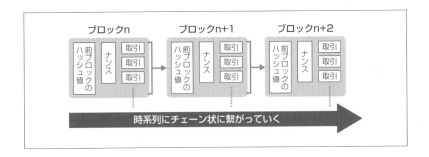

とを「ハッシュ値」という。ハッシュ関数は、どのような文字列を「x」に代入しても、常に同じ長さの「y」が得られるという性質を有する。ハッシュ関数には様々な種類があり、ビットコインにおいては主として2種類のハッシュ関数が使用されているが、マイニングのプロセスにおいて使用されているのは、「SHA256」という名称のハッシュ関数である。

　ビットコイン、「SHA256」を例に説明すると、まず、この関数は「x」にどのような文字列を代入しても「y」の長さが常に英数字列で64桁になるという性質がある。そして、ハッシュ関数には、代入する「x」の文字列が1文字でも違っていると、得られる「y」がまったく異なる英数字列になるという性質があり、「x」に代入する文字列「a」と「b」が異なる文字列であるのに「y」が同じ英数字列となる確率はまずありえないといってよいほど低い。

　例えば、「SHA256」用いて「ZeLo」という文字をハッシュ化すると以下の文字列になる。

8C2B72FCF717959A5D03E9C11AFBE3859F6C2774A825E90C0AFE4537A2781EA1

　次に微妙に異なる「ZeRo」という文字をハッシュ化すると以下の全く異なる文字列となることがわかる。

第3章　仮想通貨ビジネスと法務

> 3E41BEEDB2A178FA91D7F4FD1C3BD6F95AD51376A6AC3471C819500C83CC6C3B

　ハッシュ関数のこのような性質により「y」の英数字列が書き換えられていないことを確認すれば、「x」が書き換えられていないことが推定される。なお、わざわざハッシュ関数により「x」を「y」に変換する理由は「x」が大きなデータである場合があるからである。すなわち、「x」がいかなる膨大な量の文字列であったとしても、「SHA256」に代入すると、64桁の英数字列となって出力されるため、当該英数字列を保存しておくだけで足りる。

　また、ハッシュ関数には、一方向性という性質がある。すなわち、「x」に文字列を代入して「y」の英数字列を導くことは容易であるのに対して、「y」の英数字列から、元の「x」の文字列を推測する方法は存在しない。

③　マイニングの仕組み

　マイニングにおいては、ハッシュ関数を利用して、①複数の取引データ、②前のブロックのハッシュ値および③ナンスの3つの要素を使用して計算を行う。

　①複数の取引データは、ビットコインのネットワークに流れている未承認、すなわち既に作成されているブロックに取り込まれていない個々の取引（トランザクション）を集めた取引の束である。通常は平均して数百件から2,000件程度のトランザクションを集めて束にすることが多く、未承認のトランザクションのうちどのトランザクションを使用して取引の束を作るかはマイナーの裁量に委ねられている。

　②前のブロックのハッシュ値は、前述の通り、前のブロックの英数字列にハッシュ関数を通して出力されたデータである。ビットコインの場

合、前のブロックの英数字列を「SHA256」に代入して得られる64桁の英数字列がハッシュ値である。ブロックチェーンはブロックがチェーン状に繋がっており、新しくブロックを作成しようとするマイナーは、既に存在するブロックチェーンの列に新たなブロックを繋げる作業を行う。このとき、マイナーは自分が繋げようとするブロックチェーンの最後尾にある、最も直近に完成したブロックのハッシュ値を取る。

　マイナーは、①および②に③ナンスを加えたデータの塊を「SHA256」に「x」として代入し、64桁の英数字列である「y」を得る。しかし、計算結果である「y」をただ得るだけではマイニングに成功したことにはならない。マイニングに成功するには一定の条件があり、例えば、得られた64桁の英数字列の最初の20桁が0となるナンスを見つけなくてはならないという条件である。マイナーは①および②の他に、任意の数値であるナンスを代入するが、上記の条件を満たすナンスを発見するまで延々とナンスの値を変えて代入して計算する作業を繰り返す。このような作業を繰り返した結果、既定の条件を満たす「y」が得られたとき、上記の条件を満たすナンスを発見したことになり、①、②および③を含むブロックが確定され、マイニングに成功したことになる。このようなナンスを探すには、大掛かりなコンピューターリソースを使う膨大な作業が求められ、大量の計算によるトライ&エラーを繰り返す。この作業は、仕事をした証明となるため、「プルーフオブワーク」(Proof of Work)、略してPoWと呼ばれる。なお、迅速なマイニングの成功によって過度にビットコインの流通量が増加しないように、マイニングは約10分で成功するように調整がされている。その調整は、ナンスが満たすべき条件である0が連続する桁数を増減させることによって、マイニングの難易度を調整するという方法により行われる。2018年9月現在、ナンスが満たすべき条件は、ハッシュ値の最初の18桁が0となることである。

　このように、ブロックを作るごとに適切なハッシュ値を計算するためには、適当な値ナンスを計算するPoWを行うことになる。この計算に

第3章　仮想通貨ビジネスと法務

は大規模なコンピューターリソースと労力が必要であり、ブロックの中の取引を1つでも変更するとハッシュ値やナンスの値が変わってしまうため、膨大な計算を初めからやり直さざるを得なくなり、それに後続のブロックが繋がっているため、すべてのプロセスを変える必要が生じる。こうした膨大な作業が必要となることからブロックチェーンは改ざんが防げる仕組みとなっている。

イ　マイナーとは

マイナーとは、ブロックを生成するためにマイニングを行う者である。

ビットコインを始めとする仮想通貨の個々のトランザクションはブロックチェーンに記録されるが、このブロックを作るノード参加者がマイナーである。マイナーは、トランザクションを束ねてブロックを作るが、ブロックを作るごとに、適切なハッシュ値を計算するためにナンスを計算するPoWを行う必要がある。

マイニングは、マイナーたちにより競争して行われるが、他のマイナーに先んじてマイニングに成功したマイナーにはマイニング報酬が与えられる。また、ブロックに入る個々の取引からも手数料を徴収することができる。ビットコインの場合、2018年7月現在で、マイニングに成功したマイナーには、1ブロックにつき12.5ビットコインが報酬として与えられる。ビットコインが登場して最初の210,000ブロック、約4年間は、1ブロックあたりのマイニング報酬は50BTCであったが、ビットコインのマイニング報酬は、約4年単位で半減することが設定されている。そのため、ビットコインは発行総量に上限があり、システム上約21,000,000BTCと定められており、およそ10分に1つのブロックが確定されていくため、2140年頃には上限に達すると予測されている。

ビットコインを始めとする仮想通貨のシステムにおけるマイナーの役割は、①「ブロックの生成」すなわち個々の取引情報（トランザクション）を束にしてブロックにする、②「ブロックの伝播」すなわちブロッ

2 仮想通貨のマイニング事業

クを確定したら、そのブロックを他のノード参加者に転送して、全員で共有するブロックを伝播する、③「ブロック検証」すなわちブロックを確定したことを誰かが伝えてきたら、署名が正しいか、二重支払がされていないか、といったことを検証する、という3つである。このような役割を担うことから、マイナーはビットコインを始めとする仮想通貨のシステムの運営者という位置づけられる。

多数のコンピューターを設置し、大量の電力を投入してPoWを行い、マイニングを勝ち抜くことによってブロックを生成し、マイニング報酬や取引手数料を得ることがマイナーのビジネスモデルである。

このように、マイナーはマイニング報酬および取引手数料を得るために、マイニング作業に必要なコンピューター、電気代、運営施設などの投資を行う。なお、マイナーが報酬を得る仕組みは、ブロックに「自分宛てに12.5BTC」というトランザクションを入れ、マイニングに成功すれば報酬が確定し、12.5BTCが得られるという仕組みである。

ウ 代表的なマイナー例

マイニングビジネスに投資を行う者は世界各国に存在し、マイニングビジネスを手掛ける事業者は多いが、10社程度がその大半を占めている。前述の通り、マイニングには大規模なコンピューターが必要なため、ビットコインのマイニングの85％を占める上位10社のうち8社は電気代の安い中国に集中している。

代表的なマイナーは、中国のBitmain（ビットメイン）である。ビットメインは、AntPool（アントプール）、BTC.com（BTCドットコム）という2つのマイニングプール（マイニングを組織的に行う運営者）を運営している。その他オランダのBitfury（ビットフューリー）も大手のマイナーである。

日本国内では、GMOインターネットグループ、DMM、SBIグループがマイニング事業への参入を発表している。

(2) マイニング事業を自ら行う場合

ア　概要

　典型的なマイニング事業のビジネスモデルとして、自らマイニング事業を行う場合がある。

　この場合、前述の通り、マイニング報酬や取引手数料を得るために、自らマイニング作業に必要なコンピューター、電気代、運営施設などの設備投資をして利益を出すことが、マイナーのビジネスモデルとなる。

　このようにマイナーが単独で行うマイニングはソロマイニングと呼ばれ、マイニングに成功した場合のマイニング報酬や取引手数料を独占できるメリットがある一方で、単位時間当たりの利回りが低いというデメリットがある。マイニング機器やソフトウェアを揃えれば個人でもマイニングを行うことは可能であるが、競争が過熱し、難易度が高まったビットコイン等のマイニングにおいては一般に、個人が用意できるマイニング機器のスペック、数量に限界があり、また、高額な電気代を要することから、一般的な個人によるマイニングによって利益を得ることは困難である。

イ　法規制および留意点

　現状、日本法において、マイニングそのものは禁止その他の規制の対象とされていない。また、マイナーがマイニングによって得た仮想通貨を決済に使用することや仮想通貨交換所等で法定通貨または他の仮想通貨と交換することも規制の対象とはされていない。

　しかし、マイナーがマイニングによって得た仮想通貨の売買や当該仮想通貨と他の仮想通貨との交換を、「業として行う」（資金決済法2条7項柱書き）、すなわち「対公衆性」のある行為で「反復継続性」をもって行う場合（前述第2章3(1)イ参照）には、仮想通貨交換業に該当し、

② 仮想通貨のマイニング事業

仮想通貨交換業登録が必要であることに留意が必要である。

(3) マイニングプールの組成

ア　概要

　マイニングプールとは、複数のマイナーが協力してマイニングを行うコミュニティである。要するに、マイニングプールとは、個としてマイニングを行うソロマイニングではなく、複数で協力してマイニングを行う集団のことである。

　マイニングプールの仕組みは、プール管理者を報酬の受領者とし、プールに参加するマイナーが同じブロックをマイニングし、そして、マイニングに成功した際、プール管理者に支払われた報酬を各マイナーのマイニングの仕事量に応じて、マイナーで分配する仕組みである。ソロマイニングに比して、大規模な設備投資によるハイスペックかつ多数のマイニング機器を投入できるため、マイニングに成功する確率はソロマイニングの場合よりも飛躍的に高く、利益を得られる一方で、マイニングに成功した場合のマイニング報酬や取引手数料はプールに参加するマイナーに分配するため、貢献度によってはさほど利益を得られない可能性もある。

　世界各国でこのようなマイニングプールが組成されているが、2017年12月現在のマイニングプールのシェアは次図の通りであり、その多くが電気代の安い中国に集中している。

第3章　仮想通貨ビジネスと法務

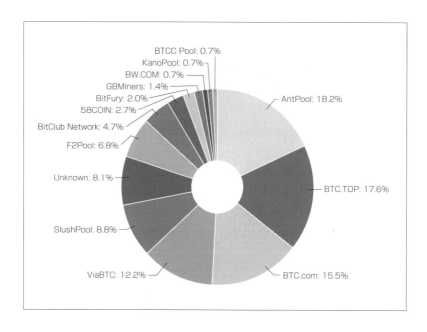

イ　法規制および留意点

　現状、日本法において、マイニングプールの組成そのものに着眼した禁止その他の規制はされていない。

　しかし、マイニングプールは、出資者から出資を募り、その投資によって得られた収益を出資者に分配するという仕組みである。すなわち、マイニングプールに参加、設備投資をするマイナーを募り、得られたマイニング報酬等をマイナーに分配するというものであり、その仕組みは、金商法上のいわゆる集団投資スキーム（金商法2条2項5号・6号）に該当する場合がある。

　集団投資スキームの主な要件は、①権利を有する者（出資者）が金銭（または金銭に類似するものとして政令で定めるもの）を出資または拠出すること、②出資または拠出された金銭等を充てて事業（出資対象事業）が行われることおよび③出資者が出資対象事業から生ずる収益の配当ま

②　仮想通貨のマイニング事業

たは当該出資対象事業に係る財産の分配を受けることができる権利であること、である。また、外国の法令に基づく権利であって、上記①ないし③に類するものも集団投資スキームに該当する。

　したがって、マイニングプールの組成に当たって、参加するマイナーから金銭等の出資等を募り、当該出資等された金銭等を充ててマイニングプールを組成し、マイニング事業から得られた収益等の分配を行う場合には集団投資スキームに該当する。集団投資スキームに該当する場合、マイニングプールの組成に当たって、マイナーから金銭等の出資等の募集を行うためには、第二種金融商品取引業の登録を受ける必要がある（金商法28条2項、29条等）。このような集団投資スキームに該当しないように、プールマイニングを行う場合には、一般的に後述の通り、マイニングの業務委託等の手法が採られることが多い。

　なお、マイニングプールの参加者について、一般消費者等を対象とする場合には、一般的なインターネットビジネスと同様に、消費者契約法、特定商取引法、個人情報保護法などが適用されるため、留意が必要である。

(4)　マイニングの業務委託等

ア　概要

　前述の通り、プールマイニングを行うに当たっては、第二種金融商品取引業の登録を受ける必要がある集団投資スキームに該当しないように、一般的に、マイニングの業務委託という手法が採られることが多い。

　具体的には、マイニングプールに参加するマイナーは自らマイニング機器を所有し、プール管理者に対して、マイニングの業務委託を行う。プール管理者は、工場等のマイニング施設にマイナーが所有するマイニング機器を集約し（なお、マイナーがマイニング機器を所有するに際して、プール管理者がマイナーに対してマイニング機器を販売するという手法が取

第3章　仮想通貨ビジネスと法務

られることが多い）、マイニング施設においてマイニング機器を稼働させてマイニングを行う。プール管理者は、マイニングによって得られたマイニング報酬等からマイニング施設に係る費用（施設の賃料、共益費、電気料金等）を控除して残る利益を各マイニング機器の仕事量に応じて業務委託を行ったマイナーに分配する。

　また、「ASIC」など各マイナーが所有するPC等のマイニング機器の計算能力をプール管理者に対して貸与する（使用を許諾する）という手法によりマイニングプールが組成されることもある。この場合、プール管理者は、マイニング機器を1箇所に集約する必要がなく、各マイニング機器は所有する各マイナーによって管理される。

イ　法規制および留意点

　現状、日本法において、このようなマイニングの業務委託等そのものに着眼した禁止その他の規制はされていない。

　しかし、マイニングの業務委託等であっても、マイナーから拠出を受けるものがマイニング機器や計算能力ではなく、金銭等である場合には、前述の通り、集団投資スキームに該当すると考えられ、第二種金融商品取引業の登録を受ける必要があるため、注意が必要である。

　また、マイニングの業務委託等について、一般消費者等を対象とする場合には、一般的なインターネットビジネスと同様に、消費者契約法、特定商取引法、個人情報保護法などが適用されるため、留意が必要である。

(5)　主な海外の規制

　前述の通り、主要なマイナーの大半は中国に集中しているが、2018年1月、インターネット上の金融リスクを監視する中国政府の対策本部は地方当局に対して、仮想通貨のマイニング事業停止を指導するよう通達

2　仮想通貨のマイニング事業

した。中国は、2017年9月にICOを禁止するなど仮想通貨に対する規制を強化している。

　欧州委員会は、2018年3月、欧州におけるマイニングによる消費電力量の増大に懸念を示しつつも、欧州においてマイニングを禁止または制限する法的根拠は存在しない旨の見解を発表した。

○コラム　不正マイニング

　2018年6月14日、インターネット上で仮想通貨を得る手段「マイニング」をめぐり、サイト閲覧者らのパソコンを無断で採掘作業に利用したとして、神奈川、宮城など10県警が不正指令電磁的記録供用罪など（刑法第168条の2、第168条の3）の疑いで計16人を摘発したことが、警察庁の集計により判明した。

　本件では、2018年3月から6月13日の間に3人が逮捕、13人が書類送検されており、自ら音楽やアニメ関連のサイトを運営し、閲覧した際に仮想通貨を採掘させるプログラムを埋め込むなどしていた疑いがある。15人は仮想通貨「モネロ」を採掘する「Coinhive」と呼ばれるプログラムを埋め込んでおり、10以上のサイトを運営している人もいた。

　不正指令電磁的記録供用罪とは、正当な理由がないのに、他人のパソコンやスマートフォン等の端末を、その意図に沿うべき動作をさせないか、あるいは、その意図に反する動作をさせるような「不正な指令」を与えるウイルス等のプログラムに感染させる犯罪のことである。他人のパソコン等をその意図に沿うべき動作をさせない指令を与えるものとして一般的なものでは、利用者の意図とは無関係に表示されるインターネット広告が挙げられる。しかし、このようなインターネット広告に関して摘発がされた例はほとんど存在しない。そのため、本件の摘発、特に逮捕に至った者までいることについては、法律専門家の中でも懐疑的な見解を有する者もいると思われる。

　なお、マイニングには、コンピューターの処理能力が必要なため、勝手に他人のパソコンを使う行為が横行しており、警察庁はホームページで「犯罪になる可能性がある」と注意喚起をはじめている。

③ 仮想通貨ウォレット事業

(1) 仮想通貨ウォレットとは

　仮想通貨ウォレットとは、仮想通貨の管理（保管および送受信）を行うための仕組みをいう。ここでは原則として、仮想通貨の保管機能・送受信機能のみを有するものを検討対象とし、仮想通貨交換所の取引口座等のように、保管された仮想通貨を日本円等や他の仮想通貨と交換する機能を備えるものは必要な範囲で検討するにとどめる。
　仮想通貨ウォレットのイメージとしては、一般通貨における「財布」の仕組み（③のハードウェアウォレット等）のみでなく、「銀行口座」の仕組み（後述の①ウェブウォレット等）を含めて整理されることが多い。

ア　仮想通貨ウォレットの種類

　仮想通貨ウォレットの種類は、秘密鍵の管理者やウォレットの形式等により大きく次のように分類される。

3 仮想通貨ウォレット事業

種類	秘密鍵の管理者	ウォレットの形式	オンラインアクセス	サービス内容
① ウェブウォレット（サーバー型）	事業者	ウェブサイト等	有	秘密鍵に加え、ID・パスワードをサーバーで管理
② ウォレットアプリ（クライアント型）	利用者※	アプリケーション（PC・スマートフォン）	有	アプリケーションの提供（秘密鍵およびID・パスワードは利用者管理）
③ ハードウェアウォレット（クライアント型）	利用者	ハードウェア	無（ただし送受信時は有）	ハードウェアの販売（ID・パスワードは利用者管理）
④ ペーパーウォレット	利用者	紙	無	―

※ブロックチェーンの管理については、外部サーバーまたは利用者で分かれる。

①ウェブウォレット（サーバー型）は、委託先事業者が保管する利用者の秘密鍵をオンライン上で操作することにより、仮想通貨の管理を行うことのできるウェブサービスである。この中には、アプリの形式も併せて提供するものもある。利用者は、事業者の運営するウェブサービスの登録（口座開設）時に仮想通貨の保管を事業者に委託し、秘密鍵は事業者のサーバー上で管理される。利用者は、オンライン上で事業者のサーバーにアクセスすることで仮想通貨の管理を行うこととなる。なお、仮想通貨取引所の管理口座は、ウェブウォレット（サーバー型）の機能を有することが一般的である。

②ウォレットアプリ（クライアント型）は、事業者が提供するウォレットアプリを利用者の端末にダウンロードし、端末上で仮想通貨の管理を行うことのできるサービスである。秘密鍵は、ウォレットアプリをダウンロードした利用者の端末内で管理される。

ハードウェアウォレット（クライアント型）の例（Ginco）
(https://ginco.io)

　③ハードウェアウォレット（クライアント型）は、秘密鍵を保管し、仮想通貨の管理を行うことのできるデバイス（ハードウェア）である。利用者が仮想通貨の送受信を行う際は、ハードウェアウォレットをパソコン等の通信端末に接続して行う。

ハードウェアウォレット（クライアント型）の例（Ledger）
(https://www.ledger.fr)

④ペーパーウォレットは、秘密鍵（秘密鍵の情報を含むQRコード）や、秘密鍵を復元するためのパスワードを、紙等の物理媒体に転写して保存する方式をいう。仮想通貨の送受信を行う際は、相手方にこれらの情報を直接伝達する方法により行う。

ペーパーウォレットの例（https://bitaddress.org より作成）

イ　種類ごとのメリット・デメリット

仮想通貨ウォレットの種類による利用者の視点からのメリット・デメリットは次の表の通りである。

第3章　仮想通貨ビジネスと法務

種類	メリット	デメリット
① ウェブウォレット（サーバー型）	・端末に依存せず、インターネットでどこからでもアクセス可能	・第三者アクセスによる仮想通貨の不正送信等のセキュリティリスク
② ウォレットアプリ（クライアント型）	・秘密鍵等を自己管理するため、セキュリティ上安全 ・アプリケーションの形式のため、管理・送受信を行いやすい	・オンラインアクセスを行うため、端末のマルウェア・ウイルス感染による不正送信等のセキュリティリスク ・端末変更時、バックアップキー失念による仮想通貨の消失リスク
③ ハードウェアウォレット（クライアント型）	・秘密鍵等を自己管理する＋原則としてオンラインアクセスがないため、セキュリティ上安全性が高い	・送受信時にオンラインアクセスを行うため、マルウェア・ウイルス感染による不正送信等のセキュリティリスク ・ハードウェア滅失による仮想通貨の消失リスク
④ ペーパーウォレット	・秘密鍵等を自己管理する＋オンラインアクセスがないため、セキュリティ上安全性が高い	・記録した紙媒体の滅失による仮想通貨の消失リスク ・送受信を行う際に不便

　要約すると、秘密鍵の管理を事業者に委託する①ウェブウォレット（サーバー型）は、一般にセキュリティリスクが高いとされている。また、オンラインアクセスが可能なものは利便性は高いもののセキュリティリスクが高まり、他方、オンラインアクセスができないものはセキュリティリスクが低くなるものの、利便性は低いものとなる。

ウ　仮想通貨ウォレットの利用開始方法および管理方法

　仮想通貨ウォレット事業、特にウェブウォレットとウォレットアプリにおける利用開始方法と管理方法の概要について説明する。
　ウェブウォレットを利用するには、まず、利用者が事業者の運営する

③ 仮想通貨ウォレット事業

ウェブウォレットサービス（例：Blockchain.com、coinbase や、bitFlyer、コインチェック等の仮想通貨取引所における取引口座開設等）の利用登録を行う必要がある。そして、利用者は、当該事業者のウェブサイト上で、利用者の保有する仮想通貨にかかる秘密鍵の管理を委託し、ウェブ上での当該事業者への指示により、利用者は自身の保有する仮想通貨を管理する。

　他方、ウォレットアプリを利用するには、まず、利用者が仮想通貨ウォレットサービスのアプリケーションソフトウェア（例：Ginco、Wei Wallet、HB Wallet 等）を自らのスマートフォン端末にダウンロードする必要がある。そして、利用者は、ダウンロードしたウォレットアプリを利用することで、自らの端末内で、保有する仮想通貨を管理するための秘密鍵を管理することができる。

(2) 仮想通貨ウォレット事業に関する業規制の検討

　仮想通貨ウォレット事業を行う事業者においては、日本においてサービスや製品を提供する前提として、法律上許認可が必要となるか否かを確認する必要がある。仮想通貨ウォレット事業では特に、仮想通貨交換業該当性、銀行業または資金移動業該当性が問題となる。

ア　仮想通貨交換業該当性

　まず、仮想通貨ウォレットサービスの提供は仮想通貨交換業に該当しないかを検討する（仮想通貨交換業の定義を定める資金決済法2条7項については第2章3(1)参照）。

　仮想通貨ウォレットをビジネスとして検討する場合の多くは①ウェブウォレット（サーバー型）か②ウォレットアプリ（クライアント型）であるから、以下では、この点について検討する。なお、③ハードウェアウォレット（クライアント型）については、基本的には②と同様の整理

となる。

(ア) 仮想通貨の交換等（資金決済法2条7項1号）・媒介、取次ぎまたは代理（同項2号）該当性

「仮想通貨の売買又は他の仮想通貨との交換」とは、事業者と利用者との間で、当事者として仮想通貨の売買（民法555条）または他の仮想通貨との交換（民法586条）を行うことをいう。また、これらの「媒介、取次ぎ又は代理」について、「媒介」とは、利用者の間に立って利用者間の仮想通貨の売買または交換の成立に向けて尽力する事実行為をいい、「取次ぎ」とは、事業者の名をもって利用者の計算のために仮想通貨の売買等をすること、「代理」とは、利用者の代理人として行う事業者の仮想通貨の売買等が当該利用者本人に直接帰属することをいう。

仮想通貨ウォレットサービスは、利用者に対し自己が保有する仮想通貨を保管または送受信するためのアプリケーションを提供するに過ぎず、事業者と利用者との間で仮想通貨の売買や他の仮想通貨への交換を行うものではないから、「仮想通貨の売買または他の仮想通貨との交換」に当たらない。

また、仮想通貨ウォレットサービスは、利用者の保有する仮想通貨の保管または送受信等の機能を提供するのみであり、事業者が利用者に対して他の利用者との間の仮想通貨の売買等を斡旋したり、利用者に代わって仮想通貨の売買等を行ったりするものではない。したがって、仮想通貨ウォレットサービスの提供は、仮想通貨の売買または交換の「媒介」、「取次ぎ」または「代理」のいずれにも当たらない。

(イ) (ア)に関する金銭または仮想通貨の管理（資金決済法2条7項3号）該当性

(ア)に掲げる行為に関して、利用者の金銭または仮想通貨の管理を業として行うことは仮想通貨交換業に該当する。

仮想通貨ウォレットサービスは、仮想通貨の保管機能および送受信機能を有しており、利用者の仮想通貨の「管理」を行うものであるが、仮

想通貨交換業に該当し得る管理行為は、法文上、(ア)「に掲げる行為に関」するものに限定されている。(ア)で検討した通り、仮想通貨ウォレットサービスは、保管された仮想通貨を売買または他の仮想通貨と交換する機能や、これらの媒介、取次ぎまたは代理を行う機能を有していないことから、当該サービスの提供は、(ア)「に掲げる行為に関して」利用者の仮想通貨の管理をする行為に当たらない。

(ウ) まとめ

以上の通り、仮想通貨ウォレットサービスの提供は、仮想通貨交換業に該当しないものと考えられる。

他方、例えば、当該サービス内において他の仮想通貨と交換することができる機能を追加すると、(ア)に該当し、仮想通貨交換業の登録が必要となるため、注意が必要である。また、仮想通貨交換所（資金決済法2条7項2号に該当）の開設に付随して利用者に提供される仮想通貨ウォレットサービスも、それ自体が(イ)に該当する仮想通貨交換業である。

このように、仮想通貨ウォレットサービス内において実装する機能次第で、その提供が仮想通貨交換業に該当する可能性があることから、事業者においては注意が必要である。

イ　資金移動業等の該当性

仮想通貨ウォレットサービスの機能の1つとして仮想通貨の送受信機能があるが、当該仮想通貨の送受信が資金決済法2条2項や銀行法2条2項2号に規定する「為替取引」に該当すると、仮想通貨ウォレットサービス事業者において資金移動業者の登録または銀行業の免許が必要となることから、仮想通貨ウォレットにおける仮想通貨の送受信の「為替取引」該当性を検討する。

判例上、「『為替取引を行うこと』とは、顧客から、隔地者間で直接現金を輸送せずに資金を移動する仕組みを利用して資金を移動することを内容とする依頼を受けて、これを引き受けること、またはこれを引き受

けて遂行すること」をいうとされている（最決平成13年3月12日刑集55巻2号97頁。詳細については第2章3(1)ウ参照）。「為替取引」の対象となる「資金」については、金銭および金銭に容易に変わるものを指すが、価値が変動するものや、換金が容易ではないものは「資金」に該当しないと解されている。

　仮想通貨は、金銭との交換が事実上可能であるが、価値が変動するものであり、そのため一定の金銭に換金されるものとはいえない。また、法令上も、仮想通貨は「支払手段」（外為法6条1項7号）に明示的には含まれていない。そのため、2018年10月現在の解釈としては、仮想通貨は「資金」には該当しないものと解される。

　したがって、仮想通貨ウォレットサービス間での仮想通貨の送受信は「資金」の移動に関する取引ではないため「為替取引」に該当せず、資金移動業の登録および銀行業の免許は不要と考えられる。

　ただし、仮想通貨の交換等を行う事業者が、利用者から金銭の移動を行うことを内容とする依頼を受けて、当該金銭を預かり、仮想通貨に交換した上で自社ウォレットや他社の仮想通貨ウォレットに送信し、受信者が当該仮想通貨を換金できる仕組みとなっているような場合は、仮想通貨を用いているものの、送金手段としての「資金」の移動があるものとして「為替取引」に該当し、資金移動業者の登録または銀行業の免許が必要となり得るため、注意すべきである。

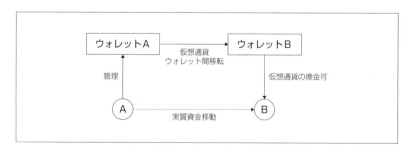

③ 仮想通貨ウォレット事業

ウ　仮想通貨ウォレット事業に関する業規制のまとめ

　以上で検討した通り、仮想通貨ウォレット事業は、仮想通貨交換業に該当せず、また、資金移動業等にも該当しないため、基本的には事業開始時において許認可は不要となるものと考えられる。

　また、仮想通貨ウォレット事業においては、現状は、ウォレット上で管理できる対象通貨としての限定はないため、事業者は仮想通貨の種類を問わず自由に取り扱うことが可能であるといえる。

(3) 仮想通貨ウォレット事業者の事業運営上のリスク対応

ア　仮想通貨交換業・資金移動業等に該当する場合の取引時確認

　まず、前述(2)の検討により、仮想通貨ウォレット事業が仮想通貨交換業や資金移動業等に該当する場合は、犯収法上の「特定事業者」に該当するとして口座開設時や仮想通貨の換金時に取引時確認義務（KYC）が課されることとなるため、注意が必要である（取引時確認の詳細は第2章4(2)参照）。

イ　外為法上の報告義務

　仮想通貨交換業・資金移動業等に該当しない仮想通貨ウォレット事業であっても、外為法上、日本と外国との間または居住者と非居住者との間で3,000万円相当額（換算方法は参考条文参照）を超える仮想通貨の送受信を行った場合には、「支払又は支払の受領に関する報告書」（https://www.boj.or.jp/about/services/tame/t-houkoku.htm/）を作成し提出する必要がある。

> 参考条文：外国為替の取引等の報告に関する省令　第36条の2
> ……支払等のうち仮想通貨……によりされるものであって、当該規定を適

> 用する場合における本邦通貨と仮想通貨との間又は異種の仮想通貨相互間の換算は、当該規定においてその額について当該換算をすべき支払等が行われた日における当該支払等の対象となる仮想通貨の相場を用いる方法その他の合理的と認められる方法により行うものとする。

ウ　サーバー型ウォレット（ウェブウォレット）事業者──仮想通貨流出のリスク

　2014年のマウントゴックス社におけるビットコインの大量流出事件、2018年のコインチェック社によるネムの大量流出事件のケースと同様に、サーバー型ウォレット事業者においては、第三者の不正アクセスにより秘密鍵が窃取され、管理する全利用者の仮想通貨が流出するリスクがある。

　そのため、サーバー型ウォレット事業者においては、仮想通貨取引所と同様にサーバーの厳重な管理、必要なセキュリティ対策等を行い、流出時の利用者に対する過失責任を問われないように対応する必要がある。

エ　クライアント型ウォレット（ウォレットアプリ等）事業者──利用者自身による秘密鍵失念リスク

　クライアント型ウォレットにおいては、事業者において秘密鍵を管理するものではないため、前述の仮想通貨の大量流出のリスクは低いものといえるが、利用者が自らのウォレットの秘密鍵を失念した場合に、事業者においても対応できないことを知らない利用者からクレームを受けるケースがある。

　当該ケースにおいては、事業者は原則として過失責任を受ける立場にはないものといえるが、利用者との間のトラブルを回避する観点から、利用規約において、秘密鍵を自己の責任において管理する必要があり、事業者は責任を負わない旨を明記することが望ましい。

　なお、クライアント型ウォレットにおいても、仮想通貨の送受信時

3 仮想通貨ウォレット事業

おいては通常オンライン通信を伴うため、当該通信時の不正アクセスを防止するためのウォレットのセキュリティ対策を行う必要がある。

(4) 海外の動向

　海外においては、仮想通貨ウォレットサービスについて規制方向にあるものといえる。

　EU の欧州議会は、2018年 4 月19日、仮想通貨ウォレットを提供する事業者に対し、銀行と同様の顧客確認義務が求めるといった、マネーローンダリング・テロ資金供与の防止を目的とする規制に関する政治的合意を行った。また、ドイツ、フランス、イタリアにおいても上記に準じた規制を導入する方向とのことである。

　中国においては規制が厳しく、政府が仮想通貨関連ビジネスの禁止を掲げる方針であるとのことであるため、仮想通貨ウォレットについても禁止方向にあるとのことである。

　アメリカにおいても規制方向にあるものと思われる。例えば、合同経済委員会（Joint Economic Committee）作成の経済報告2018年版（https://www.congress.gov/115/crpt/hrpt596/CRPT-115hrpt596.pdf）"Chapter 9 : Building a Secure Future, One Blockchain at a Time"215、216頁において、仮想通貨ウォレットの問題として前述のマウントゴックス社の問題が取り上げられ、"Money Transmission" の規制についての記載がある。もっとも、ここでいう "Money Transmission" とは、日本における資金移動業と同内容の業態をいうものとされており、仮想通貨ウォレットサービス自体に対する直接的な規制についての言及はないものと思われる。

　また、民間事業者においても規制方向の対応がなされているところである。Faccbook は2018年 1 月から仮想通貨関連サービスの広告を禁止したものの、同年 6 月、仮想通貨ウォレットサービス等については解禁

されている。他方、Google は、2018年3月14日、同年6月から暗号通貨関連サービス（仮想通貨ウォレットサービス含む）の広告の配信を原則禁止すると発表した。

(5) 仮想通貨ウォレット事業の今後

　仮想通貨ウォレット事業については、直ちに仮想通貨交換業等には該当しないものの、セキュリティ面の不備による被害の重大性や、海外における規制方向の対応をみると、仮想通貨取引所の規制に近い（一部緩和された）業規制を求めるといった方向性や、ウォレット開設時に本人確認義務を求めるといった規制が考えられるところである。

　仮想通貨ウォレット事業者においては、今後の規制の可能性を見据えて、犯収法上の本人確認を参考に当初から本人確認フローを整備する等、対応を求められた際に迅速に対応できるスキーム構築が望ましいものと考える。

④ 仮想通貨・ブロックチェーンとカジノ

(1) 仮想通貨とカジノの関係

　2018年10月現在、わが国ではカジノが解禁されていないこともあり、仮想通貨とカジノという論点はそれほど注目されていないように思われる。ところが、世界的には、カジノ、特にオンラインカジノ市場はすでに数兆円規模に達しており、同市場における仮想通貨の活用法は国際的には非常に関心度の高いものとなっている。

　なぜ仮想通貨がオンラインカジノとの関係でそれほど注目されるのか。その理由は仮想通貨が本質的に持つ以下の4つの特徴にあると考えられる。

① 決済機能

　カジノのチップは、法定通貨と同様に決済機能を有するという面から、仮想通貨と親和性がある。また、仮想通貨は、そのボラティリティの高さから投機対象として注目されており、価値の乱高下によるキャピタルゲイン自体にギャンブルのような射倖的な性質があるため、仮想通貨の利用層とカジノの利用者層は重なりうる。

② 「ブロックチェーン」技術

　ブロックチェーンという極めて改ざん困難で透明性の高い技術が基盤にあるということからも、仮想通貨はカジノと相性のいいパートナーといえる。オンラインカジノで常に利用者を悩ませるのは、胴元となる運営者が本当に誠実なのか、カジノゲームのシステムにからくりはないの

か等の信用性である。カジノが全ての利用者間のノードで承認された仕組みに基づいて運営されており、カジノゲームのシステムそれ自体にも透明性が認められるのであれば、利用者は安心してカジノに興じることができる。これまでオンラインカジノを怪しいものと捉え、参加していなかった潜在顧客が押し寄せる可能性もある。

③ 送信の利便性

仮想通貨は送信において、既存の法定通貨によるオンラインカジノに優位性を持つ。いくらオンラインカジノで儲けたとしても、いくつもの銀行、クレジットカード業者などの仲介業者が存在している限り、入出金には必ず手数料（毎回数ドルあるいは入出金額の数％）がかかる上、その出金ができるのは数日後になる。しかし、仮想通貨であれば、アドレス間の送信で手数料もなく（あるいは0.001％前後の手数料をマイナーに支払うことで）即時の引出しが可能である。

④ 匿名性

最後に仮想通貨に匿名性があることが挙げられる。仮想通貨の入出金や送金を行う場合に必要なのは、公開鍵と相手方のアドレスのみであり、個人の氏名や住所、生年月日、クレジットカード番号などの情報は一切必要ない。個人情報の流出が常に問題となるオンライン決済において、匿名性を維持できるのは、利用者にとっては大きな利点であろう。なお、仮想通貨の匿名性により、犯罪者や反社会的勢力、テロリスト等のマネーロンダリングの温床になっている可能性は否定できない。マネーロンダリングに対する国際的な規制も含め、仮想通貨交換所やウォレットサービスの利用には本人確認手続が導入され始めているため、今後どこまで匿名性が維持されるかは不透明である。

④　仮想通貨・ブロックチェーンとカジノ

(2) 仮想通貨を用いたオンラインカジノ運営

　仮想通貨を用いたオンラインカジノ運営については、ⓐ法定通貨と同じ用途で仮想通貨を用いるものと、ⓑブロックチェーン上で新たなカジノプラットフォームを開発するために仮想通貨を用いるものの、大きく2つの類型がある。

　ⓐは、すでに運営されているカジノにおいて、法定通貨以外に仮想通貨による支払いに対応するもの（チップとして仮想通貨を認めるものを含む）、つまり、仮想通貨を法定通貨の代替物として活用するものである。すでに以下のオンラインカジノが実際に仮想通貨を取り扱っている。

オンラインカジノ	運営地	取扱仮想通貨	入出金手数料等[※2]
ベラジョンカジノ[※1]	マルタ	ビットコイン	0
パイザカジノ[※1]	マルタ	ビットコイン、イーサリアム、ビットコインキャッシュ	0
ビットカジノ[※1]	オランダ領キュラソー	ビットコイン	0
FortuneJack	オランダ領キュラソー	ビットコイン、イーサリアム、ライトコイン、モネロ等8種類	0

※1　本書執筆（2018年9月）時点で日本語用ページが存在する。
※2　仮想通貨の入出金手数料が無料とされている場合も、オンラインカジノ向けの電子決済サービスを利用する場合には手数料がかかる場合がある。

　これらのオンラインカジノでは、利用者は法定通貨の代わりに仮想通貨を用いてプレイすることになるが、手数料が取られる点や胴元が不正をしていないかを確認する方法がない点は、法定通貨を用いる場合と違いはない。それでも仮想通貨が用いられる理由は、前述の仮想通貨の特徴のうち、送信の利便性と匿名性があるためであろう。

もっとも、それぞれの仮想通貨には異なる特徴があるため、オンラインカジノごとにその性質に鑑みた利用がされる可能性があり得る。たとえば、イーサリアムのようなスマートコントラクトの機能を持つ仮想通貨を用いれば単に決済に留まらない仕様を構築できる可能性があるし、送信の速度が速いリップルのような仮想通貨を用いれば、ベットの承認時間にストレスを感じないカジノが実現しうるかもしれない。現状は、投機的な取引で多くの仮想通貨を得た利用者が、保有する仮想通貨を利用できるカジノで遊ぶという流れになっているが、将来的には仮想通貨ごとの機能に合わせた利用をすることも考えられる。そのような流れが生まれると、法定通貨で単純にカジノに興じるのではなく、特定の性質を持った仮想通貨にこれを交換し、特徴を活かしたゲームを利用する客が現れ、新たなギャンブルの形が現れるかもしれない。

なお、これらのオンラインカジノに日本国内からアクセスして賭博行為に興じる行為は、賭博罪（刑法185条）に該当しうる点につき、後述する。

(3) 仮想通貨を活用したオンラインカジノとその特徴

仮想通貨を用いたもう一つのオンラインカジノ運営の形態（ⓑ）としては、仮想通貨の基盤技術であるブロックチェーンを応用して、カジノそのものをブロックチェーン上で開発するものである。仮想通貨をカジノでのチップに代用するのみならず、スマートコントラクト機能などを応用したトークン設計を行うことで、カジノそのものの運営、開発を可能とし、既存のオンラインカジノが抱える課題を解決しようとするものであり、多くは独自のトークンを発行する。以下では、公表されているホワイトペーパーから、コインまたはプラットフォームを一部紹介する。なお、以下のコインやプラットフォームについては、その適法性や妥当性に関して筆者が調査を行ったわけではないため、その点には留意していただきたい。

④ 仮想通貨・ブロックチェーンとカジノ

ア　エイダコイン（ADA）

ホワイトペーパーによれば、ADAは仮想通貨であり、「Cardano」という分散型ブロックチェーンプロジェクトのために開発されたとのことである。同プロジェクトは、新たなブロックチェーンのシステムを構築しているオープンソース型のプロジェクトとされている。

Cardanoには、イーサリアムの共同創設者として知られるチャールズ・ホスキンソン氏が開発チームに入っている。Cardanoは不正のないカジノを実現するゲーミングプラットフォーム、ADAはそのチップとして開発されていたが、その性能の高さから開発チームがより汎用性のあるプラットフォームへと発展させ、現在はオンラインカジノへの活用は単なる機能の1つとなっているとされている。

2016年以降、いくつかの段階に分けてICOを実施しているが、正確な調達額は公表されていない。現在、ADAは、Bittrex、Binance、Upbitなどに上場しており、2018年7月16日時点の時価総額はStellerに次いで世界8位となっている。

ホスキンソン氏は、ビットコインを第一次ブロックチェーン、イーサリアムを第二次ブロックチェーン、Cardanoを第三次ブロックチェーンとよび、今後はマルチシグ取引や投票機能の導入、会計モデル、スマートコントラクトの実装などを目指すと述べている。

イ　BitDice（CSNO）

ホワイトペーパーによれば、BitDiceは、仮想通貨を用いた公正なカジノプラットフォームの構築のために開発された仮想通貨およびプラットフォームとのことである。公正で、かつ最速のギャンブルスピードを実現するオンラインカジノを実現するために、種々のテクノロジーを実装し、2017年8月から9月にかけてICOを実施、約875万ドルを調達した。2018年9月現在仮想通貨交換所への上場はされていない。

BitDice は既にオンラインカジノを運営しており、ビットコイン、イーサリアム、ライトコイン、ドージコインの4つが利用できる。他方で報酬として得られるのは BitDice のみであり、これをビットコイン等に換金できる仕組みのようである。BitDice も Cardano と同じく、スマートコントラクトをベースにしたゲーミングプラットフォームを目指しているとのことである。

ウ　FunFair（FUN）

ホワイトペーパーによれば、FunFair は、利用者、カジノ事業者、ゲーム開発者らをつなげるイーサリアムベースの分散型カジノプラットフォームであるとのことである。利用者は Fun とよばれる仮想通貨を用いてカジノでベットし、カジノ事業者は Fun を獲得して利益を得る。他方、カジノのゲーム開発者にも一定のインセンティブ報酬が渡される仕組みとなっており、ゲームそのものを開発することのできるプラットフォームとなっていると説明されている。

FunFair は、2017年6月に ICO で2600万ドルを調達したことで話題になった。その後、Fun は Binance 等の取引所に上場しており、別の仮想通貨と交換することができる。

FunFair もゲームの仕様設計やギャンブルに欠かせない乱数の創出にスマートコントラクトを用いているとのことで、公正かつスピーディーなオンラインカジノの実現を目指しているとのことである。

エ　Edgeless（EDG）

ホワイトペーパーによれば、Edgeless は、基本的にハウスエッジ（カジノ事業者が利用者から一定割合控除する手数料等のこと）を0％とするイーサリアムスマートコントラクトベースのオンラインカジノとのことである。イーサリアムスマートコントラクト上でオンラインカジノを運営することにより、全ての利用者が誰でも簡単にアクセスできるような

仕組みづくりに挑戦している。

　Edgeless は、ICO にて、2017年3月に200万ドル以上を集めたとされ、現在は Bittrex 等に上場している。

　Edgeless では、ギャンブルに不可欠な「乱数の生成」において、カジノ（あるいはディーラー）と利用者の双方に番号を付与して、この組み合わせによって乱数を生成すると説明されている。ホワイトペーパーによれば、利用者は毎回プレイするたびに自身の番号を変更することができる一方で、当然ながらカジノ側に付与された番号を利用者が事前に確認することはできないものとされている（これができれば乱数を予想できてしまうため）。しかし、プレイ後には、利用者が番号どうしの組み合わせと、生成された乱数を確認することができるとされており、ギャンブルの透明性、信頼性を担保する仕組みを作り出そうとしているとのことである。

オ　仮想通貨を用いたカジノプラットフォームとマネーロンダリング

　以上のように、オンラインカジノをブロックチェーン上で実現する事業者はこれまでに多数現れているものの、これまで紹介してきた内容は、事業者のホワイトペーパーやプレゼンテーションによるものである。オンラインカジノが、今後仮想通貨を用いて発展していくかは、依然として不透明である。

　もともと、仮想通貨が現れる前からカジノは、マネーロンダリングに利用されているリスクが高いものとされている。犯罪の収益として獲得した資金をチップに交換し、そのチップを用いてゲームを行い、あるいは行わずにチップをまた換金するという方法が用いられる。

　仮想通貨を用いたオンラインカジノの運営についても、マネーロンダリングの温床となり得るリスクが残る。特に、匿名性のある仮想通貨そのものがマネーロンダリングに利用されるリスクも否定できない。2018

年5月14日の毎日新聞によれば、一部の指定暴力団が犯罪の収益として獲得した資金を、まずはビットコインやイーサリアムに交換し、これを取引所で別の仮想通貨（ジーキャッシュ、ダッシュ、モネロなど匿名性の高い仮想通貨）に交換し、出金するという手法で、2016年からおよそ300億円を洗浄していたことが明らかになっている。

参入する事業者に対してはマネーロンダリングを防ぐための組織・システム上の基盤が求められる。この点は、日本でも規制が強く求められているところである。

(4) 仮想通貨を活用したオンラインカジノと日本の法規制

ア　国内カジノとIR実施法

ここまでオンラインカジノとブロックチェーンをめぐる現状をみてきたが、日本国内におけるカジノの利用または運営は、賭博罪（刑法185条）または賭博場開張等図利罪（刑法186条2項）（以下総称して「賭博罪等」という）に当たり、違法である。

もっとも、日本では、新たな観光施設の創出に向けて、カジノを含む統合型リゾート施設の設置が検討されている。平成30年7月20日に成立したIR実施法では、全国で最大3か所の統合型リゾートの設置を認め、監督機関「カジノ管理委員会」の免許を受けたIR事業者が設けるカジノを、刑法の賭博罪等の適用除外とする内容が盛り込まれている（IR実施39条）。IR事業者としての免許を受けることができれば、カジノの運営が認められることになる。

イ　IR実施法と仮想通貨を用いたカジノの運営

IR実施法では、「カジノ行為」を「偶然の事情により金銭の得喪を争う行為」（IR実施法2条7項）と定義し、「カジノ施設におけるカジノ行為を顧客との間で行い、又は顧客相互間で行わせることに係る業務」

4 仮想通貨・ブロックチェーンとカジノ

（IR実施法2条8項1号）を「カジノ事業」の一形態として定義している。想定されているカジノ行為は、「金銭」をめぐる博打行為であって、この「金銭」に仮想通貨が含まれるのかが問題となる。

IR実施法はもとより、統合型リゾートの設置をめぐる重要事項を調査審議する「特定複合観光施設区域整備推進会議」においても、「仮想通貨」という文言は用いられていない。かろうじて「仮想通貨」についての議論が行われているのは、「特定複合観光施設区域整備推進会議取りまとめ～『観光先進国』の実現に向けて～」と題された上記会議の結果に関するパブリックコメントにおいて、「仮想通貨等のキャッシュレスによる支払いも認めるべき」（No.296、意見の分類「48　入場料」）という提出意見のみである。なお、同意見に対して事務局は、「入場料の水準及び支払方法等については、上記の趣旨やアンケート等を踏まえ、今後の制度化を通じて検討してまいります」と回答しており、実質的な議論は今後されていくようである。

このように、IR実施法では、仮想通貨を用いたカジノ運営は今後の議論となり、仮想通貨の利用を中心とした運用は現段階では想定されていないものと見受けられる。仮想通貨をチップに替え、当該チップを法定通貨や他の仮想通貨に払い戻すことができる場合には、カジノの運営者の行為が仮想通貨交換業に当たると考えられるため、この点に関するスキームの整理も必要であると考えられる。

他方で、既に述べた通り、カジノはマネーロンダリングのリスクが高い事業であり、IR実施法では、カジノ事業者に対し、マネーロンダリング対策のための措置を細かく求めている（IR実施法103条から105条）。

ウ　海外でオンラインカジノを運営し、プレイすることの適法性

①　海外でオンラインカジノを運営する行為、海外でこれをプレイする行為

日本国内では、IR実施法を含めて、当面は仮想通貨を用いたカジノ

事業を行うことはできないが、海外にサーバーがあるオンラインカジノ（たとえば、イギリス領マン島やマルタのように、オンラインカジノを合法化している国・地域にサーバーを置く事業者が国際的には存在する）を運営したり、プレイする行為は違法とはならない。刑法3条は、日本国民が国外で犯した特定の罪について、日本国の刑法に基づき罰する旨の規定を置いているが、これに賭博罪等は含まれていないからである。したがって、海外において規制がなければ、日本国民が海外で、オンラインカジノを運営することや、日本国民が海外でオンラインカジノをプレイすることは可能である。ただし、海外にオンラインカジノのサーバーを置いたとしても、実質的に日本居住者を対象として、サービスを提供する場合には、賭博場開張等図利罪が成立する可能性がある点には留意が必要である。

② <u>海外サーバーによって運営されるオンラインカジノを日本でプレイする行為</u>

海外サーバーにあるオンラインカジノに国内からアクセスして賭博をする行為も、国外における行為とみなして罰せられないといえるか。賭博罪は必要的共犯であることから、海外サーバーでオンラインカジノを展開する事業者が国外犯として処罰されないのであれば、その対向犯である国内の利用者の賭博罪は成立しないとも考えられる。

しかし、結論としては、海外サーバーにあるオンラインカジノに国内からアクセスして賭博をする行為は賭博罪に該当する可能性が高い。国内から海外のオンラインカジノにアクセスするには、インターネットカフェ等を装ったオンラインカジノ用店舗からアクセスする方法と、個人のPCやスマートフォンから直接アクセスする方法があるが、いずれの方法であっても、賭博行為の一部が国内で行われている点に違いはないため、オンラインカジノのサーバーが海外にあるからという理由で、国外犯であると解釈することは難しい。また、必要的共犯とは、犯罪の性

質上、当然に複数の行為者の関与を予定している犯罪をいうにすぎないのであって、その関与者全てに犯罪が成立しない限り罰せられないという解釈は必ずしも導かれない。

　なお、以上の論点は、国会でも質問され、政府による答弁がなされている。

平成25年10月22日提出　質問第17号
賭博罪及び富くじ罪に関する質問主意書
提出者　　階　猛　衆議院議員（質問時）

1　日本国内から、インターネットを通じて、海外で開設されたインターネットのオンラインカジノに参加したり、インターネットで中継されている海外のカジノに参加することは、国内のインターネットカジノ店において参加する場合だけでなく、国内の自宅からインターネットを通じて参加する場合であっても、刑法第百八十五条の賭博罪に該当するという理解でよいか。
2　上記1の「日本に所在する者」にサービスを提供した者には、国内犯が適用されるか。すなわち、海外にサーバを置いて賭博サービスを提供する業者にも、賭博開帳罪（同法第百八十六条第二項）が成立し得るという理解でよいか。
3　賭博罪の成立要件とされる必要的共犯に関して、共犯者の片方（賭博に参加する者）が国内、もう片方（賭博開帳者）が国外に所在する場合に共犯関係は成立し得るのか。片方を罰する事が出来ない（非可罰的な）状態にあっても、両者による共犯関係を立証することが出来ればもう片方の者の罪は成立し得るのか。

答弁第17号
内閣総理大臣　安倍晋三
一般論としては、賭博行為の一部が日本国内において行われた場合、刑法（明治四十年法律第四十五号）第百八十五条の賭博罪が成立することがあるものと考えられ、また、賭博場開張行為の一部が日本国内において行われた場合、同法第百八十六条第二項の賭博開張図利罪が成立することがあるものと考えられる。

つまり、賭博罪であれ賭博場開張等図利罪であれ、その行為の一部が国内で行われた場合には犯罪となり、刑罰が科される可能性があることを明示したものといえる。

③　まとめ

ここまでのオンラインカジノの議論をまとめると次の図のような整理ができる。

	国内利用者	事業者
国内サーバー	賭博罪が成立する	賭博場開張等図利罪が成立する
海外サーバー	賭博罪が成立する	実質的に日本居住者にサービスを提供していると判断されれば賭博場開張等図利罪が成立する可能性がある

現在、ビットコイン等の仮想通貨を決済に用いることのできるオンラインカジノはいくつもある（中にはスマートライブカジノのように、日本人向けに日本語用のページを置き、日本人が容易に利用できるものもある）が、これを日本人が国内からアクセスして利用した場合には、既に述べたように賭博罪に当たらないと整理することは難しいと考えられる。

> ○コラム　スマートライブカジノを日本で利用した者の逮捕事例
>
> 　2016年3月10日、イギリスに拠点を置く登録制のオンラインカジノ「スマートライブカジノ」に日本国内からアクセスし、カジノに興じた利用者3人が逮捕されるに至った。国内のオンラインカジノ用店舗から利用したわけではない無店舗型のオンラインカジノ利用に関する初の摘発事例である。

5 仮想通貨とオンラインゲーム

　仮想通貨の認知度があがるとともに、仮想通貨あるいはブロックチェーン技術のゲームへの活用が盛り上がりを見せつつある。すでに海外では、後述するCryptoKitties（クリプトキティズ）を始め、ブロックチェーン上に構築されたゲーム（以下本項では「ブロックチェーンゲーム」という）がリリースされている。CryptoKittiesでは、ゲーム内のキャラクターが1,000万円相当の仮想通貨で売買されたとの報道が出て、世界の注目を集めた。

　本項では、ブロックチェーンゲームを事業化する場合に、まず、ゲームで仮想通貨を用いる類型と法的整理について確認し、後半では具体的な事例をもとにさらに詳細な検討を行いたい。

(1) ゲームで仮想通貨を用いる類型と法的論点

　ゲームで、仮想通貨あるいはブロックチェーン技術を用いる場面は、いくつかの類型に整理される。なお、相互に排他的であるわけではないため、複数の類型を組み合わせることもありうる。

ア　課金の決済手段として仮想通貨を用いる類型

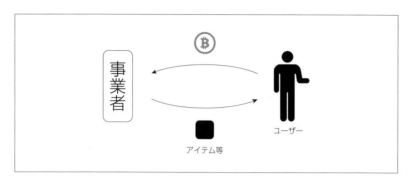

　最も典型的な類型はゲーム内の課金の決済手段として仮想通貨を用いる類型である。ゲームを運営する際に、運営者の売上は、ゲームを進めるに当たって必要なキャラクターやアイテム（以下総称して「アイテム等」という）をユーザーに対して販売（いわゆる「ガチャ」を含む）したり、ゲームに要する時間を短縮するためのアイテム等を販売したときに生じることが多い。

　現状、これらの決済には法定通貨である円や、ゲーム内のポイントとしての前払式支払手段が用いられることが多いが、これらと同じく仮想通貨をその決済に用いることが考えられる。この場合には、アイテム等そのものが2号仮想通貨に該当しないかが論点になる。

　仮にアイテム等が2号仮想通貨に該当しない場合には、既に大手家電量販店をはじめ、仮想通貨による決済を導入している会社や店舗と同様に、ゲーム内のアイテム等の取引を仮想通貨を用いて決済しているに過ぎないため、法的な規制は特段かからない（仮想通貨による決済の法的性質が代物弁済であることについては第2章1参照）。ただし、一般の商取引および消費者保護等に関する法的規制は適用されるのでその点には留意が必要である。

イ　ゲーム内で使用できるトークンをユーザーに付与する類型

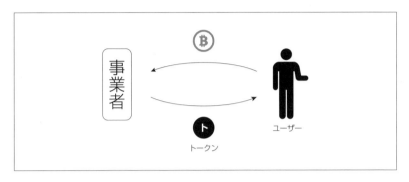

　ゲーム内で発行されるトークンを購入し、ゲーム内通貨として利用できる制度設計にする類型である。
　購入されるトークンの設計によっては、当該トークンが資金決済法上の「仮想通貨」または「前払式支払手段」に該当する可能性がある。

ウ　ユーザーのゲーム内取引に仮想通貨を利用する類型

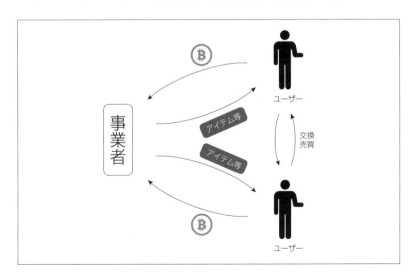

ゲーム内で購入したアイテム等をユーザー間で交換または売買することができる設計にする類型である。この場合、アイテム等に希少価値を持たせるために、いわゆる「ガチャ」という一定の希少アイテム等がランダムに出てくるような仕組みを採用することも考えられる。購入したアイテム等を育成、成長させたり（このときにも課金が行われる場合がある）、さらにはアイテム等を交配させたりすることで、一定の希少アイテム等を生み出す仕組みも考えられる。この類型では、アイテム等そのものが「仮想通貨」に該当するか、ランダムなアイテム等の獲得が刑法で禁止されている「賭博」に当たらないか、さらにはアイテム等を売買できる行為がリアルマネートレード（ゲーム内のアイテム等をゲーム以外において現金で取引する行為）として許容されるのか等の論点が考えられる。

エ　おまけとしてユーザーに仮想通貨を付与する類型

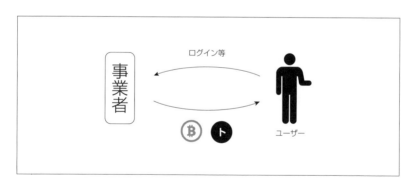

ゲームへの利用登録やログイン、アイテム等の購入をしたユーザーを対象に仮想通貨を配布する類型がある。昨今、ブロックチェーンゲームあるいはそのトークンのマーケティング手法として、仮想通貨のエアドロップ（AirDrop）が利用されている。仮想通貨のエアドロップとは、払込みを要せずに、希望者に対して無償でトークンを配布する行為を指し、純粋に当該トークンを利用するユーザーを増やす目的で行われるこ

5　仮想通貨とオンラインゲーム

とが多い。トークンは、何らかの行為の見返りにおまけとして渡されることになるため、当該トークンが景品表示法における「景品類」に当たりうることになり、同法による規制が及ぶか否かが論点となる。

(2) ゲームで仮想通貨を用いる類型の法的論点の検討

ブロックチェーンゲームにおいては、種々の法令が複雑に絡んでいる。トークンやアイテム等に対する規制である資金決済法上の「仮想通貨」および「前払式支払手段」に関する規制を確認し、次にサービス内容に対する規制である賭博該当性や景品表示法の規制を確認する。

ア　ゲーム内トークンやアイテム等が「仮想通貨」に当たるか

ブロックチェーンゲーム内で用いられるトークン（「ポイント」、「トークン」等、ゲーム内で支払手段となるものであれば名称は特に関係がない）やアイテム等が、どのような場合に資金決済法上の「仮想通貨」（資金決済法2条5項1号・2号）に該当するのかを確認する。

トークンやアイテム等が資金決済法上の「仮想通貨」に該当した場合、これを業として売買したり、他の仮想通貨と交換したりするのは「仮想通貨交換業」の登録を受けない限り実施できない。

(ア)　「仮想通貨」の意味と判断要素

【仮想通貨の定義の整理】
① 電子機器その他の物に電子的方法により記録されている財産的価値
② 電子情報処理組織（コンピュータ等）を用いて移転することができるもの
③ いずれかの国・地域の通貨ではなく、通貨建資産でないもの
④-1　不特定の者を相手方として、
　（ⅰ）代価の弁済のために使用することができ、かつ、
　（ⅱ）購入および売却を行うことができるもの（以下「1号仮想通貨」と

いう)
④-2 不特定の者を相手方として、
 (ⅲ) 1号仮想通貨と相互に交換を行うことができるもの(以下「2号仮想通貨」という)

① 1号仮想通貨の意味と判断要素

トークン等が1号仮想通貨に該当するかを判断するに当たって特にトークン等が以下に該当するか否かが問題となる。

・「代価の弁済のために不特定の者に対して使用することができ」るか否か(上記④-1(ⅰ))
・「不特定の者を相手方として、購入および売却を行うことができる」か否か(上記④-1(ⅱ))

一般に、仮想通貨ガイドライン4頁によれば前者については「発行者と店舗等との間の契約等により、代価の弁済のために仮想通貨を使用可能な店舗等が限定されていないか」、「発行者が使用可能な店舗等を管理していないか」等から判断するとされている。

後者について、「不特定の者を相手方として、購入及び売却を行うことができる」か否かは、「発行者による制限なく、本邦通貨又は外国通貨との交換を行うことができるか」、「本邦通貨又は外国通貨との交換市場が存在するか」等から判断するとされている。

② 2号仮想通貨の意味と判断要素

仮想通貨ガイドライン4頁によれば「不特定の者を相手方として、1号仮想通貨と相互に交換を行うことができる」か否かは、「発行者による制限なく、1号仮想通貨との交換を行うことができるか」、「1号仮想通貨との交換市場が存在するか」等から判断するとしている(4頁)。なお、仮想通貨と前払式支払手段との区別については後述第3章7(3)イ

㈹を参照していただきたい。

㈵ トークンが仮想通貨に該当しないゲームの設計

① トークンが1号仮想通貨に該当しないゲームをどのように設計するか

　トークンが1号仮想通貨に該当しないゲームを設計することは可能だろうか。

　まず、トークンがゲーム内でのゲーム運営者とユーザー間の決済を超えて、ゲーム外でも自由に決済用途にて使用できる設計になっている場合には、トークンが、「代価の弁済のために不特定の者に対して使用することができ」るといえ、1号仮想通貨の要件を充足するように思われる。

　一方で、ゲーム外でもトークンを使用できるような設計とする場合であっても、使用可能な店舗等を特定かつ少数に限定し、当該店舗をゲームの事業者が管理する場合には、「代価の弁済のために不特定の者に対して使用することができ」るとはいえないとの解釈が可能なように思われる。

　また、ゲーム運営者や店舗とユーザー間の決済において使用するに留まらず、ゲーム内または店舗等のユーザー間において、アイテム等（2号仮想通貨ではないもの）の売買にトークンを利用できる設計とする場合においても、トークンの利用がゲームまたは特定かつ少数に限定された店舗等のみに限定され、円や外国通貨との交換市場が存在しなければ、当該トークンは仮想通貨に該当しないと考えてよいと思われる。

　このように考えれば、トークンが1号仮想通貨に該当しないゲームを設計することができると思われる。

　なお、ゲームの事業者が預かり知らない場所でトークン等の交換や購入、売却が可能な設計となっていたり、特定の国・地域の通貨とトークン等を交換できる取引市場が存在している場合には、トークン等は、仮想通貨に該当する可能性が高いため、このような取引市場が発生しない

よう留意する必要がある。

② トークンが2号仮想通貨に該当しないゲームをどのように設計するか

トークンが2号仮想通貨に該当しないゲームを設計することは可能だろうか。

まず、ゲーム内のトークンをビットコインやイーサリアムなどの仮想通貨と交換できる場合には、トークンが2号仮想通貨に該当する可能性がある。

例えば、ゲーム内において、ユーザーがユーザー間において、トークンをビットコインやイーサリアムと交換できる場合には、あたかもゲーム内において「1号仮想通貨との交換市場が存在する」といえるため、トークンは2号仮想通貨に該当することになると思われる。

さらに、トークン自体が仮想通貨と交換できない設計になっていたとしても、「トークン→アイテム等→ビットコイン・イーサリアム等の仮想通貨」といった流れでその交換が可能となっている場合、実質的にはトークンが仮想通貨と交換できるといえるから、トークンは2号仮想通貨に該当する可能性が高い。

一方で、そもそも、ゲーム内のトークンを、ビットコインやイーサリアムなどの仮想通貨と交換できないように設計すれば、当該トークンが2号仮想通貨に該当することはない。このように考えれば、トークンが2号仮想通貨に該当しないゲームを設計することができると思われる。

(イ) アイテム等が仮想通貨に該当しないゲームの設計

アイテム等は一見すると、「仮想通貨」に該当しないとも思われる。しかし、「仮想通貨」に該当するか否かは、その名称やブロックチェーン技術を用いているかとは関係がないため、ゲームの設計によっては、アイテム等であっても、「仮想通貨」に該当する可能性がある。

例えば、アイテム等が、ゲーム外で流通し、アイテム等で自由に何ら

5 仮想通貨とオンラインゲーム

かの決済が可能で、円や外国通貨と交換できるようになっていれば、実質的にはアイテム等そのものが1号仮想通貨と同様の機能をもつ。また、アイテム等が少数のみしか存在せず、ゲーム内またはゲーム外においてビットコインやイーサリアムなどの仮想通貨と相互に交換可能な市場が形成されれば、アイテム等は、実質的には2号仮想通貨と同様の機能をもつことになる。このような場合には、アイテム等は「仮想通貨」に該当し得るため、アイテム等の設計は慎重に行う必要がある。

アイテム等が上記のような性質をもたないようにするためには、ゲーム内において複数のユニークなキャラクター等を用意するとともに、ゲーム外においてアイテム等と仮想通貨との交換市場を作らないようにする必要がある。

イ　ゲーム内トークンやアイテム等が「前払式支払手段」に当たるか

ゲーム内で用いられるトークンやアイテム等が、どのような場合に資金決済法上の「前払式支払手段」（資金決済法3条1項）に該当するのかを確認する。

(ア)　前払式支払手段の定義

資金決済法において、「前払式支払手段」とは次のように定義されている。

> 資金決済法
> （定義）
> 第3条　この章において「前払式支払手段」とは、次に掲げるものをいう。
> 一　証票、電子機器その他の物（以下この章において「証票等」という。）に記載され、又は電磁的方法（電子的方法、磁気的方法その他の人の知覚によって認識することができない方法をいう。以下この項において同じ。）により記録される金額（金額を度その他の単位により換算して表示していると認められる場合の当該単位数を含む。以下

207

第3章 仮想通貨ビジネスと法務

この号及び第三項において同じ。）に応ずる対価を得て発行される証票等又は番号、記号その他の符号（電磁的方法により証票等に記録される金額に応ずる対価を得て当該金額の記録の加算が行われるものを含む。）であって、その発行する者又は当該発行する者が指定する者（次号において「発行者等」という。）から物品を購入し、若しくは借り受け、又は役務の提供を受ける場合に、これらの代価の弁済のために提示、交付、通知その他の方法により使用することができるもの
二　証票等に記載され、又は電磁的方法により記録される物品又は役務の数量に応ずる対価を得て発行される証票等又は番号、記号その他の符号（電磁的方法により証票等に記録される物品又は役務の数量に応ずる対価を得て当該数量の記録の加算が行われるものを含む。）であって、発行者等に対して、提示、交付、通知その他の方法により、当該物品の給付又は当該役務の提供を請求することができるもの

本質的な要件を端的に整理すれば、次のようになる。

前払式支払手段の該当性要件
① 「価値の保存」要件
　金額または物品・サービスの数量が、証票、電子機器その他の物（証票等）に記載または記録されていること
② 「対価発行」要件
　金額・数量に応ずる対価を得て発行される証票等または番号、記号その他の符号であること
③ 「権利行使」要件
　商品・サービスの代価の弁済等に使用されること

　以上の3要件は、実際に事業者とユーザーの関係性を図式化すると理解しやすい。

5 仮想通貨とオンラインゲーム

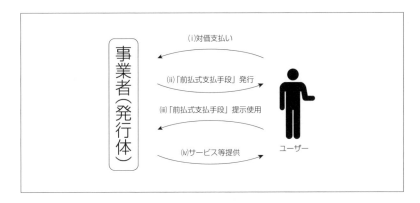

(イ) トークンやアイテム等が前払式支払手段に該当する具体例

　前払式支払手段という法概念は、抽象的に考えると難しいため、以下の通り、具体例で確認したい。

　事業者（発行体）は、ユーザーが払い込んだ金額に基づいて、それに応じた証票等（ポイント、トークン等）を発行する（②「対価発行」要件）。例えば1枚100円のトークンを発行している事業者は、ユーザーが1万円を支払った場合には100トークンを発行する。

　ユーザーに発行された証票等は、記録され、ユーザーはこれを利用したいときに利用したいだけの証票等を事業者（発行体）に提示し使用する。その結果、使用された証票等に応じたサービスや商品がユーザーに提供される（③「権利行使」要件）。例えば、50トークンで新しいキャラクターが手に入る設計のもと、ユーザーが新しいキャラクター2体のために100トークンを支払う。

　当然ながら、事業者が運営するサービスにおいて、ユーザーが支払った金額と発行される証票等の数量は記録されている（①「価値の保存」要件）。

　このような仕組みを有する支払手段は「前払式支払手段」として、資金決済法上の規制が及ぶ（ただし、一定の例外があることは後述する）。

　なお、③「権利行使」要件に関し、ユーザーが提示した証票等に応じ

第3章　仮想通貨ビジネスと法務

て事業者がサービス等を提供するのは、事業者自体が提供している商品・サービスであるか、あるいは事業者が提携する商品・サービスである。したがって、当該証票等は、不特定の者との間で商品・サービスの提供への対価として使用できるわけではないため、「前払式支払手段」に該当するものは、「仮想通貨」には該当しない（パブリックコメントに対する「コメントの概要及びそれに対する金融庁の考え方」47頁・No90参照）。

ただし、「前払式支払手段」に該当しないからといって、「仮想通貨」に該当しないとは言えないため、この点には留意しなければならない。

(ウ)　前払式支払手段の発行主体に対する規制

前払式支払手段に該当した場合、事業者に課される主たる規制は、表示・情報提供義務と発行保証金の供託義務である。

表示義務を課された事業者は、そのウェブサイト等において、利用可能金額や物品・サービスの提供数量、ユーザーからの苦情または相談を受ける窓口の所在地と連絡先、利用上の注意等を表示する必要がある。

また、発行保証金として、事業者は、発行している前払式支払手段の未使用残高が毎年3月末日あるいは9月末日において1,000万円を超えたときは、その未使用残高の2分の1以上の額に相当する額を最寄りの供託所に供託しなければならない。例えば、ある事業年度で10億円分の前払式支払手段を発行し、ユーザーが年度末である3月末日までに6億円分の前払式支払手段を事業者に提示して使用したが、4億円分はなおユーザーが使用しないままである場合、事業者はその2分の1以上の額である2億円以上を供託しなければならない。具体例をみても明らかなように、前払式支払手段を発行する事業者（特にスタートアップ）にとって、発行保証金に関する規制はボトルネックとなりうる。もっとも、一定の要件を充足する銀行との間で保全契約または信託銀行との間で信託契約を締結することで代替することができ、実務上はこちらが利用されるケースも多い。

5 仮想通貨とオンラインゲーム

(エ) トークンやアイテム等が前払式支払手段に該当しないゲームの設計
　事業者がトークンやアイテム等を発行しつつ、これが前払式支払手段に当たらないような設計とすることはできないか。トークンやアイテム等が前払式支払手段に該当しない設計とするに当たっては以下のような方法が考えられる。

① 前払式支払手段の未使用残高が1,000万円を超えないようにする
　発行している前払式支払手段の未使用残高が3月末あるいは9月末時点で1,000万円を超えないようにすることが考えられる。これを超えてしまった場合には、第三者型または自家型の前払式支払手段の発行者として、それぞれ内閣総理大臣への登録または届出が必要となり、発行保証金の供託義務が生じる。そこで、未使用残高を1,000万円以内とする方法が考えられる。ただし、ビジネスがスケールし、未使用残高が1,000万円を超える場合には、発行保証金の規制が及ぶ点には留意が必要である。

② 前払式支払手段の使用期間を発行の日から6か月以内に限定する
　資金決済法は、発行の日から6か月以内に限り使用できる前払式支払手段を規制の適用除外としていることから（資金決済法4条2号、資金決済法施行令4条2項）、発行する前払式支払手段に有効期限を設定し、発行日から6か月以内に限って使用できるように設計することが考えられる。実際に、資金決済法を適用除外とするために前払式支払手段の有効期限を6か月以内としている事例は少なくない。ただし、実務上、Apple上のApp StoreにiOS版のアプリケーションとしてゲームをローンチすることが多いが、App Store Reviewガイドライン3.1.1では、「App内課金で購入されたクレジットやゲーム内通貨に有効期限を設定することはできません」と規定されており、少なくともiOS版アプリ

211

ケーションにおいては課金による前払式支払手段に有効期限を設定することはできなくなっている点には留意が必要である。

③ ユーザーに対価を支払わせずにポイントやトークン等を付与する

ユーザーに対価を支払わせずにポイントやトークン等を付与してしまうということも考えられる（なお、おまけとして発行するポイントに関しては第3章7(3)ウ参照）。事業者が無料でポイントやトークン等を発行することによって、②対価発行要件が満たされなくなるため、当該ポイントやトークン等は前払式支払手段には当たらないことになる。

もっとも、これは、課金を前提としていないため、事業者としては、売上を立てることが難しく、ビジネスモデルとしての限界がある。そこで、このようなスキームは、前払式支払手段の発行と併用して対価なくポイントやトークン等を付与することによって、前払式支払手段の発行に際して必要な発行保証金の金額を節約するといった目的で利用することが考えられる。ただし、無償で付与するポイントやトークン等がある場合には、有償で発行する前払式支払手段と分別管理する必要があり、ユーザーにもこれを識別できるようにしておかなければ、全て前払式支払手段とみなされてしまうことには留意しなければならない（「前払式支払手段発行者関係」事務ガイドラインⅠ－2－1(3)）。

ウ　ゲームプレイが「賭博」に当たり、ゲーム運営者が賭博場を開帳したことになるか

日本のオンラインゲームにおいては、無料でプレイができることを原則としつつ、課金によって有利にゲームを進められたり、より良いアイテム等が手に入ったりする「フリーミアムモデル」型のゲームが一般的である。このようなゲームにおいては、ユーザーの課金を促すべく、いわゆるガチャが利用されることが少なくない。ブロックチェーンゲームにおいても、ガチャをはじめとするランダムなプレイ要素を取り入れ

ことで課金を促進することが考えられる。

　日本国内では、賭博をした者は、50万円以下の罰金または科料に処せられる（刑法185条）。常習性がある場合には、常習賭博罪となり、3年以下の懲役に処せられる（刑法186条1項）。また、賭博場を開帳し、または博徒を結合して利益を図った者は、3年以上5年以下の懲役に処せられる（刑法186条2項）。

　ゲームの設計によっては、ユーザーが賭博を行った、また、ゲーム運営者が賭博場を開帳されたと評価され、それぞれが刑法犯として罰せられる可能性があるから、ゲームの賭博該当性は、ゲームの設計上最も慎重に検討すべき論点である。

(ア)　「賭博」の意義

　「賭博」とは、「偶然の勝敗により財物・財産上の利益を賭けてその得喪を争うこと」と定義される。

賭博3要件
① 　偶然の勝敗によること
② 　財物・財産上の利益を賭けること
③ 　財物・財産上の利益の得喪を争うこと

　「財産上の利益」とは、財物以外の財産的利益の一切をいい、債権の取得、サービスを提供させる等の積極的利得のほか、債務免除等の消極的利得も含むと考えられている。また、一般に刑法上の財物や財産上の利益該当性については、客観的価値に加え、主観的な使用価値等も含まれると解されている。なお、「賭博」に当たる場合であっても「一時の娯楽に供する物を賭けたにとどまるとき」は、違法性は阻却される（刑法185条但書）。

(イ)　いわゆるガチャが「賭博」に当たるか

　いわゆるガチャは、「賭博」に該当するだろうか。この点、ガチャにおいては、一定の確率が定められた「偶然の勝敗」によって当たり外れ

が決まることになっており（①）、ガチャを回すには課金を伴うため「財物・財産上の利益」が「賭け」られ（②）、価値の高いレアアイテムという「財物・財産上の利益の得喪を争う」ことになっている（③）ようにも思える。

しかし、実務上いわゆるガチャは、個別事案によっては、賭博に当たり得るとされながらも、一般的には、賭博に当たらないとの整理がなされている。すなわち、ガチャのための課金は、ガチャを回し、アイテム等を得ることに対する課金であって、事業者とユーザーとの間では等価交換の関係にあるに過ぎず「財産上の利益の得喪を争」っているとはいえない（③）との解釈がとられている。さらに、ガチャは「一時の娯楽に供する物」（刑法185条但書）に当たる以上賭博に当たらないとの解釈がとられることもある。

この点について、内閣府消費者委員会では、2016年9月20日に開催された本会議では、ガチャと賭博該当性の論点が議論され、次のように整理されている。

内閣府消費者委員会本会議（2016年9月20日）
「スマホゲームに関する消費者問題についての意見～注視すべき観点（案）～」11頁
Ⅱ　今後注視すべき観点
(2)　注意すべき具体的観点
③　スマホゲームの電子くじ（筆者注：「ガチャ」。以下同じ）と賭博罪との関係（中略）一般論として、スマホゲームで見られる電子くじは、専らゲームのプログラムによって排出されるアイテム等が決定されることからすれば、上記「賭博」にいう**「偶然性」の要因を満たしている**と考えられる。また、上記「財産上の利益」の解釈に加え、有償で入手したオンラインゲーム内のアイテムを詐取した事案につき詐欺罪の成立を認めた下級審判決があることなどからすれば、**アイテム等については「財産上の利益」に当たる場合もあり得る**ところである。**実際に電子くじが賭博罪に該当するか否かについては、上記「財産上の利益」該当性に加え、「一時の娯楽に供する物」該当性等も含め、事案ごとに判断さ**

> れるものである。電子くじで得られたアイテム等を換金するシステムを事業者が提供しているような場合や利用者が換金を目的としてゲームを利用する場合は、「**財産上の利益**」**に該当する可能性があり、ひいては賭博罪に該当する可能性が高くなる**と考えられる。
>
> ※下線・太字は筆者による

　以上の通り、個別判断ではあるが、一般論として、ガチャが賭博にあたり得るとは解釈されていないものの、ゲームの設計によっては、ガチャが賭博に当たりうる可能性が指摘されている。特にガチャで得たアイテム等を換金できる場合（いわゆるリアルマネートレード）やユーザーが換金を目的としてゲームを利用する場合には賭博の該当可能性が高まるとされている。このような観点を考慮して、法的拘束力はないものの、業界団体である一般社団法人日本オンラインゲーム協会（JOGA）は、「オンラインゲーム安心安全宣言」において、ゲーム外でのリアルマネートレードを禁止するとともに、一般社団法人コンピュータエンタテインメント協会（CESA）も「リアルマネートレード対策ガイドライン」にてリアルマネートレードを禁止している。

　国内のオンラインゲーム事業者は、これらに習い、ほとんどの場合、利用規約によりリアルマネートレードを禁止している。法的には、ユーザーが事業者に対して特定のゲーム内でアイテム等を使用する権利（債権）の（場合によってはゲーム外の）譲渡を禁止するという形をとっている（民法466条2項）。

　なお、従前のゲームがアイテム等のデータそのものを事業者のサーバーに保存し、ユーザーがこれをゲーム内で使用する権利（債権）を事業者に対して有するのに対し、ブロックチェーンゲームでは、アイテム等を直接的にユーザーがブロックチェーン上で保有するという設計が可能なため、ゲーム内外でのリアルマネートレードが容易に実施できる可能性がある。

第3章　仮想通貨ビジネスと法務

⑼　ブロックチェーンゲーム内でアイテム等を取引することは賭博に該当するか

　ブロックチェーンゲームの中には、ゲーム内のアイテム等を別の仮想通貨に交換できる設計とするものがある。ユーザーがガチャを通じて課金してアイテム等を取得した上で、ゲーム内で、当該アイテム等をユーザー間で法定通貨または仮想通貨を用いて売買できるようにすると、上記のとおり「電子くじで得られたアイテム等を換金するシステムを事業者が提供しているような場合や利用者が換金を目的としてゲームを利用する場合」に当たり、賭博に該当する可能性が高まる。したがって、このようなゲームの設計を採用することは困難である。

　一方で、ガチャを使用しない場合またはガチャを使用したとしても課金に見合う一定の価値をもったアイテム等のみが取得される仕組みとなっていれば、ユーザーは、「偶然の勝敗により財物・財産上の利益を賭けてその得喪を争」っているとはいえないと考えることも可能なよう

○コラム　ガチャ規制の国際的動向

　2018年現在、ガチャに対する国際的な規制は強化されつつある。2017年から2018年にかけて、ベルギーやオランダ当局が複数のゲームについて、「ルートボックス」と呼ばれるガチャが賭博に当たると判断した。同時にドイツやスウェーデン当局も、主に教育行政、青少年保護の観点から、ガチャに対する規制に肯定的な姿勢を示している。アメリカの複数の州議会もガチャ規制立法のための検討を進めている。また、AppleはApp Store Reviewガイドライン3.1.1において、「ルートボックス」等のガチャによる各種アイテムの入手確率を明記する義務を定めるに至っている。

　我が国は、ガチャに関する議論が他国に先んじて行われていたこともあり、国内の規制の解釈、運用にどのような影響を与えるかは不明瞭ではあるものの、今後国際的な規制強化にあわせた対応の変化にも注意する必要がある。

に思われる。例えば、ユーザーがゲームを開始すると、キャラクターを取得することができ、ユーザーが当該キャラクターを労力をかけて育てることにより、ゲーム内の他のユーザーに対して高額で売却できるような設計とすることが考えられる。当該キャラクターに高値がつくのは、「偶然の勝敗」からではなく、ユーザーの汗が評価された結果だといえ、賭博には該当しないものと考えられる。

> ○コラム　いわゆるコンプガチャに対する法的規制
>
> 　ブロックチェーンゲームで散見される仕組みとして、アイテムとアイテム、あるいはキャラクターとキャラクターを交配、融合、交換または合体等させることで、さらなるレアアイテム・キャラクターに変化させたり、アイテムやキャラクターが強化させたりするものがある。
> 　当該アイテム等の取得方法がガチャによるものであれば、これはオンラインゲームで既に禁止されている「コンプガチャ」に該当する可能性が高い。
> 　コンプガチャとは、ガチャなどでランダムに入手できるアイテム等のうち、特定の組み合わせでアイテム等を揃える（コンプリートする）ことで希少アイテムを手に入れることができる仕組みをいう。これは過度にユーザーの射幸性を煽るため、消費者庁が、コンプガチャが景品表示法の禁止する「カード合わせ」にあたると公表し、現在は禁止されている（懸賞による景品類の提供に関する事項の制限第5項）。
> 　2012年5月10日、松原仁国家公安委員長（当時）は、「コンプリートガチャについては、これまでのところ賭博罪、その他の刑罰法令に該当するような実態は確認されていないとの報告を警察庁からも受けている」と発言し、コンプガチャを行う行為が賭博罪に該当するか否かについては慎重な議論がなされている。

エ　トークンやアイテム等の無料配布と景品表示法

　オンラインゲーム一般が景品表示法との関係で大きな問題となるのは、ガチャの優良誤認表示（広告やランディングページでのコピー、キャンペー

ン文言とガチャの実態が合っていない問題）である。これはすでに多くの議論がなされているため、紙幅の関係上議論はそちらに譲る。「仮想通貨」や「ブロックチェーン」の視点から特に検討されなければならないのは、トークンやアイテム等の無料配布（エアドロップ等）と景品表示法における規制である。

　景品表示法は、景品類の最高額、総額等を規制することにより、過大景品による不健全な競争を防止し、一般消費者の利益を保護することを目的としている。同法が規制の対象とする「景品類」の要件は以下のとおりである（景表法2条3項）。

---

① 顧客を誘引するための手段として
② 事業者が自己の供給する商品・サービスの取引に付随して提供する
③ 物品、金銭その他の経済上の利益

　ブロックチェーンゲームにおいて無料配布されるトークンやアイテム等が「景品類」に当たり、景品表示法の規制対象となるかが問題となるが、オンラインゲーム一般で既に議論されてきたとおり、実務上、ゲームログイン時やユーザーの無料登録等においてゲーム内通貨等を無料配

○コラム　トークンのエアドロップの目的

　トークンを無償で配布することを、一般にトークンのエアドロップという。オンラインゲーム一般においては、マーケティング目的で、ユーザーに対して、ゲームログイン時やユーザー登録時にゲーム内通貨等を無料で配布することがあるが、ブロックチェーンゲームでは、このようなマーケティング目的のみならず、仮想通貨交換業に関する規制を避けるためにトークンのエアドロップが行われる場合がある。仮想通貨に該当し得るトークン（ICOトークンを含む）を発行し売買することは、仮想通貨交換業の登録がなければ実施できないが、トークンを無料で配布する形であれば、当該登録がなくても可能であるからである。

5 仮想通貨とオンラインゲーム

布する行為は、上記②の要件に該当しないものとされ、規制の対象外と考えられている（公正取引委員会「インターネット上で行われる懸賞企画の取扱いについて」（平成13年4月26日）参照）。

なお、くじ等の偶然性、特定行為の優劣等によって景品類を提供する「懸賞」に当たって提供される景品類については、提供できる限度額が定められているが（懸賞による景品類の提供に関する事項の制限）、有料のガチャは、ガチャによりアイテム等を取引しているのであって、景品類としてアイテム等を獲得するわけではないから、これは景品表示法の景品規制の対象外であるという整理がなされている（消費者庁「オンラインゲームの「コンプガチャ」と景品表示法の景品規制について」（平成28年4月1日）3頁）。

(3) ブロックチェーンゲームの具体的な例

ブロックチェーンゲームは、2018年以降、その数を増やしている。ほとんどのゲームは開発段階中であるが、現在すでにプレイすることができるもの、またはベータ版としてゲームの一部をプレイすることができるものもいくつか存在している。以下ではそれらのブロックチェーンゲームのいくつかを、法的な論点と合わせて紹介する。

ア　CryptoKitties

(ア)　ゲームの概要

CryptoKittiesはカナダのAxiom Zen, Inc.の開発によってイーサリアムブロックチェーン上に構築されたゲームである。一時はイーサリアム全取引量の約15％を占め、イーサリアムの取引に支障が生じるほどの人気が出た。ブロックチェーンゲームを世に知らしめるきっかけになったゲームである。

CryptoKittiesのスキームは、以下の通りである。

第3章　仮想通貨ビジネスと法務

CryptoKittiesで取引される子猫アイテム（CryptoKittiesホームページより引用）

① ユーザーは、課金の決済手段としてイーサリアムを用いて子猫というアイテムを購入する
② ユーザーは、子猫を交配して産まれた新たな子猫を売買したり、あるいは交配のために子猫をレンタルする
③ 子猫の売買やレンタルにより、ユーザーがイーサリアムを得ることができる

　CryptoKittiesのゲーム上では、イーサリアムで体の色や目や尻尾の形が異なる子猫を購入しながら交配を繰り返し、好みの子猫をつくりあげることができる。交配は、基本的に父親と母親となる猫が固有に持つ特徴を引き継ぐことになるが、突然変異のような事象によって希少な猫が産まれることもある。このような仕組みの中で、1匹のレアな子猫の取引価格が日本円にして1,000万円を超えることもあった。

5　仮想通貨とオンラインゲーム

(イ)　CryptoKitties を日本で運営する場合に仮想通貨交換業の登録が必要か

　CryptoKitties の運営会社は外国にあるが、日本のプレイヤーも参加できる状態にあるため、日本法が適用されうる。

　CryptoKitties では、子猫というアイテムが「仮想通貨」に該当すれば、運営会社は、「仮想通貨」であるイーサリアムと子猫の「交換等」を行う場になるため、仮想通貨交換業の登録を取得する必要が生じる。そこで、CryptoKitties における子猫が「仮想通貨」に該当するかは、法的な論点となる。

　既に述べた通り「仮想通貨」には1号仮想通貨と2号仮想通貨が存在するところ、子猫は、支払手段として広く扱われるようなものではないため、1号仮想通貨には該当しない。

　そこで、2号仮想通貨の該当性、すなわち、子猫がビットコインやイーサリアムのような1号仮想通貨と「不特定の者を相手方として」相互に交換を行うことができるものであるかが問題となる。新規ユーザーが誰でも自由にゲームに参入できるのであれば、イーサリアムと子猫が「不特定の者を相手方として」相互に交換されているようにも思える。しかし、イーサリアムと子猫の交換はあくまで CryptoKitties のゲーム内に限定されており、取引ができる場は限定されている。また、ゲーム内には、極めて多数の子猫の種類が存在しており、一体一体の子猫はユニークな存在として、ユーザー間において相対で売買されるのであって、一体一体の子猫が「不特定の者を相手方として」相互にイーサリアムと交換されることは想定されていない。したがって、子猫の交換がゲーム内のユーザー間に限定されているのであれば、ユーザー間のゲームアイテムの交換は「不特定の者を相手方として」相互に交換されていないとの整理が可能なように思える。

(ウ)　CryptoKitties をプレイすることが賭博に当たらないか

　子猫同士の交配によって産まれてくる子猫は、基本的には父親と母親

第3章　仮想通貨ビジネスと法務

である猫の特徴を引き継ぐことになるが、ランダムに突然変異のような事象が起き、レアな特徴を持つ猫が産まれることもある。ただし、父親と母親の特徴を引き継ぐとはいえ、ユーザーが事前にどのような特徴を持った子猫が産まれるかを把握することはできず、これは非公開の関数に基づいて生成されているようである。

このような設計は、賭博の要件のうち、少なくとも「偶然性」という要素の充足を否定できないように思われる。

しかし、CryptoKittiesの設計が工夫されているのは、交配そのものに対して財物・財産上の利益を支払わない（賭けない）ことである。交配のために必要なもう1匹の子猫を購入する、又は交配のために他のユーザーの子猫をレンタルすることに対して、ユーザーはイーサリアムを支払う。したがって、財物・財産上の利益を賭けること、さらに、財物・財産上の利益の得喪を争うことの要件を直接的に充足せず、賭博とはいえない仕組みとなっている。

> ○コラム　くりぷ豚
>
> 　日本でも、CryptoKittiesに似たサービスとして、株式会社グッドラックスリーが運営する「くりぷ豚」がある。「子猫」が「子豚」に、「交配」が「お見合い」とされ、スキームもCryptoKittiesと同じような設計をしている。上記で述べたものと基本的に同様の論点が存在する。

イ　イーサ三国志

(ア)　ゲームの概要

国内で開発されているブロックチェーンゲームの1つとして、エイチエムシステム株式会社が開発中の「イーサ三国志」がある。なお、以下は2018年7月12日現在の情報であり、β版リリース段階での情報であることに留意されたい。

5　仮想通貨とオンラインゲーム

イーサ三国志のシステム説明（イーサ三国志ホームページから引用）

公式サイトによると、イーサ三国志の遊び方は、次の通りである。

① 課金の決済手段としてイーサリアムを用いてチケットを購入する
② チケットを使い、武将キャラを取得したり、武将キャラを強化する
③ その武将キャラを売買・レンタルすることによってユーザーはイーサリアムを得ることができる

(イ)　イーサ三国志の運営に当たって仮想通貨交換業の登録が必要か
　イーサ三国志の場合、チケットや武将キャラが2号仮想通貨に当たらないかが問題となる。

チケットはイーサリアムに交換したり、イーサリアムに払い戻したりできるようには設計されていないようである。そのため、チケットが2号仮想通貨に該当することはないように思われる。なお、チケットの前払式支払手段該当性は後述する。

次に、イーサ三国志には基本的にはユーザーが自由に参加できる仕組みになっているところ、ユーザーは、武将キャラをゲーム内市場においてイーサリアムと交換可能となっている。前述したように、ゲーム内に、ユニークな武将キャラが複数存在しゲーム外において交換市場が存在しないのであれば、CryptoKitties と同様の整理が可能なように思える。

なお、イーサ三国志の運営会社は仮想通貨交換業の申請を行っていることを発表しているようである。

(ウ) チケットが前払式支払手段に当たるか

公式サイトによると、「チケット」には有効期限があると記載されている。これ以上の情報がないため、断言はできないものの、有効期間内を6か月以内とすることで前払式支払手段に当たらないという設計としているように思われる。

(エ) イーサ三国志をプレイすることが賭博に当たらないか

当初のイーサ三国志のスキームでは、チケットを使うことでガチャが利用でき、ガチャにより、強い武将キャラと弱い武将キャラがランダムに出る仕様となっていた。そのためユーザーから賭博に該当するのではないかとの指摘があがり、結局ガチャを取り止めることがプレスリリースで発表されたようである。

ウ　Etheremon（イーサエモン）

(ア) ゲームの概要

Etheremon はシンガポールを拠点に Naka Nhu 氏を中心とする有志によって開発中のゲームとされている。ゲーム内では「イーサエモン」と呼ばれるキャラクターを捕獲、育成し、戦闘させることができるが、

5　仮想通貨とオンラインゲーム

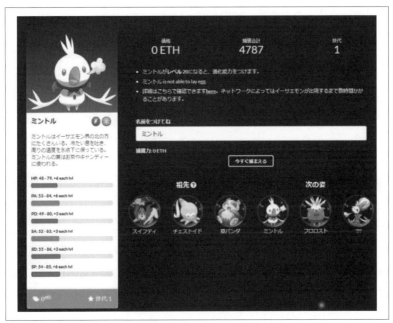

ゲーム内イメージ（Etheremon ホームページから引用）

具体的なスキームは以下のとおりである。

---
① プレイヤーはイーサリアムでイーサエモンを購入する（初めの１匹目は無料）
② イーサリアムを支払いトレーニングすることでイーサエモンを強化し戦闘の勝利を目指す
③ 戦闘に勝利した場合には報酬としての EMONT トークンが得られる
④ EMONT を利用することで新たなモンスターをプレイヤー同士で売買・レンタルできる

(イ)　Etheremon の運営に当たって仮想通貨交換業の登録が必要か

Etheremon についても、日本語版の公式サイトがあり、日本のプレ

225

イヤーも参加できる状態にあるため、日本法の適用対象となる。

Etheremonにおいては、EMONTというゲーム内トークンが用いられていることが特徴的である。EMONTは、ゲームのプラットフォーム外のRadarRelay取引所においてイーサリアムと交換が可能であるため、2号仮想通貨に当たると解釈される。

キャラクターであるイーサエモンが仮想通貨に該当するか否かについては、CryptoKittiesの子猫や、イーサ三国志の武将キャラと同様に判断される。

(ウ) Etheremonをプレイすることが賭博に当たらないか

イーサエモンが戦闘することで他のユーザーに勝利すれば、報酬であるEMONTを手に入れられるが、イーサエモンはトレーニングを繰り返すことで戦闘に勝ちやすくなるという仕様があり、努力に応じた報酬が得られるだけであり、賭博の要件である偶然性に欠けるという整理が可能であると思われる。

エ　まとめ

以上のとおり、どのブロックチェーンゲームにおいても、不特定の者を相手方としてビットコインやイーサリアムといった1号仮想通貨との交換ができるトークンやアイテム等を発行、運用している場合には、当該トークンやアイテム等が2号仮想通貨に当たるかが論点となり、仮想通貨交換業登録の要否を検討する必要性が生じる。

さらに、ほとんどのブロックチェーンゲームでは、アイテム等を他の仮想通貨に換金することを可能としており、実質的なリアルマネートレードが実現できる設計となっている。既に述べたように、リアルマネートレードは、それ自体は違法ではないものの、従前ゲーム業界においては各事業者が自主的に利用規約で禁じてきたこともあって、その運用の是非については、今後の運用と議論に委ねられている。

ブロックチェーンゲームの事業者においては、金融庁等の関係省庁と

5　仮想通貨とオンラインゲーム

コミュニケーションを取りつつ、健全な産業の発展とユーザーの保護の視点を踏まえた運用を行うことが求められている。

6 仮想通貨とファンド

　世界中の金融系企業が、仮想通貨を将来有望な資産として注目し、ファンドを立ち上げる動きがみられ、2017年末時点において、仮想通貨ファンドの数は前年比約5倍の175本に、運用資産の総額は推計で32億5000万ドル（約3,700億円）に達したといわれている。日本でも、2018年1月、株式会社フィスコのグループ企業である株式会社フィスコデジタルアセットグループが、仮想通貨等に投資するヘッジファンド（FISCO Crypto Currency Fund）を立ち上げ、運用規模は総額約10億円を目指す予定であると公表した。本項では、このような仮想通貨を投資・運用対象とするファンドおよび仮想通貨の出資により組成されるファンド（以下あわせて「仮想通貨ファンド」という）を法的な観点から説明する。

(1) 仮想通貨ファンドのスキームの一例

　仮想通貨ファンドの主なスキームとしては、①ファンド資金として仮想通貨による出資を受ける場合、②ファンドの投資対象が仮想通貨である場合、③出資者が出資のリターンとして仮想通貨やトークンを得る場合等がありうる。
　ここでまず、仮想通貨ファンドのイメージが得られるよう、以下にスキーム図を示す。

6 仮想通貨とファンド

ファンドスキーム図

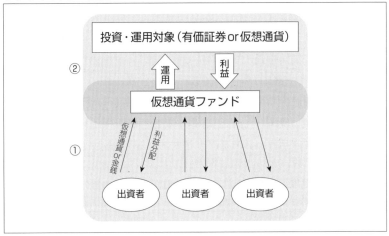

　以下では、スキーム図①の出資者から出資を受けて仮想通貨ファンドを組成し、出資者に利益を分配する場面、およびスキーム図②のファンドが仮想通貨または有価証券運用対象とする場面において、特に問題となる規制につき検討する。また、仮想通貨ファンドが海外に拠点を有している場合の規制についても検討する。

(2) 仮想通貨による出資を受けて利益分配をする場面（スキーム図①）の規制

ア　第二種金融商品取引業の登録が必要となるか

　仮想通貨による出資を受けてファンドを組成する場合、金銭出資によりファンドを組成する場合と同様、第二種金融商品取引業の規制が及ぶかが問題となる。

⑺　ファンドによる自己募集に関する金商法上の規制の概要
　金商法上、出資者から金銭等の出資を受け、当該金銭等を充てて事

業・投資を行い、当該事業から生ずる収益の配当または出資の対象となる事業の財産を出資者に分配する仕組みを、一般に集団投資スキーム（ファンド）という。集団投資スキームにおいて出資者が得られる権利のことを一般に集団投資スキーム持分といい、これは有価証券とみなされる（金商法2条2項5号）。

そして、有価証券の募集または私募をする行為を一般に自己募集（金商法2条8項7号）といい、自己募集を業として行うためには、原則として第二種金融商品取引業の登録が必要となる（金商法28条2項）。

> **参考：金融商品取引法2条2項5号（集団投資スキーム持分）**
> 2 ……次に掲げる権利は、証券又は証書に表示されるべき権利以外の権利であつても有価証券とみなして、この法律の規定を適用する。
> 　五　民法……第667条第1項に規定する組合契約、商法……第535条に規定する匿名組合契約、投資事業有限責任組合契約に関する法律……第3条第1項に規定する投資事業有限責任組合契約又は有限責任事業組合契約に関する法律……第3条第1項に規定する有限責任事業組合契約に基づく権利、社団法人の社員権その他の権利（外国の法令に基づくものを除く。）のうち、当該権利を有する者（以下この号において「出資者」という。）が出資又は拠出をした金銭（これに類するものとして政令で定めるものを含む。）を充てて行う事業（以下この号において「出資対象事業」という。）から生ずる収益の配当又は当該出資対象事業に係る財産の分配を受けることができる権利であつて、次のいずれにも該当しないもの（略）
> 　　イ～ニ　（略）

(イ) 検討

前述のとおり、いわゆる集団投資スキーム持分は、民法上の組合契約等に基づく一定の権利のうち、「当該権利を有する者……が出資又は拠出をした金銭（これに類するものとして政令で定めるものを含む。）」を充てて行う事業から生ずる収益の配当または当該出資対象事業に関する財産の分配を受けることができる権利をいうと規定されている。

6 仮想通貨とファンド

前述の金銭に類するものとして政令で定めるものとは、有価証券、為替手形、約束手形等をいう（金商法施行令1条の3各号参照）が、仮想通貨は、法令上明示的に掲げられておらず、また、列挙されているもののいずれにも該当しないと考えられる。したがって、形式的には仮想通貨は集団投資スキーム持分の出資対象である金銭には該当しない。このような観点から、仮想通貨による出資を受けて組成された仮想通貨ファンドは集団投資スキームに該当せず、金商法の規制対象とならない（＝第二種金融商品取引業の登録は不要）ように思える。

しかし、仮想通貨は、直ちに金銭に変換され得るという性質上、実質

○コラム　適格機関投資家等特例業務

仮想通貨による出資の場合であっても、前述(イ)の通り、仮想通貨の出資の引受けが実質的に金銭等の出資と同視されるように思われることから、原則として第二種金融商品取引業の登録が必要となる。ただし、集団投資スキームを適格機関投資家等特例業務（金商法63条）に該当する方法で実施する場合には、第二種金融商品取引業の登録は不要となる。

適格機関投資家等特例業務とは、適格機関投資家等のみから出資された金銭等を自ら運用する業務、または1名以上の適格機関投資家と49名以下の投資判断能力を有する一定の投資家（個人の場合、取引の状況等から合理的に判断してその保有する投資性金融資産の合計額が1億円以上であり、かつ、証券口座開設後1年を経過している等の要件を満たす者）を勧誘する業務をいう。これら業務の実施前に適格機関投資家等特例業務として届出を行えば、第二種金融商品取引業の登録は不要となる（金商法63条1項1号、金商法第二条に規定する定義に関する内閣府令10条1項）。

したがって、出資者に1名以上の適格機関投資家を含め、上記の投資判断能力を有すると見込まれる投資家を49名以下に抑えて出資者とする等、適格機関投資家等特例業務の要件を満たせば、第二種金融商品取引業の登録は不要となる。

的には金銭による出資と同視されるように思われる。したがって、仮想通貨の出資であったとしても金商法の規制を潜脱することはできないと考えるべきである。なお、今後は、仮想通貨が金銭に類するものとして政令に定められる等の立法改正がなされる可能性もあり、動向を注視する必要がある。

イ　仮想通貨交換業の登録が必要となるか

仮想通貨による出資を受けて出資者が利益を分配する行為は、仮想通貨交換業に該当しないか。すなわち、出資者から仮想通貨による出資を受けて、出資者に対して金銭または他の仮想通貨を分配する場合には、あたかも仮想通貨の売買または仮想通貨の交換を行っているかのようにみえるため、このような行為が仮想通貨交換業（資金決済法2条7項）に当たるかが問題となる。

(ア)　仮想通貨交換業とは

仮想通貨交換業とは、次の(ア)ないし(ウ)の行為のいずれかを業として行うことをいう（資金決済法2条7項）（詳細は第2章3「資金決済法」にて説明）。

(ア)　仮想通貨の売買または他の仮想通貨との交換
(イ)　(ア)に掲げる行為の媒介、取次ぎまたは代理
(ウ)　(ア)(イ)に掲げる行為に関して、利用者の金銭または仮想通貨の管理をすること
※(ア)と(イ)をあわせて「仮想通貨の交換等」という。

(イ)　「仮想通貨により」利益を分配する場合に仮想通貨交換業の登録は必要か

資金決済法上の「交換」の意義については必ずしも明確ではないが、民法上「交換」とは当事者が互いに金銭の所有権以外の財産権を移転する契約とされている（民法586条）。

6 仮想通貨とファンド

　仮想通貨ファンドが出資者から仮想通貨による出資を受けた後、仮想通貨を使って、事業投資が行われ、その結果収益が生じることを条件に配当として出資者に仮想通貨を分配がなされることになる。当該スキームにおいては、利益が生じなければ仮想通貨が分配されることもないのであるから、当事者が互いに金銭の所有権以外の財産権を移転するといった契約がなされたとみるのは難しいように思われる。したがって、仮想通貨を出資し、仮想通貨により利益を分配する行為は、仮想通貨の「交換」には当たらず、仮想通貨交換業には該当しないと考えるべきである。

(ウ)　「金銭により」利益を分配する場合に仮想通貨交換業の登録は必要か

　金銭により利益を分配する場合には、仮想通貨と金銭を取引しているようにみえるため、仮想通貨の「売買」が行われているか否かが問題となる。民法上「売買」とは、当事者の一方がある財産権を相手方に移転することを約し、相手方がこれに対してその代金を支払う契約とされている（民法555条）。「売買」は「交換」において移転する財産権の一方が金銭となったものであるといえる。

　上記と同様に、金銭により利益を分配する場合であっても、利益が生じなければ分配されることもないのは同様であるから、仮想通貨によって利益を分配する場合と同様に、出資者と仮想通貨ファンドの間で財産権と移転し、代金の支払いがなされる「売買」があったと考えることは難しいように思える。したがって、仮想通貨を出資し、金銭により利益を分配する行為は、仮想通貨の「売買」には当たらず、仮想通貨交換業には該当しないと考えるべきである。

(エ)　小括

　以上のとおり、仮想通貨ファンドによる利益分配行為は「交換」「売買」に該当することなく、仮想通貨交換業に該当しないと考えるべきである。なお、この場合において、集団投資スキームにおける金商法の規

制は潜脱できないと考えるべきである点は前述した通りである。

(3) 仮想通貨を投資・運用対象とする場面（スキーム図②）の規制

次に、ファンドの投資・運用対象として本来的には株式等の有価証券が想定されていることから、株式等の有価証券を投資・運用対象とする場合の規制の概要にも触れつつ、仮想通貨を投資・運用対象とする場合の規制の有無につき検討する。

なお、投資事業有限責任組合が行うことのできる事業の範囲は法定されており（投資事業有限責任組合契約に関する法律3条1項）、仮想通貨の取得や保有はこれに含まれず、投資・運用対象が仮想通貨である場合、仮想通貨ファンドの法形式として、投資事業有限責任組合の形式とすることは困難であることに注意すべきである。

ア 投資運用業の登録が必要となるか

ファンドが出資を受けた金銭その他の財産を、金融商品の価値等の分析に基づく投資判断に基づいて「主として有価証券又はデリバティブ取引に係る権利に対する投資として」運用する行為を一般に自己運用（金商法2条8項15号）といい、自己運用を業として行うためには、原則として「投資運用業」（金商法28条4項3号）の登録が必要となる。

2014年3月7日の第186回国会において、内閣総理大臣より「ビットコインは通貨ではなく、それ自体が権利を表象するものでもないため、ビットコイン自体の取引は……有価証券その他の収益の配当等を受ける権利を対象としている金融商品取引法……第2条第1項又は第2項に規定する有価証券等の取引には該当しない」との答弁がなされている（内閣参質186第28号）。

当該答弁や、仮想通貨が資金決済の手段として位置づけられていることからすると、ビットコインやそれ以外の仮想通貨も有価証券に該当し

ないものと考えられる。

したがって、2018年10月現在においては、ファンドが出資を受けた金銭その他の財産を、仮想通貨自体に対して投資して、運用する場合であっても、投資運用業の登録は不要であるといえる。

ただし、仮想通貨の中でも株式、証券と機能・性質が類似するものについては、金商法2条2項の有価証券に該当すると考えられているため、これを主たる投資・運用対象とする場合には、投資運用業の登録が必要となる可能性がある点には留意が必要である。

イ　仮想通貨交換業の登録が必要となるか

仮想通貨ファンドが出資者から出資を受けた資金を仮想通貨に投資・運用する場面において、仮想通貨ファンドが仮想通貨の売買を反復継続して実施する行為は、仮想通貨交換業に該当するか。当該行為は「仮想通貨の売買」（資金決済法2条7項1号）に該当することから、これを「業として」行っているかが問題となる。

「業として」とは、対公衆性のある行為を反復継続性をもって行うことをいう。ここでは、特に問題となる、対公衆性があるかという点を検討する。

対公衆性については、パブリックコメントに対する「コメントの概要及びそれに対する金融庁の考え方」48頁・No.95によると、個別事例ごとに取引の実態に即して実質的に判断されるべきものであるが、一般に、他の仮想通貨交換業者の一利用者として口座を開設し、投資目的で自ら当該仮想通貨交換業者が提供する仮想通貨交換業に係る取引を行う場合には、仮想通貨交換業の登録は不要とされている。なお、他の仮想通貨交換業者の一利用者として口座を開設する場合であっても、例えば、自己の名において利用者のために仮想通貨交換業に係る取引を行う場合には、仮想通貨の売買への取次ぎに該当し得ることに留意する必要があるとされている。

ここで、スキーム図②のように仮想通貨ファンドが仮想通貨に投資・運用をするケースでは、仮想通貨ファンドが自らの判断により投資目的で行う取引であるため、一般的には対公衆性がなく、「業として」行っている場合には該当しないと考えるべきである。ただし、自らが投資する目的を有していても、実態として第三者の仮想通貨の売買の取次ぎを行っていると認められるような場合は対公衆性を否定できない場合がある点には留意が必要である。

> ○コラム　株式会社が投資目的の仮想通貨売買を行う場合の仮想通貨交換業該当性
>
> 　自己のポートフォリオ改善のために投資目的で行う仮想通貨の売買事業については、前述のパブリックコメントに対する「コメントの概要及びそれに対する金融庁の考え方」に記載の通り、仮想通貨交換業の登録を得ることなく、実施が可能である。

(4) 海外に拠点を置くファンドに対する規制

　これまでは、日本国内の仮想通貨ファンドが国内の出資者向けにファンドを組成する場合を説明したが、海外に拠点を置く仮想通貨ファンドが国内の出資者に対して出資を受けるいわゆる海外ファンドを組成する場合の規制につき解説する。

ア　外国集団投資スキームの扱い

　外国の法令に基づき設立されたファンド（集団投資スキーム）に類するスキームは、外国集団投資スキーム（金商法2条2項6号）と呼ばれる。代表例としては、リミテッドパートナーシップがあげられる。リミテッドパートナーシップとは、無限責任を負う代わりに業務執行権を有する

ジェネラルパートナーと有限責任しか負わない代わりに業務執行権を有しないリミテッドパートナーを構成員として組成されるスキームである。

このような外国集団投資スキームであっても、先述の(2)自己募集や(3)自己運用に該当する（金商法2条2項6号、同条8項7号ヘ、同条8項15号ハ、28条2項1号、同条4項3号）ため、国内投資家から出資を受けた外国集団投資スキーム（ファンド）の組成や株式等の有価証券への投資・運用に当たっては、第二種金融商品取引業や投資運用業の登録が原則として必要となる。

イ　適格機関投資家等特例業務

国内を拠点とする仮想通貨ファンドによるファンドと同様に例外として適格機関投資家等特例業務の届出をすれば登録が不要となる（金商法63条2項）。

ただし、海外を拠点とする仮想通貨ファンドにまでこの届出を厳格に求めると、日本の出資者に向けて出資を募ることを回避するような事態が生じてしまうおそれがある。そこで、以下の要件の全てを満たす者については、適格機関投資家等特例業務の届出さえも不要とされている（金商法第二条に規定する定義に関する内閣府令16条1項13号）。

> (1) 出資をしている国内投資家が10名未満の適格機関投資家および特例業務届出者に限られていること
> (2) 上記(1)の者の出資額が当該外国集団投資スキームの出資総額の3分の1以下であること

第3章　仮想通貨ビジネスと法務

7　その他仮想通貨関連事業

(1) はじめに

　仮想通貨と法定通貨との違いは、前述第2章1の通りであるが、仮想通貨とはいえ、実質的に法定通貨を用いたサービスと評価されれば法定通貨に対する法規制が適用される可能性がある。また、その決済機能に着目した場合、電子マネーやポイント等仮想通貨と一見大きく変わらないものも存在し、仮に、技術的にブロックチェーンを使用していたとしても、法律上は、仮想通貨には該当せず、電子マネーやポイントに対する法規制が適用されることも考えられる。さらに、今後の法改正によって、仮想通貨にも法定通貨と同等の規制がなされる可能性もある。

　そこで、本項では、仮想通貨関連事業と密接に関連し得る法定通貨サービス、電子マネー、ポイント等に対する法規制を紹介する。

(2) 送金サービス

ア　法定通貨の送金サービス

　仮想通貨の送信サービスについては、既に紹介した。ここではより一般的な法定通貨の送金サービスについて紹介する。

　まず、送金サービスは、日本において国内送金を行うサービスと海外送金を行うサービスの大きく2つに分けられる。国内送金サービスは、近年、主としてインターネットやモバイル上における決済や送金を簡便に行うサービスが提供されるようになり、国内送金サービスについてのCM等も珍しくなくなった。

7 その他仮想通貨関連事業

　その背景として、従前、送金サービスは「銀行業」に該当し、銀行しか営むことができなかったが、「資金移動業」が規制緩和によって解禁されたことがある。従前は、「為替取引」すなわち「顧客から、隔地者間で直接現金を輸送せずに資金を移動する仕組みを利用して資金を移動することを内容とする依頼を受けて、これを引き受けること、またはこれを引き受けて遂行すること」（最三小決平成13年3月12日刑集55巻2号97頁）は「銀行業」に該当し、内閣総理大臣の免許を受けた者、すなわち、銀行しか営むことができなかった。為替取引には、手形・小切手を利用した送金、電信を利用した送金、振込送金、手形を利用した取立て等さまざまな種類がある。

　しかし、2010年4月1日に改正資金決済法が施行され、「資金移動業」すなわち「銀行等以外の者が為替取引（少額の取引として政令で定めるものに限る。）を業として営むこと」（資金決済法2条2項）が内閣総理大臣の登録を受けることによって可能となった（資金決済法37条）。

　後述イ②(ⅱ)の通り、順為替、逆為替、内国為替、外国為替、円貨建て、外貨建てを問わず、マネーオーダーによる送金も「為替取引」に含まれ、例えば、資金移動業に当たるものとして、次のようなサービスがある。

① 送金依頼人が資金移動業者（A社）の支店に現金を持ち込み、別の支店で受取人が現金を受け取るサービス（1回限りまたは単発的な利用）

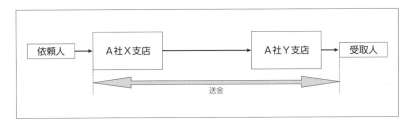

② 送金依頼人が資金移動業者に送金用の口座を開設し、受取人との口座の間で資金を移動するサービス（反復継続的な利用）

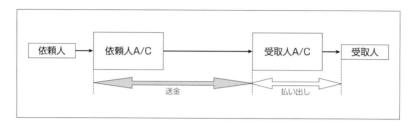

③ 送金依頼人が資金移動業者（A社）から一定の金額が記載された証書やカード（マネーオーダー＝M/O）を発行してもらい、M/Oを受取人に交付、受取人が資金移動業者にM/Oを持参し現金を受け取るサービス

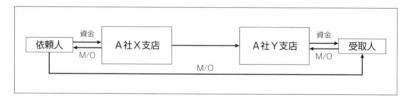

　国内送金サービスの例としては、LINE Pay（LINE Pay株式会社）、FastPay（ヤフー株式会社）、楽天ペイ（楽天株式会社）等があげられる。これらのサービスは資金移動業のサービスの一環として電子マネーを発行している。

　例えば、LINE Payは、登録したユーザーが、銀行口座やコンビニエンスストアからLINE Payの口座に電子マネーのチャージを行い、LINE Pay加盟店での支払に当該電子マネーを使用することができるという決済サービスのほか、LINE Payに加入しているユーザーの「友だち」（SNSであるLINEでつながりのあるユーザー）のウォレット宛に当該電子マネーを送金するという送金サービスを提供している。そして、LINE Payの口座残高は銀行口座への出金が可能である（詳細は後述す

るが、この点で「前払式支払手段」とは異なる）。

　海外送金サービスの例としては、アメリカのPayPalやイギリスのTransferWise等があげられる。また、日本の資金移動業者が海外の銀行や資金移動業者と提携する方法により送金サービスを提供している場合もある。旅行者を対象としたトラベルプリペイドカード、外国に在住する留学生や駐在員に日本から送金するための送金カード、日本で就労している労働者が母国に送金するための送金カード等をあらかじめ日本で発行しておき、海外のATMで24時間365日外貨を引き出せるサービス等も代表的な海外送金サービスである。

イ　法規制

①　銀行業

　一般に送金は、「銀行業」である「為替取引」（銀行法2条2項2号）に該当する（「為替取引」の定義は前述ア参照）。そして、「為替取引」は、後述②の「資金移動業」に該当するものを除き、内閣総理大臣の免許を受けた者（銀行法4条）、すなわち、銀行しか営むことができない。

②　資金移動業

（ⅰ）　概要

　前述アの通り、資金決済法の改正により、「資金移動業」すなわち「銀行等以外の者が為替取引（少額の取引として政令で定めるものに限る。）を業として営むこと」（資金決済法2条2項）が内閣総理大臣の登録を受けることによって可能となった（資金決済法37条）。「少額の取引として政令で定めるもの」とは、100万円以下の資金移動に係る為替取引である。したがって、100万円以下の資金移動に係る為替取引は、資金移動業の登録を受けることで業として行うことが可能となったが、100万円を超える資金移動に係る為替取引は依然として銀行業の免許を受けた銀行だけに認められる独占業務である。

第3章　仮想通貨ビジネスと法務

このように資金移動業が解禁された背景には、①近年のICT関連技術の発展により、銀行等以外の事業者が為替取引を適切に提供できる環境が整ってきたこと、②インターネット取引等の普及により、個人が利用する少額の決済が可能な、より安価で便利な為替取引の提供が求められてきたこと、③営業時間や送金手数料等について、より利便性の高いサービスが求められてきたこと等があげられる。

(ii) **資金移動業に該当するサービス**

資金移動業者が営むことができる為替取引の内容は、100万円以下の資金移動に制限される以外は銀行等と同じである。順為替（送金為替。買い手から売り手に送金）、逆為替（取立為替。売り手が買い手から代金を取り立てる）、内国為替、外国為替、円建て、外貨建て等が可能であり、マネーオーダー（国際送金為替、国際郵便小切手）による送金も含まれる。また、店舗において行う場合、インターネットやモバイル等で行う場合も含まれる。

このように、資金移動業が解禁され、銀行等以外の者であっても100万円以下の資金移動に係る為替取引を業として行うことが可能となり、平成30年8月31日現在、63の業者が資金移動業の登録を受けている。

なお、いわゆる収納代行サービスや代金引換サービスといった、商品・サービスの対価の支払に関して、商品・サービスの提供者（債権者）の依頼を受けた事業者が、利用者からその対価の支払を受け、受領した資金を商品・サービスの提供者（債権者）に引き渡すサービスは、現状では、為替取引には該当しないと考えられている。

(iii) **資金移動業者の登録要件**

資金移動業を行うことができるのは、あらかじめ財務（支）局長の登録を受けた者のみである（資金決済法37条）。登録を受けた者は、資金移動業者として資金決済法の適用を受ける（資金決済法2条3項）。

資金移動業者の規模やサービスの態様はさまざまであるため、資金移動業者がどの程度の財産的基礎を有し、どのような体制を整備すべきか

7 その他仮想通貨関連事業

については、資金移動業を適正かつ確実に遂行するために必要と認められる財産的基礎を有していること（資金決済法40条1項3号）や、資金移動業を適正かつ確実に遂行する体制を整備すること（同項4号）、といった要件を充足しているか否かによって判断される。

　財産的要件として、一律に一定額の資本金を求める等の基準は設けられていないものの、事業者が提供しようとするサービスの規模や態様に応じて、資産保全義務を履行し、安全なシステムのための投資等を行うことができるだけの資金を有する必要がある。後述(iv)の通り、資産保全義務を履行するための最低履行保証額は1,000万円であるため、登録準備をする際に最低限そのための資金は別途準備する必要がある。

　したがって、シード期、アーリースタートアップ期の企業等において資金余力が十分でない場合には、自ら資金移動業に該当するサービスを展開することはハードルが高く、資金移動業に該当するサービスを展開するには登録を受けた資金移動業者と提携を行うことも検討する必要がある。

　また、事業者が、財務（支）局長に対して登録申請を行ってから、当該申請に対する処分（登録または登録拒否）がなされるまでにかかる標準処理期間は2か月とされているが（資金移動府令42条1項）、当該期間には、①当該申請を補正するために要する期間、②申請者が当該申請の内容を変更するために要する期間、③申請者が当該申請に係る審査に必要と認められる資料を追加するために要する期間は含まれず（同条3項）、実際には、補正等により申請から登録までに2か月以上の期間を要するのが通例であって、資金移動業者の登録を行うには、トータルで最低でも6か月間は必要となることが多く、長い場合には1年以上の長期に渡る場合もある。

　このような資産保全義務や登録までに期間を要することもあり、実際に資金移動業登録を行うことは容易ではないことは、前述(ii)の通り、現状では、資金移動業の登録を受けている業者は63社にとどまっているこ

とからも明らかである。

　資金移動業者の登録を行うことができるのは、①株式会社、②外国の法令の規定により、その国で資金移動業の登録と同種類の登録を受けた為替取引を業として営む者（外国資金移動業者）に限定される（資金決済法40条1項1号）。なお、外国資金移動業者については、日本国内に法人を設立していなくても、国内に営業所と代表者を置けば資金移動業の登録を受けることができる（資金決済法40条1項1号、同項2号）。

(iv)　**資金移動業者の行為規制**

　資金移動業者の業務範囲については特段の制限は存在せず、為替取引以外の業務を行うことも可能である（資金決済法38条1項9号参照）。

　一方、資金移動業者は、利用者保護を図るために、送金途上の資金と同額以上の資産保全が義務づけられている。具体的には、為替取引に関して、資金移動業者が利用者に対して負担する債務（すなわち送金途上の未達債務）の額を各営業日ごとに計算し、これに還付の手続に関する費用を加えた額（要履行保証額）について、内閣府令で定める期間（1週間）ごとの最高額を算定する。その上で、当該金額（要供託額）以上の額に相当する履行保証金を、主たる営業所または事務所の最寄りの供託所に供託しなければならない（資金決済法43条）。

　この資産保全義務は、一定の要件を満たす銀行等その他政令で定める者との間で履行保証金保全契約を締結する方法や、信託会社等との間で履行保証金信託契約を締結して信託を行う方法によっても履行することができる（資金決済法44条、45条）。

　小規模な資金移動業者の債務の履行を確保するために、保全すべき要履行保証額の最低額は、政令で1,000万円と定められている（資金決済法43条2項、資金決済法施行令14条）。

　仮に、資金移動業者が破綻した場合、資金移動業の利用者はこれらの資産保全によって、保全されている履行保証金の中から還付を受けることができる（資金決済法59条）。

その他、資金移動業者が講ずる必要がある措置として、情報の安全管理措置（資金決済法49条）、委託先に対する指導その他の委託業務の適正かつ確実な遂行を確保するために必要な措置（資金決済法50条）、利用者の保護等に関する措置（資金決済法51条）、指定紛争解決機関（金融ADR機関）との契約締結義務（資金決済法51条の2）等があげられる。

　利用者の保護に関する措置としては、①銀行等が行う為替取引との誤認を防止するための説明、②資金移動業に関わる契約のうち、重要な内容についての情報提供、③受取証書の交付、④振り込め詐欺等犯罪行為が行われた場合の為替取引の停止等の措置、⑤インターネット取引を行う場合の誤認防止・過誤防止措置、⑥社内規則等の整備等が求められる（資金移動府令28条ないし32条）。

　なお、資金移動業者は、犯収法上の特定事業者として指定されている。このため、同法に基づき、取引時確認義務、確認記録および取引記録の作成・保存義務、疑わしい取引の当局への届出義務、体制整備義務が課せられている（なお、犯収法については前述第2章4を参照されたい）。

　また、国外送金を行う場合には、外国為替及び外国貿易法や内国税の適正な課税の確保を図るための国外送金等に係る調書の提出等に関する法律（国外送金等調書法）を遵守する必要があることについても留意が必要である。

(v) **資金移動業者に対する監督**

　財務（支）局長は資金移動業者に対して、報告徴求・立入検査、業務改善命令、業務停止命令、登録取消を行う権限を有する（資金決済法54条ないし56条）。資金移動業者は帳簿書類を作成・保存し、事業年度ごとに資金移動業に関する報告書を作成し、内閣総理大臣に提出する必要がある。

　その他、資産保全の方法に応じて定めた期間ごとに、未達債務および履行保証金の供託、履行保証金保全契約または履行保証金信託契約に関する報告書を作成し、財務（支）局長に提出しなければならない（資金決済法52条および53条、資金移動府令33条ないし35条）。

第3章　仮想通貨ビジネスと法務

③　電子決済等代行業

　送金サービスに関連する法規制として、2018年6月1日に施行された改正銀行法により、口座情報サービスや電子送金サービスを営む事業者は、「電子決済等代行業者」（銀行法2条17項）として登録を要することとなった。

　具体的には、(i)「銀行に預金の口座を開設している預金者の委託……を受けて、電子情報処理組織を使用する方法により、当該口座に係る資金を移動させる為替取引を行うことの当該銀行に対する指図……の伝達……を受け、これを当該銀行に対して伝達すること。」（銀行法2条17項1号）または(ii)「銀行に預金又は定期積金等の口座を開設している預金者等の委託……を受けて、電子情報処理組織を使用する方法により、当該銀行から当該口座に係る情報を取得し、これを当該預金者等に提供すること……。」（同項2号）のいずれかを営業として行う場合には、電子決済等代行業者の登録を受ける必要がある（銀行法52条の61の2）。

　(i)は決済指図伝達サービス、電子送金サービス等とよばれ、(ii)は口座情報取得サービス、財務管理サービス等とよばれる。各サービスのイメージは次図の通りである。

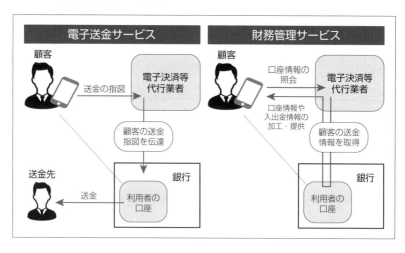

7　その他仮想通貨関連事業

　(i)の電子送金サービスの具体例としては、直接顧客の委託を受けて銀行に対して決済指図を伝達して仕入れや経費等の振込処理を可能としたり、決済・送金分野のスタートアップ企業がアプリケーション等で顧客からの依頼を受けて、銀行口座にある顧客の資金をもとに、銀行に対して決済指図を伝達して決済・送金を可能とするサービスがあげられる。

　(ii)の財務管理サービスの具体例としては、個人向けの家計簿サービス、中小企業向けの会計サービスがあげられる。

　これらのサービスは、銀行のオープンAPIのデータ連携を行うことによって提供することが可能となる。そのため、これらのサービスを提供するには銀行とのAPI連携を行う必要がある。

　「API（Application Programing Interface）」とは、一般に、あるアプリケーションの機能や管理するデータ等を他のアプリケーションからよび出して利用するための接続仕様等を指し、このうち、サードパーティである外部企業等からアクセス可能なAPIが「オープンAPI」とよばれている。身近なケースとしては、例えば、Facebookによるデータ連携があげられる。さまざまなサードパーティのアプリケーションはFacebookのAPIを利用して、ユーザーがFacebookに提供しているデータにアクセスし、アプリケーション上でそれらのデータを利用することができる。これによって、ユーザーは自らの意思によりFacebookに提供したさまざまなデータを他のアプリケーションでも簡単に利用でき、アプリケーション提供者はFacebookに蓄積されたユーザーのデータを活用して高品質のサービスを提供することができるようになる。銀行によるオープンAPIは、銀行と外部の事業者との間の安全なデータ連携を可能にする取組みである。金融機関がシステムへの接続仕様を外部の事業者に公開し、あらかじめ契約を結んだ外部事業者のアクセスを認めることで、金融機関以外の事業者が金融機関と連携して、利便性の高い、高度な金融サービスを展開しやすくなると考えられている。

　なお、改正銀行法の施行日において、現に電子決済等代行業を営んで

第3章　仮想通貨ビジネスと法務

いる者は、施行日から起算して6か月間は、電子決済等代行業の登録を受けずに当該電子決済等代行業を営むことができ（改正法附則2条1項）、また、前述(ii)のみを行う電子決済等代行業者については、施行日から起算して2年を超えない範囲において政令で定める日まで銀行との契約締結義務を猶予する（改正法附則2条4項）との経過措置が設けられている。

④　「預り金」

送金サービスに関連してたびたび問題となるのが、出資の受入れ、預り金及び金利等の取締りに関する法律で禁止される「預り金」である

○コラム　「ペイロール・カード」

　東京都は、2018年3月8日、企業が「ペイロール・カード」（Payroll Card）とよばれるプリペイドカードの口座で賃金を支払えるようにする規制緩和を国に対して提案した。

　ペイロール・カードは、ATMからの現金引き出しや買い物の決済等に使用可能であり、アメリカでは、マクドナルドが2012年に直営店の従業員8万人以上に対して、ペイロール・カードを発行する等、給与支払のために導入している企業が増加している。

　日本においても、2015年8月、規制改革ホットラインに、アルバイトの増加等により、企業にとって、給与支払口座の登録・変更、振込に関する業務負荷および銀行振込手数料負担が大きな課題となっていること、また、外国人労働者は、訪日後すぐに銀行口座の開設ができないことから、日本においてもペイロール・カードによる賃金支払ができるよう規制緩和を求める提案が寄せられている。ペイロール・カードは雇用企業とカード発行主体との間での入金データの授受により賃金支払いが完結するため、労働者口座への振込手数料は不要であることから、多数のアルバイトおよび臨時雇用者を掲げる企業にとっては、賃金支払に関する事務処理や費用の削減になる。また、労働者の銀行口座開設は不要であるため、外国人労働者に対してすぐに発行ができる。これに対し、厚生労働省は、労働基準法24条1項が賃金の支払について、現金または

7　その他仮想通貨関連事業

（出資法2条）。

　出資法は、一般大衆の保護と信用秩序の維持の観点から、他の法律において特別の規定のある者（例えば、銀行法に基づく銀行等）を除き、「預り金」を禁止している。「預り金」とは、出資法2条2項において、預金等と同様の経済的性質を有するものとされており、金融庁の事務ガイドラインによれば、次の4つの要件の全てに該当するものとされている。

①　不特定かつ多数の者が相手であること
②　金銭の受入であること
③　元本の返還が約されていること

銀行その他の金融機関に対する預金等への振込みを原則としている（通貨払いの原則）と回答しており、当時、この規制緩和要望は受け入れなかった。

　今回の東京都の提案は、ペイロール・カード口座への賃金支払を可能とするため、労働基準法における通貨払の原則の特例を創設する規制緩和を提案するものである。ペイロール・カードによる賃金支払が実現すれば、銀行口座を保有しない外国人労働者等に対する賃金支払に関する事務処理や銀行振込手数料の費用の削減になるため、事業会社からその導入が期待されている。

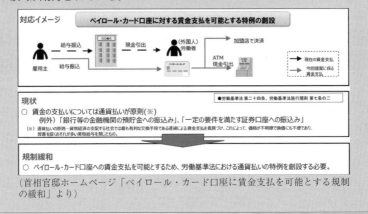

（首相官邸ホームページ「ペイロール・カード口座に賃金支払を可能とする規制の緩和」より）

④　主として預け主の便宜のために金銭の価額を保管することを目的とするものであること

「預り金」該当性に関して、金銭の預り期間については明確な基準はない。例えば、フリーマーケットアプリの大手であるメルカリ（株式会社メルカリ）は、2017年12月に出品者売上金の預かり期間を1年から90日に短縮したが、これは預り金規制に配慮して行ったものであると考えられる。

⑤　仮想通貨による取引の為替取引該当性

前述第2章3(1)ウの通り、仮想通貨は、法定通貨との交換が可能であるが、現状では、外為法の支払手段として指定されておらず、また、価値が変動するために必ず一定の金額に換金されるとはいえない。そのため、現状では、仮想通貨は「資金」には該当せず、仮想通貨をそのまま移転しただけでは、為替取引の定義に該当しないと考えられる。例えば、仮想通貨のウォレットを提供する事業者は、利用者が指定したアドレス宛に仮想通貨を引き渡す必要があるが、このような仮想通貨の移転を行うだけでは為替取引の定義には該当しないと考えられる。

これに対し、入口と出口が法定通貨である場合には、移転自体が仮想通貨で行われる場合であっても、為替取引に該当する可能性がある。例えば、利用者から法定通貨を預かり、仮想通貨に交換した上で送信を行い、送信先において法定通貨に換金することによって資金移動を達成する場合には、仮想通貨を送金手段として隔地者間で直接現金を輸送せずに資金を移動する仕組みを利用するものであり、為替取引に該当する可能性がある。仮想通貨ガイドラインにおいても、「仮想通貨の交換等を行う者が、金銭の移動を行うことを内容とする依頼を受けて、これを引き受けること、又はこれを引き受けて遂行する場合には、為替取引を行っているとして、……資金移動業者の登録が必要となり得ることに留意する」とされている。

(3) 決済サービス

　仮想通貨の決済サービスについては、既に紹介した。ここではより一般的な法定通貨、電子マネー、ポイント等の決済サービスについて紹介する。

ア　法定通貨の決済サービス

㈦　概要

　法定通貨の決済サービスとして代表的なものはクレジットカードである。イシュアであるカード発行会社は、包括信用購入あっせん業者（後述㈮①参照）としての登録を行っており、アクワイアラ（加盟店管理会社）やアクワイアラと加盟店との間に立って資金精算を代行する決済代行会社（PSP：Payment Service Provider）は、加盟店との間で加盟店契約を締結し、クレジットカードを受け入れて商品やサービスを提供した加盟店に対して支払を行う。

　イシュアが利用者と国際ブランドの間を取りもつ役割を果たし、アクワイアラが加盟店と国際ブランドの間を取り持つ役割を果たす。

　従前、日本においてはカード会社がイシュアとアクワイアラを兼ねる「オンアス取引」が一般的であったが、近年では、イシュアとアクワイアラを分ける「オフアス取引」への移行が一般化している。オンアス取引とオフアス取引それぞれの仕組みは次図の通りである。

第3章　仮想通貨ビジネスと法務

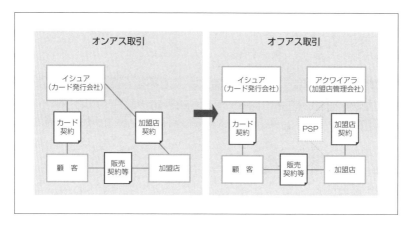

(イ) 法規制
① 包括信用購入あっせん業

イシュアであるクレジットカード発行会社は、割賦販売法に規定される「包括信用購入あっせん業者」に該当し、あらかじめ経済産業省に備える包括信用購入あっせん業者登録簿に登録を受けなければならない（割賦販売法2条3項、31条）。

② クレジットカード番号等取扱契約締結事業者等
(i) 従前の割賦販売法による規制

従前の割賦販売法は主としてオンアス取引を想定しており、アクワイアラ、決済代行会社については、特別な許認可は不要であった。そのため、従前の割賦販売法は、加盟店におけるカード情報の管理等に対して、加盟店に対する直接的な義務等が規定されておらず、クレジットカード取引のセキュリティ対策を十分に図ることができない状況であった。しかし、前述(ア)の通り、近年、イシュアとアクワイアラを分ける「オフアス取引」への移行が一般化しており、オフアス取引においては、決済代行会社が存在する取引形態も多く、このような取引形態に対しても、割賦販売法が適切な規律を及ぼす必要があった。

7 その他仮想通貨関連事業

(ⅱ) クレジットカード番号等取扱契約締結事業者

そのため、2018年6月1日施行の改正割賦販売法（以下「改正割賦販売法」という）により、加盟店との間でクレジットカード番号等の取扱いを認める契約を締結する事業者（クレジットカード番号等取扱契約締結事業者）に登録を義務づける制度が新設され、当該契約を締結した販売業者に対する調査、当該調査結果に基づく必要な措置を行うこと等が義務づけられた（割賦販売法35条の17の2～35条の17の14）。

割賦販売法35条の17の2第1号に該当するのは、オンアス取引のイシュアであり、同条2号に該当するのは、オフアス取引のアクワイアラやオンアス取引またはオフアス取引の決済代行業者等である。

(ⅲ) クレジットカード番号等取扱業者

さらに、改正割賦販売法により、「クレジットカード番号等取扱業者」は、クレジットカード番号等の適切な管理が義務づけられた（割賦販売法35条の16第1項）。クレジットカード番号等取扱業者には、「クレジットカード等購入あつせん業者」（同項1号）、「立替払取次業者」（同項2号）ならびに「クレジットカード等購入あつせん関係販売業者」および「クレジットカード等購入あつせん関係役務提供事業者」（同項3号）が含まれる。

「クレジットカード等購入あつせん業者」に該当するのは、オンアス取引またはオフアス取引のイシュアであり、「立替払取次業者」に該当するのは、オフアス取引のアクワイアラであり、「クレジットカード等購入あつせん関係販売業者」、「クレジットカード等購入あつせん関係役務提供事業者」に該当するのは、消費者に対し、直接、販売またはサービスの提供を行う加盟店である。

また、「クレジットカード等購入あつせん関係販売業者」または「クレジットカード等購入あつせん関係役務提供事業者」は、クレジットカード番号等の不正な利用を防止するための必要な措置を講じることを義務付けられた（割賦販売法35条の17の15）。

(ⅳ) クレジットカード番号等取扱受託業者

また、改正割賦販売法により、「クレジットカード番号等取扱受託業者」は、クレジットカード番号等取扱業者に課された指導義務の客体とされている（割賦販売法35条の16第3項）。

「クレジットカード番号等取扱受託業者」に該当するのは、決済代行業者やクレジットカード番号等取扱業者（3号事業者）から委託を受けたサービスプロバイダー等である。

これら改正割賦販売法上の事業者を一覧化すると次表の通りである。

改正割賦販売法上の事業者		対象事業者
クレジットカード番号等取扱業者（改正割賦販売法第35条の16第1項）※クレジットカード番号等の適切な管理義務の対象	（1号事業者・・・クレジットカード等購入あっせん業者）	オンアス・オフアスの場合のイシュア（カード会社）
	（2号事業者・・・立替払取次業者）	オフアスの場合のアクワイアラ（カード会社）
	（3号事業者・・・クレジットカード等購入あっせん関係販売業者）	加盟店（店子）※消費者に対し、直接、販売またはサービスの提供を行う事業者
	（ 〃 ・・・クレジットカード等購入あっせん関係役務提供事業者）	
クレジットカード番号等取扱受託業者（改正割賦販売法第35条の16第3項）※クレジットカード番号等取扱業者に課された指導義務の客体	クレジットカード番号等取扱業者より委託を受けた者	決済代行業者 クレジットカード番号等取扱業者（3号事業者）から委託を受けたサービスプロバイダー等
クレジットカード番号等取扱契約締結事業者（改正割賦販売法第35条の17の2）※登録義務の対象	（1号事業者）	オンアスの場合のアクワイアラ（カード会社）
	（2号事業者）	オフアスの場合のアクワイアラ（カード会社）オンアス・オフアスの場合の決済代行業者

7 その他仮想通貨関連事業

イ 電子マネー

(ア) 概要

　法定通貨のほか、現在、コンビニエンスストア、飲食店、公共交通機関での決済等で広く利用されている決済手段として「電子マネー」があげられる。電子マネーは電子化された決済手段のことで、利用者が保有したり、利用者に紐づいていたりする電子データ自体が価値を有しており、これを交換または増減することによって決済することができるものを指す。特に現在広く利用されているものとして、Edy、Suica、PASMO、nanaco、WAON等があげられる。

　電子マネーは多くの場合、利用者から受け入れる資金に応じて発行されるため、法定通貨に代わるものとして取り扱われる。また、基本的には電子マネーの発行者が発行の対価として得た金銭や預金を価値の裏づけとするものであるため、後述するおまけとして発行されるポイントとは位置づけが異なる場合が多い。

　電子マネーは、実際の資金の支払時期によって適用される法規制が異なるため、以下では、前払い（プリペイド型）、後払い（ポストペイド型）、即時払い（デビット型）に分類して解説する。

(イ) 前払い型（プリペイド型）の電子マネー

① サービス例

　EdyやSuicaのような前払い型の電子マネーは、あらかじめ利用者が事業者に対して対価を支払うのと引き換えに発行される。利用者は、これを発行者や発行者と提携する店舗等で提示すれば、商品やサービスの提供を受けることができる。

② 法規制

　このような前払い型の電子マネーは、資金決済法に規定される「前払式支払手段」（資金決済法3条）に該当し、その発行主体は前払式支払手

255

段の発行主体としての規制を受ける。

なお、前払式支払手段に該当する有効期限が6か月未満のものは適用除外される（資金決済法4条2号）。そのため、有効期限を6か月未満に限定して前払い型の電子マネーを発行する例等も見受けられる。

(ウ) 後払い型（ポストペイド型）の電子マネー

① サービス例

iDやQUICPayのような後払い型の電子マネーは、利用者はカードやID等を提示して、商品やサービスの提供を受けることができ、後日、利用者は事業者に対して支払いを行う。

② 法規制

このような後払い型の電子マネーは、前述(3)のクレジットカードと同様に、割賦販売法に規定される「包括信用購入あっせん業」に該当し、同法による規制を受ける。ただし、与信期間が短い立替払い（いわゆるマンスリークリア）については規制の対象外である。そのため、後払い型の電子マネーのサービスを提供するに当たり、与信期間を限定している例も見受けられる。

(エ) 即時払い型（デビット型）の電子マネー

① サービス例

Visaデビットのような即時払い型の電子マネーは、デビットカードの使用とほぼ同時に預金等の電子的な価値が移動するものを指す。

② 法規制

このような即時払い型の電子マネーは、銀行が行う「預金」や「為替取引」として銀行業で規制される場合もあり、資金移動業者が行う「為替取引」として資金決済法で規制される場合もある。商品やサービスの決済の利用にとどまらず、譲渡や換金、返金を自由に行うことができる場合には、送金の手段として使用されることになるため、資金移動業と

して資金決済法の適用を受ける。

なお、銀行業および資金移動業の規制については、前述(2)イの通りである。

これら資金の支払時期による電子マネーの分類と法規制を一覧化すると次表の通りである。

電子マネーと法規制の関係

資金の支払時期による分類	法規制上の定義	適用される法律
前払い	前払式支払手段	資金決済法
後払い	包括信用購入あっせん業	割賦販売法
即時払い	預金または為替取引	銀行法、資金決済法

(オ) 仮想通貨との相違

前述の通り、仮想通貨ガイドラインによれば、仮想通貨の該当性について照会等があった場合には、以下の点に留意しつつ、資金決済法に規定する仮想通貨の定義に照らして判断するものとするとされている。

① 資金決済法2条5項1号に規定する仮想通貨（以下「1号仮想通貨」という）の該当性に関して、「代価の弁済のために不特定の者に対して使用することができる」ことを判断するに当たり、例えば、「発行者と店舗等との間の契約等により、代価の弁済のために仮想通貨を使用可能な店舗等が限定されていないか」、「発行者が使用可能な店舗等を管理していないか」等について、申請者から詳細な説明を求めることとする。
② 1号仮想通貨の該当性に関して、「不特定の者を相手方として購入及び売却を行うことができる」ことを判断するに当たり、例えば、「発行者による制限なく、本邦通貨又は外国通貨との交換を行うことができるか」、「本邦通貨又は外国通貨との交換市場が存在するか」等について、申請者から詳細な説明を求めることとする。

第3章 仮想通貨ビジネスと法務

　そして、「前払式支払手段発行者が発行するいわゆる『プリペイドカード』や、ポイント・サービス（財・サービスの販売金額の一定割合に応じてポイントを発行するサービスや、来場や利用ごとに一定額のポイントを発行するサービス等）における『ポイント』は、これらの発行者と店舗等との関係では前述①または②を満たさず、仮想通貨には該当しない。」とされていることから、電子マネーは、その使用先が発行者または発行者が指定する者に限られているという点で、不特定の者を相手方として使用可能な仮想通貨と区別される。

ウ　ポイントサービス

(ア)　概要

　前述イの電子マネーに類似するサービスとしてポイントサービスがあげられる。ポイントサービスには大きく分けて2種類あり、1つは対価を支払って購入するポイントであり、もう1つは景品やおまけとして付与されるポイントである。前者の対価を支払った購入するポイントに対する法規制は、前述の前払い型（プリペイド型）の電子マネーに対する法規制と同様であるため、ここでは、後者の景品やおまけとして付与されるポイントについて解説する。

　おまけとして付与されるポイントは、家電量販店によるポイント、クレジットカードの利用によるポイントや航空会社のマイレージをはじめ、さまざまな業種の企業が販売促進や顧客獲得のために発行しており、このようなポイントサービスは現在では一般的になっている。近年では、カルチュア・コンビニエンス・クラブ株式会社が展開する「Tポイント」や株式会社ロイヤリティ マーケティングが展開する「Ponta」等さまざまな提携店で商品やサービスを購入すると付与される共通ポイントも珍しくなくなっている。これらのポイントは、一般に、商品やサービスと交換することができたり、商品やサービスの代金の値引きや代金への充当が可能であり、そのような決済機能を有する点で電子マネーに類

似する。

(イ) 法規制

おまけとして付与されるポイントについては、発行時に利用者が対価を支払っていないと考えられることから、現在のところ、資金決済法その他の法令による直接の規制対象とはなっていない。ただし、「ポイント」と称していても、利用者が対価を支払って購入し、商品やサービスの代金の弁済等に使用できるポイントは前述の前払い型（プリペイド型）の電子マネーと同様に前払式支払手段に該当する。

なお、おまけとしてポイントを付与する場合には、「不当景品類及び不当表示防止法」の規制が及ぶ場合があることに留意が必要である。例えば、ポイントが特定の事業者の取引に付随しておまけとして付与される場合、当該事業者は、景品表示法の規制を遵守して、取引価額のうち一定の範囲内（取引価額が1,000円未満の場合は200円、1,000円以上の場合は取引価額の10分の2）で提供する必要が生じる（「一般消費者に対する景品類の提供に関する事項の制限」1項）。

(4) 決済手段間の交換

ア 概要

前述の通り、現在では、法定通貨のほかに、電子マネーやポイントサービス、さらには仮想通貨等さまざまな決済手段が存在する。そして、これらの決済手段間の交換を行うサービスを提供する事業者も存在する。そこで、ここではこれらの決済手段間の交換を行う場合の法規制の適用関係について解説する。

イ ポイント交換

おまけとして付与されるポイント同士の交換については、現在のところ、法規制はされていない。

ただし、前述(5)の通り、「ポイント」と称していても、対価の支払を得て発行されるポイントについては前払式支払手段に該当し、その場合のおまけとして付与されると対価の支払を得て発行されるポイントとの交換については、後述ウ、エの通りである。

ウ　前払式支払手段とポイントとの交換

前払式支払手段と、おまけとして付与されるポイントとがポイントの発行体において交換可能な場合、おまけとして付与されるポイントも前払式支払手段に該当し、ポイントの発行体は前払式支払手段発行体として資金決済法の適用を受けると考えられる。

なぜなら、前払式支払手段は「対価を得て」発行されるものであるが、「対価」とは、現金のほか財産的価値があるものがこれに含まれるとされており、対価を得て発行される前払式支払手段について財産的価値が認められる以上、これと交換可能なポイントも対価を得て発行されるものといえるからである。

一方で、ポイントの発行体以外で交換可能な場合、ポイントは前払式支払手段には該当しないと考えられる。

エ　資金移動業によって発行される電子マネーとポイントとの交換

資金移動業によって発行される電子マネー（前払式支払手段と異なり払戻しが可能なものをいう）とおまけとして付与されるポイントとが交換可能な場合も、前述ウと同様の理由で、おまけとして付与されるポイントは前払式支払手段に該当し、資金決済法の適用を受けると考えられる。

オ　前払式支払手段と資金移動業によって発行される電子マネーとの交換

前払式支払手段と資金移動業によって発行される電子マネーとが交換

可能な場合、電子マネーの購入に当たり、前払式支払手段を決済手段として使用しているものであって、前払式支払手段に対する規制以外に別途の法規制が及ぶものではないと考えられる。

しかし、前払式支払手段の発行者と資金移動業によって発行される電子マネーの発行者とが同一であって、資金移動業によって発行される電子マネーを購入すること以外に当該前払式支払手段の使用方法が想定されていないような場合には、実質的に電子マネーに交換することによって前払式支払手段の払戻しをするものであって、このような前払式支払手段は資金決済法に違反するものである（資金決済法20条5項）。

カ　仮想通貨とポイントとの交換

仮想通貨とおまけとして付与されるポイントとが交換可能な場合も、前述ウと同様の理由で、おまけとして付与されるポイントは前払式支払手段に該当し、資金決済法の適用を受けると考えられる。

ただし、資金決済法の仮想通貨の定義では、仮想通貨と相互に交換できる財産的価値も仮想通貨に該当するとされており（資金決済法2条5項2号）、ポイントと仮想通貨が一方向だけではなく、相互に交換可能な場合には、当該ポイント自体が仮想通貨に該当する可能性がある。その場合、当該ポイントと仮想通貨を交換することは仮想通貨交換業に該当するため、留意が必要である。

キ　仮想通貨と前払式支払手段との交換

仮想通貨と前払式支払手段とが交換可能な場合、仮想通貨と引換えに前払式支払手段が発行されることについて特段問題はない。

しかし、前述の通り、前払式支払手段の発行者において当該前払式支払手段と仮想通貨の交換を行う場合には、実質的に仮想通貨に交換することによって前払式支払手段の払戻しをするものであって、資金決済法に違反する可能性がある（資金決済法20条5項）。

ク　仮想通貨と資金移動業によって発行される電子マネーとの交換

仮想通貨と資金移動業によって発行される電子マネーとが交換可能な場合、仮想通貨と引き換えに資金移動業によって発行される電子マネーが発行されることについて特段問題はない。

また、資金移動業によって発行される電子マネーは、譲渡や換金が可能と考えられているため、資金移動業によって発行される電子マネーにより仮想通貨を購入することも特段問題はないと考えられる。

これら決済手段間の交換のうち主要なものを一覧化すると次図の通りである。

決済手段間の交換

渡すもの ＼ 受け取るもの	法定通貨	前払式支払手段	ポイント（おまけとして付与されるもの）	仮想通貨
法定通貨	交換可能 規制なし。ただし、業として行うと両替商に該当し、犯収法・外為法の制約あり。	交換可能 発行体は前払式支払手段発行体として規制される。	交換不可 法定通貨での発行を行うとポイントが前払式支払手段となり規制対象	交換可能 ただし、仮想通貨交換業に該当する。
前払式支払手段	△（前払式支払手段発行体）前払式支払手段発行体が行うと「払戻」に該当し原則不可。	交換可能 規制なし。	交換不可（ポイント発行体）ポイント発行体が交換するとポイントが前払式支払手段となり規制対象	△（前払式支払手段発行体）前払式支払手段発行体が行うと「払戻」に該当し原則不可と思われる。

	交換可能（前払式支払手段発行体以外）発行体以外であれば規制なし。		△（ポイント発行体以外）ポイントの発行体以外で交換の場合は交換可能となる可能性あり。	交換可能（前払式支払手段発行体以外）ただし、前払式支払手段が仮想通貨に該当し、仮想通貨交換業に該当する可能性あり。
ポイント（おまけとして付与されるもの）	交換可能 規制なし。	交換可能 規制なし。	交換可能 規制なし。	交換可能 ただし、ポイントが仮想通貨に該当し、仮想通貨交換業に該当する可能性あり。
仮想通貨	交換可能 ただし、仮想通貨交換業に該当する。	交換可能 発行体は前払式支払手段発行者として規制される。	交換不可 対価を得て発行するとポイントが前払式支払手段となり規制対象	交換可能 ただし、仮想通貨交換業に該当する。

(5) 仮想通貨のレンディングサービス

　一般に、業として法定通貨の貸付を行う場合は貸金業（貸金業法2条）に該当し、貸金業の規制を受ける。これに類似するサービスとして、仮想通貨の貸付（レンディング）を行うサービスが存在する。具体的には、仮想通貨取引所のbitbank（ビットバンク）、GMOコイン等が貸仮想通貨のサービスを行っている。

　前述第2章3(1)エの通り、仮想通貨交換業者が利用者に対して仮想通貨の貸付を行い、仮想通貨で返済を受けるような場合は貸金業に該当しないと考えられている。一方で、仮想通貨交換業者が仮想通貨の貸付を行い、これを法定通貨で返済させるような場合には、貸金業に該当し、

貸金業の登録を受ける必要があると考えられている。
　また、仮想通貨を用いた信用取引等を行う際に、仮想通貨交換業者が利用者に対して金銭の貸付を行う場合も貸金業に該当し、当該仮想通貨交換業者は貸金業の登録を受ける必要があると考えられている。

第4章

ブロックチェーン・仮想通貨ビジネスのM&Aの法務

第4章 ブロックチェーン・仮想通貨ビジネスのM&Aの法務

1 ブロックチェーン・仮想通貨ビジネスとM&A

　近年、数多くのブロックチェーンビジネス（仮想通貨関連事業を含む）を取り扱う企業は増加している。経済産業省が取りまとめた「ブロックチェーン技術を利用したサービスに関する国内外動向調査」（2016年4月28日公表）によると、ブロックチェーンの国内市場規模は、潜在的なものも含め67兆円にも上るとされている。この報告書が公表されたのは2016年4月28日であるため、ブロックチェーンや仮想通貨の名が広く知られるようになった現在では、ブロックチェーンの市場規模はさらに拡大していると考えられる。
　ビジネスモデルも、国際送金等の金融系用途のみならず、資産管理、商流管理、シェアリング、ベーシックインカムに至るまであらゆる分野でブロックチェーンを実装する試みがなされるなど、広がりを見せている。
　ブロックチェーン市場への参入は、今後もさらに拡大すると思われるが、次のステップとしては、企業が自らの強みを伸ばし、また弱みを克服することを目指して、ブロックチェーンビジネスを営む企業のM&Aへの動きが進行すると考えられる。
　特に仮想通貨関連業界では、コインチェック株式会社のNEM流出事件以降、規制が厳格になされる傾向にあるが、仮想通貨事業を営むスタートアップ企業は、規制に対処するノウハウやリソースが不十分であることが少なくなく、独力で業務を継続し、その後のIPO等エグジットを実現することが困難になる可能性がある。そのため、スタートアップ企業としては、大手・中堅金融企業等の既存企業と連携し、十分なサポートを受けることができれば、規制に対処し、さらなる成長が期待で

1　ブロックチェーン・仮想通貨ビジネスとM&A

きる。他方で、これからブロックチェーンビジネスを始めようとする企業にとっても、ブロックチェーンビジネスの知識やノウハウ、人的・物的リソースをもつ企業とのM&Aをすることで、早期に事業を始めることが可能になる。

　そこで、本章では、まずブロックチェーンビジネスにおけるM&Aの各事例を紹介し、その上で、ブロックチェーンビジネスM&Aに関連する法的問題について検討する。

2 ブロックチェーンビジネスに関するM&A事例

(1) 株式会社カイカによるeワラント証券株式会社の完全子会社化

　2018年1月11日、株式会社カイカのプレスリリースにて、eワラント証券株式会社およびその関連会社の支配権の取得に関し、独占交渉を開始することおよび、基本合意書を締結したことについての発表があった。株式会社カイカは40年以上にわたり金融業をはじめとしたシステム開発の実績を有しており、現在ではブロックチェーン技術にも着目し、ブロックチェーンの実証実験のサポートや自社トークン「CAICAコイン」の発行も手掛けている。eワラント証券株式会社は、eワラントという金融商品を強みとする証券会社である。

　続く同月24日、株式会社カイカは、eワラント証券株式会社（関連会社含む）の株式の全てを取得し、完全子会社化する方針を発表した。

　この事例では、株式の取得方法が特徴的で、株式の譲渡価額である9億600万円の内、6,000万円相当を株式会社カイカが保有するCAICAコインで、残額を現金で支払うといった方法がとられた。CAICAコインの換算に当たっては、CAICAコインの時価、41.5992円（取得相手先と合意した、平成30年1月24日、時間13時16分37秒、Zaif仮想通貨取引所における時価）の10％ディスカウントとされている。

(2) ヤフー株式会社の子会社Zコーポレーション株式会社による株式会社ビットアルゴ取引所東京資本参加

　2018年4月13日、ヤフー株式会社の100％子会社であるZコーポレーション株式会社は、株式会社シーエムディーラボの子会社である株式会

社ビットアルゴ取引所東京に20数億円の出資および株式会社シーエムディーラボから株式譲受を行い、40％の株式を取得することを決定したことを発表した。株式会社ビットアルゴ取引所東京は、2018年秋にも取引所サービスを始める考えで、仮想通貨のほかブロックチェーンを使った新たなサービスの開発も目指している。

新サービスの開始に当たってヤフー傘下のワイジェイＦＸ株式会社の社員も加わる予定と報道されている。

(3) 株式会社 Smart Contract Systems とシンプレクス株式会社の共同出資

2018年3月29日、イーサリアムエコシステムの開発サービスを展開する株式会社 Smart Contract Systems が、金融システム開発のシンプレクス株式会社と新会社「Difinity 株式会社」に共同出資する旨発表した。新会社の設立に当たっては、株式会社 Smart Contract Systems が9,800万円相当のイーサリアムを現物出資して49％分の株式を取得し、シンプレクス株式会社が1億200万円の現金で出資して、51％の株式を取得するとされている。

新会社は仮想通貨関連のシステムを展開することを目指しており、仮想通貨取引所向けのシステムを手掛けたシンプレクス株式会社と、分散型台帳開発や仮想通貨取引にノウハウのある株式会社 Smart Contract Systems が協力し、2018年7月を目途に取引用システムを開発し、同年9月には同システムと、大口の仮想通貨取引者と取引所とのマッチングシステムを提供する計画が公開されている。

ただし、2018年10月時点において当該共同出資がなされたとの発表は確認できていない。

第4章　ブロックチェーン・仮想通貨ビジネスのM&Aの法務

(4) マネックスグループ株式会社によるコインチェック株式会社の完全子会社化

　2018年4月6日、マネックスグループ株式会社は、巨額の仮想通貨流出事件を起こしたコインチェック株式会社の全株式を36億円で取得し、完全子会社化する旨の発表を行った。当日はテレビでの記者会見も行われ、大変大きな注目を集めるニュースとして取り扱われた。コインチェック株式会社の旧経営陣2名は前役職からは退き、執行役員としてシステム担当業務に従事することとされている。当時、コインチェック株式会社はみなし業者であり、業務改善命令を受けている状況にあったが、マネックスグループの完全子会社となることにより、仮想通貨交換

> ○コラム　アーンアウト条項
>
> 　マネックスグループ株式会社によるコインチェック株式会社の完全子会社化に関する報道当初、NEM盗難分で約466億円を補償できた企業が、36億円で売却されることが、不当に安価ではないかとの声もあがっていたが、本買収はアーンアウト条項を付されたものであることに留意する必要がある。アーンアウト条項とは、クロージング日に一定の買収価格を支払うことに加え、一定の条件が成立した段階で、追加で買収価格の一部の支払がなされるという規定である。当該条項は、買収先の将来の業績の予測が難しく、当事者間でクロージング日までに買収価額に折り合いがつかない場合に採用される条件であり、米国企業のM&Aではよく見られるが、国内での買収で用いられることは多くない。本買収では、「2021年3月期までの3年間の純利益合計額に対して2分の1を上限に追加で取得費用を支払う」との取決めが盛り込まれていたため、例えば、コインチェック株式会社の3年間の純利益合計額が100億円であったとすれば、売り手は、36億円に加えて買収額として50億円を追加で得ることができる。NEM盗難分約466億円を補償できるだけの高収益体制が今後も続くのであれば、本買収の売り手としては、望ましい条件となる。

２　ブロックチェーンビジネスに関するM&A事例

○コラム　海外仮想通貨取引所と日本企業との間のM&Aの動き

　2018年6月、海外仮想通貨取引所HitBTCは公式ブログにおいて、日本の居住者に対しても仮想通貨取引所サービスが継続できるように日本企業との間でM&Aの機会を検討していることを発表した。第2章の3「資金決済法」におけるコラム「海外仮想通貨取引所に対する金融庁の警告」で前述の通り、HitBTCは金融庁から日本居住者向けのサービスを停止するよう警告されており、それを受けて日本居住者に対する利用を制限していた。

　HitBTCとしては、重要な顧客である日本の居住者に対するサービスを再開するためにM&Aを検討していると考えられる。

　現状、日本は世界の中でも多数の仮想通貨購入者を抱える国として知られている。2018年5月5日～6月4日の1か月間におけるビットコイン取引量割合を見ると（下図参照）、円建てビットコイン取引量が、日本は全世界の中でも取引量のうち約55％の大部分を占めている。

　そのため、海外取引所にとって、日本居住者を対象とするサービスは事業戦略上重要なことであり、HitBTC以外の海外取引所が日本企業とのM&Aを検討する事例も今後現れることが想定される。

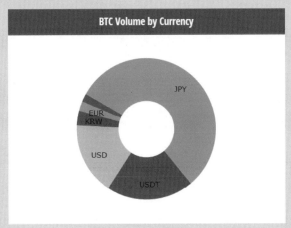

2018年5月5日～6月4日の1か月間におけるビットコイン取引量割合（Crypto Compareホームページから引用）

業者として正式に登録を完了させる予定である。また仮想通貨事業での新規株式公開（IPO）を検討していることについても発表がなされた。

(5) ゴールドマンサックス傘下 Circle 社による Poloniex 社買収

　海外においても M&A の動きが見られる。2018年2月26日、ゴールドマンサックスの投資先でありモバイル決済アプリを運営する Circle Internet Financial Limited が米仮想通貨取引所大手を営む Poloniex, LLC. を約428億円で買収したことが、公式声明で発表された。

　Circle 社の公式ブログでは、カスタマーサポートと技術面での強化が最初のステップになること、取引所の規模を拡大し、新たな市場への進出や多言語化、さらにより多くのトークン上場も計画していることが述べられている。

3 ブロックチェーンビジネスのM&Aにおける法的論点

(1) 対象会社へのデューデリジェンス(DD)はどのように行うべきか

　M&Aの基本合意がなされた後、対象会社へのデューデリジェンス(DD)が実施される。一般的に、DDはビジネスDD、法務DD、会計DD、税務DDに分けられ、弁護士が担当する法務DDの調査範囲は、会社組織、株式、契約、資産、負債、知的財産権、人事・労務、許認可・コンプライアンス、訴訟・紛争など多岐に渡る。

　売り手企業は、対象会社の内情の詳細を把握している一方で、買い手企業は、公開された情報以外は把握できず、対象会社が抱えるリスクの判断が困難である。このリスクを専門家の調査によって発見し、明らかにする過程がDDである。経営者がM&Aを検討する際に、DDを実施せず、またはDDが不十分であった場合に、買収後にリスクが顕在化すると、経営者は、善管注意義務違反があったとして責任追及がなされる可能性もある。

　また、DDにはリスクを発見する機能だけではなく、リスクを織り込んだ適正価格を見出す機能がある。例えば、法務DDの結果、対象会社のビジネススキームに法的問題があることが発覚すれば、買い手としては買収を諦めるか、リスクを受容した上で買収を継続するか選択することになる。ビジネススキームに法的に問題があるがあることは買収額の大きな減額要因となり得るため、買い手は当初の想定よりも安い価額が適正価額であるとして、価額の減額交渉をすることができる。

　それでは、ブロックチェーンビジネス、特に仮想通貨を用いたビジネスのM&AにおけるDDではどのような点が問題となるのだろうか。

法務DDで問題となる点を中心に検討する。

ア　行政処分を受けていないか

　基本的なところであるが、事業継続の根本に関わる部分であるため、行政処分の有無、行政処分がなされている場合には、具体的な処分内容の検討は十分に行う必要がある。ここではイメージを持ちやすいように実際の例で検討していく。

　金融庁は、2018年3月8日、仮想通貨取引業者7社に対して行政処分を行った（5社は業務改善命令、2社は業務停止命令）。行政処分を受けた業者のうち、コインチェック株式会社に対する行政処分としては、経営戦略の見直しや顧客保護の徹底等の業務改善命令が発せられ、同年3月22日までに業務改善計画の提出が指示されている。

　当該業務改善命令に既に業務改善計画は提出されたが、コインチェック株式会社は、1か月ごとに金融庁に進捗報告を行う旨の指示も受けており、金融庁に対する報告義務は残存している。このようなケースでは、買い手は、業務改善命令の内容を確認して、対応が求められる事項を洗い出す必要があり、当時金融庁とやり取りした担当者が把握している業務改善計画の実施方法の詳細要領が存在する場合には、買収後も適切に業務改善計画を履践できるよう、担当者から詳細なヒアリングをしておく必要がある。特に、コインチェック株式会社の買収案件のように、買収を機に経営陣が刷新されるようなケースでは、社内体制が大きく変わり、担当者も交代するなどして、重要事項が適切に引き継がれないまま、買収が実行されてしまうことも考えられる。昨今の規制強化の情勢も踏まえると、ブロックチェーンビジネスにおいて規制対応の重要性は特に高まっているため、法務DDにおいても、表面的な調査に終わることなく、内部に入り込んだ調査が要求される。

3 ブロックチェーンビジネスのM&Aにおける法的論点

イ　規制対応に不備はないか

ブロックチェーンビジネスにおいて、規制対応は最大の関心事の1つであり、法令上求められる体制構築が万全であるかは要検討項目となる。

特に仮想通貨交換所に対しては、仮想通貨府令や仮想通貨ガイドラインにおいて、取引時確認、反社会的勢力による被害の防止、不祥事件に対する監督上の対応、苦情等への対処、利用者情報・財産の管理、帳簿管理などについて、遵守すべき事項が多岐に渡って詳細に記載されている。

現状の仮想通貨取引所を見ればわかるように、規定された事項を遵守しなければ金融庁から行政処分を受け、事業が停滞するリスクがあるため、買い手としては、DDを通じて対象会社の体制の実態を把握し、法令遵守がなされているか、また法令違反がある場合に是正できるかを十分に検討する必要がある。

なお、仮想通貨交換所が現在までになされた業務改善命令の内容を見るに、さまざまな面での体制構築の不備を指摘されていることから、買い手としては入念にDDを実施し、既に業務改善命令で指摘された部分はもちろん、それ以外の部分についても法令違反その他の問題点がないかを検討する必要がある。

ウ　M&Aによって仮想通貨交換業の登録は引き継がれるか

ブロックチェーンビジネスにおいては、「仮想通貨交換業者」、「前払式支払手段発行者」、「資金移動業者」等の規制対象事業となることが多く、それぞれ法律で定められた許認可を得なければ業務を実施できない。買い手にとっては、対象会社が既に許認可を取得していたとしても、M&Aの形態によっては、M&A完了後、許認可を引き継げない場合があるため注意が必要である。以下では、M&Aの形式を、(ｱ)株式譲渡、(ｲ)事業譲渡、合併・分割、および(ｳ)JV等新会社設立に分類し、許認可

第4章　ブロックチェーン・仮想通貨ビジネスのM&Aの法務

の承継の可否につき検討する。

(ア)　**株式譲渡**

　株式譲渡では、会社の株主構成が変わるのみで、法人格には変更がないため、原則として新たな許認可手続は不要と考えられるが、株式譲渡であることから一概に許認可承継できると判断するのではなく、対象会社の株主、役員構成が様変わりし、もはや同一の法人といえないような場合には、念の為、対象会社の許認可承継につき当局に確認しておくことが望ましい。なお、コインチェック株式会社買収の事案では、新経営陣が仮想通貨交換業者として登録を行うと発表しているが、これはコインチェック株式会社が正式な登録を経ていないみなし業者であり、そもそも対象会社に承継される許認可がないケースである。

　また、仮想通貨交換業者においては、許認可の承継が可能な場合でも、株式譲渡により商号変更や役員変更等が発生する場合は、届出手続が必要になることには留意が必要である（仮想通貨府令11条1項5号、資金決済法63条の6）。なお、主要株主（総株主の議決権の100分の10以上の議決権を保有する者）に変更が生じた場合、法令上届出手続を要する旨の規定が明確になされていないが、登録時の届出事項に重要な変更がなされた場合として、実務上当局に報告すべきとされている。

(イ)　**事業譲渡、合併・分割**

　ブロックチェーンビジネスのM&Aに限ることなく一般論として、対象となる事業が譲渡され、または合併・分割がなされた場合、事業主体に変更があることから、各許認可の根拠法令で承継が定められている場合を除き、原則として買い手企業は対象会社の許認可を承継できないことが多い。

　許認可の根拠法令で承認が定められている例として、顧客に前払いをさせ、後に商品・サービスの提供の対価弁済のために使用できる前払式支払手段発行者が挙げられる。資金決済法に定める通り、前払式支払手段の中でも、発行者（他者を含まない）による商品・サービスを対価と

3 ブロックチェーンビジネスのM&Aにおける法的論点

して受ける場合に限り、これらの対価の弁済のために使用できる自家型前払式支払手段については、買い手企業が新たに許認可を取得する必要がない（資金決済法30条1項参考）。

　資金決済法には「前払式支払手段発行者」の他に、「仮想通貨交換業者」「資金移動業者」が規定されているが、自家型前払式支払手段のような許認可の承継を認める規定は存在せず、「仮想通貨交換業者」と「資金移動業者」は新たに許認可を取得せざるを得ない。

　そのため、事業譲渡、合併・分割の形態を選択する場合には、新規に許認可を取得するのに要する期間や必要な手続も考慮して、スケジューリングを行わなければならないことに留意する必要がある。

(ウ)　新会社設立

　複数企業が共同で出資して新たに会社を設立（ジョイントベンチャー）する場合には、設立に携わった既存の企業は新会社の株主の立場であり、新会社にブロックチェーンビジネスの承継を行う立場にはない。よって、新会社は新たに許認可を取得する必要がある。

　そのため、前記(イ)の場合と同様、新規に許認可を取得するのに要する期間や必要な手続も考慮したスケジューリングが求められる。

(2)　仮想通貨の価値の評価方法

　M&Aでは対象会社を取得する対価や新会社への投入資本として主に現金が用いられるが、ブロックチェーンビジネスのM&Aにおいては現金ではなく、既に紹介した実例の通り、仮想通貨を現物出資するスキームも登場している。このような場合、仮想通貨の価値はどのように評価されるのか。以下では、その評価方法について検討する。

ア　対象会社の株式を取得する対価としての仮想通貨

　前記株式会社カイカの例では、株式会社カイカがeワラント証券株式

会社(関連会社含む)の株式を取得する際、対価の一部にCAICAコインが用いられた。当該案件における対象会社株式の取得価額と、支払方法の詳細を改めて整理すると、下表の通りである。

対象会社の株式の取得価額	9億600万円
仮想通貨の支払い	6,000万円相当のCAICAコイン
現金での支払い	8億4,600万円
仮想通貨の換算方法	CAICAコインの時価、41.5992円(取得相手先と合意した、平成30年1月24日、時間13時16分37秒、Zaif仮想通貨取引所における時価)の10%ディスカウント

仮想通貨は円に換金可能なので、特定の時間・取引所でのレートを設定すれば、円との価値に合わせることができる。その場合には、株式譲渡契約の中で、当事者間で、ある時点での円の価値に固定させる合意があったことを定める必要がある。なお、eワラント証券株式会社の件では、10%ディスカウントはCAICAコインの値下がりリスクを見込んで設定したと考えられるが、合意時の仮想通貨の市況によっては値上がりを見込んで10%プレミアムを設定することも合理的な場合があると思われる。

イ　新会社への投入資本

既に紹介した株式会社Smart Contrast Systemsと、シンプレクス株式会社による新会社「Difinity株式会社」への共同出資の例のように、新たに設立した会社への投入資本として仮想通貨を採用する企業は今後増加する可能性がある。ここでは、専ら仮想通貨で出資を行うA社と現金のみで出資を行うB社が下表の通りの出資をしたケースを想定する。仮想通貨を新規設立会社の資本とする場合、仮想通貨は現金ではないため現物出資として取り扱われる。そこで、現物出資特有の問題点も

3 ブロックチェーンビジネスのM&Aにおける法的論点

含め、仮想通貨を用いて新規設立会社に資本投入をすることによって生じ得る問題点を検討する。

当事会社	投入資本	新会社の株式保有率
A社	4,900万円相当の仮想通貨	49％分の株式
B社	5,100万円の現金	51％分の株式

(ア) 仮想通貨による現物出資

現物出資では、一般に、出資財産を過大評価することにより、当該財産を拠出した株主に実態よりも多くの株式を取得させることになり、他の株主の株式持分が不当に薄められてしまうおそれがある。また、過大に評価された財産が資本となると、株式会社の資本金の額が実体を伴わないものとなり、債権者にも悪影響を及ぼすおそれがある。そのため、会社法上、株主や債権者等の会社関係者の権利を保護するための規定が定められている。

会社法上、金銭以外の財産を出資する場合、出資者の氏名または名称、財産の名目と価額、割り当てる株式数を定款に記載しなければ現物出資の効力が生じない（会社法28条1号）。また、原則として、裁判所が選任した検査役の調査を受ける必要がある（会社法33条1項）。

ただし、検査役の調査を受ける場合、多額の費用面でも時間面でもコストがかかるため、例外的に会社法33条10項に規定される検査役選任が不要な場合に該当しないかを検討することが多い。

検査役選任が不要となる場合（会社法33条10項）
・現物出資の対象となる財産の価額が500万円以下の場合
・現物出資の対象となる財産が、市場価格のある有価証券で、定款に記載価額がその市場価格を超えない場合
・定款記載価額が相当であることについて弁護士、税理士等の証明を受けた場合

第4章　ブロックチェーン・仮想通貨ビジネスのM&Aの法務

　現物出資の価額が500万円以下であればそれだけで検査役が不要となるが、それより高額の出資であれば、検査後の選任を不要とするため、弁護士、税理士等の評価証明が必要となる（仮想通貨は現状「市場価額のある有価証券」に該当しない）。

　そこで、仮想通貨の評価証明をどのように行うかが実務上問題となる。評価証明では基本的に①財産が実在することと、②財産の正確な価値を証明する必要がある。そのため、弁護士、税理士等は証明書の形で、①特定のウォレットに特定量の仮想通貨が存在していることを示すのはもちろん、②当該仮想通貨の日本円建ての時価（特定の日時における、特定の仮想通貨取引所における価値）を示すことになる。

(イ)　**仮想通貨の価格が10倍になったらどうなるか**

　仮想通貨で49％分の株式を取得するA社は、新会社設立時点ではマイノリティ出資ということになる。そのため、基本的には議決権比率において過半数となる51％の株式を有するB社が優位になるはずである。しかしながら、新会社設立後、資本として投入した仮想通貨の価額が急上昇して日本円建てで10倍になった場合、議決権比率にも影響は及ぶだろうか。

当事会社	仮想通貨高騰後の投入資本額	新会社の株式保有率
A社	4億9,000万円相当の仮想通貨	49％分の株式？
B社	5,100万円の現金	51％分の株式？

　仮想通貨の価額が高騰し、4,900万円分のイーサリアムが10倍になると、A社は4億9,000万円分の仮想通貨を出資していることになる。事後的とはいえ、日本円換算でこれだけ多くの出資をしたと評価できるにもかかわらず、B社の5,100万円の現金出資に比べ、果たしてマイノリティ出資と言えるのだろうか。

　法律上は、仮想通貨の日本円建て価額がどのように乱高下しようと、当事者に割り当てられた株式数に変化はないため、「議決権比率は株式

③ ブロックチェーンビジネスのM&Aにおける法的論点

数に応じて決定」等と株主間契約等で規定しておけば仮想通貨の価額に左右されることなく、議決権比率は固定される。一方で、「議決権比率は当事者の出資額に応じて決定」等と規定した場合には、仮想通貨出資者であるA社としては、B社に対して日本円換算で事後的に出資額が増加したと主張する余地が生じることになる。そのため、仮想通貨の価額変動により、事後的に日本円建ての出資額が逆転する可能性が存する以上、株主間契約作成時には、仮想通貨の価額変動に影響を受けることなく株式保有率を固定化する旨合意する等の対策を講じることが必要になると考えられる。

(ウ) **仮想通貨の価格が10分の1になったらどうなるか**

逆に出資後に仮想通貨の価値が10分の1となってしまった場合はどうだろうか。資本の半分程度を占める仮想通貨の価値が10分の1（A社の出資額が4,900万円→490万円）となれば、資本が不足し新会社の事業活動自体に支障が生じる可能性がある。

会社法上、出資財産の価額が不足する場合には、発起人および設立時取締役は連帯して不足額を会社に支払わなければならないとされている（会社法52条）。具体的には、「株式会社の設立の時における」価額が定款記載の金額に著しく不足する場合には、発起人（ここではA社とB社）が不足額を新会社に支払う義務を負う。

現物出資で通常想定されるような不動産等の現物出資であれば、仮想通貨のように、定款にその価額を記載した時から株式会社の成立時（設立登記時）までの短期間に価額が変動するおそれは小さく、定款作成時に適切な価額を記載さえすれば問題ないことが多いが、数日間で価値が大幅に下落する可能性がある仮想通貨においては、「株式会社設立時」に定款記載の日本円建て価額に「著しく不足」してしまうことはあり得る。

そのため、定款に仮想通貨の時価を記載した後に大幅な価額下落が生じた場合には、都度、定款変更をして価額を最新のものにアップデート

第4章　ブロックチェーン・仮想通貨ビジネスのM&Aの法務

していく必要がある。いずれにせよ、仮想通貨による現物出資を検討する場合には、定款に記載する額を決定した時から、会社設立の登記がなされるまでの期間を可能な限り短くした会社設立のスケジューリングを行い、価額下落のリスクを回避することが望ましい。

　なお、会社法上、検査役の調査を経た場合には、現物出資に関与していないB社は免責される（会社法52条2項）。また、上記で説明した評価証明を行う弁護士、税理士等の「証明者」は、当該証明をする際に注意を怠らなかったことを証明できない限り、A社らと連帯して不足額を支払う義務を負うことになる（会社法52条3項）。

第5章

イニシャルコインオファリング

第5章　イニシャルコインオファリング

1　ICOとは

　ICOとはInitial Coin Offeringの略であり、日本語では新規トークン発行を意味する。ICOは新たにプロジェクトを立ち上げるに当たってトークンを新たに発行・販売することで、資金を集めるスキームである。株式を取引市場に公開して資金を調達するIPO（株式新規公開）にちなんでICOと一般によばれている。IPOにおいては法定通貨を調達し、その対価として株式を発行するが、ICOにおいては仮想通貨を調達し、その対価として新規トークンを発行するのが一般的である。

　ICOは、限定された範囲の特定の者を対象とする販売（プライベートセールとよばれる）とオンライン上で募集する、広く一般の者を対象とする販売（パブリックセールやクラウドセールとよばれる）の2段階が予定されていることが多い。

(1)　ICOの仕組み

ア　ICOの実施者による資金調達方法

　ICOの実施者は、オンライン上で公開されるホワイトペーパーとよばれる媒体を通して、プロジェクトの詳細内容を説明して資金を募る。ホワイトペーパーには新たに発行するトークンの仕組みやプロジェクトのメンバー、調達資金の使途、今後の開発スケジュール、免責事項等が記載されるが、現時点で日本において法律上、ホワイトペーパーを作成、公表する義務やホワイトペーパーに記載しなければならない事項は定められていない。しかし、ホワイトペーパーは、プロジェクトやトークンの内容について説明する唯一の書面である場合もあり、トークン購入者

1 ICOとは

にとってはホワイトペーパーのみがトークンを購入するか否かの唯一の判断材料となりうるため、ホワイトペーパーを公表することおよびホワイトペーパーの記載内容はICOにおいては非常に重要である。ICO実施者が制限しない限り、インターネットにアクセスできれば誰でも、どこからでもトークン購入者になることができる。

ICOの実施者は、ホワイトペーパーに賛同した者から、ビットコインやイーサリアムなどの仮想通貨の送信を受け、代わりに、新規発行トークンを付与する。また、ICOの実施者は、仮想通貨取引所にトークン上場を依頼し、上場すると、新規発行トークンは、上場株式と同様に、取引所において広く売買できる状態となる。

以上のような仕組みによって、ICOの実施者はプロジェクトに必要な資金を集めることができる。

○コラム　ホワイトペーパー

　ホワイトペーパーは直訳で「白書」を意味する。もともとイギリス政府が議会に提出する公式文書の表紙の色が白かったことから、政府が作成する報告書の通称を「白書」とよぶようになった。近年では特定の技術や商品について売り込む目的で、利点や長所をアピールする記載がなされる文書を意味する言葉として扱われる。ICOにおいては、開発すべき技術を指し示すものをホワイトペーパーと呼ぶようになり、その後、プロジェクト内容やトークンの機能の説明に用いられるオンラインの文書の総称として定着した。

イ　トークン購入者による新規プロジェクト参加

IPOにおいては、株式の購入者は新規公開された株式の値上がりによる利益を期待して購入するのが一般的である。ICOにおいてもトークン購入者はトークンの値上がりによる利益を期待して購入することが多いが、ICOの実施者のプロジェクトが成功した場合、決済手段として

購入したトークンを使用することができることも ICO の特徴である。

　トークン購入者はトークンを手に入れることで、ICO の実施者が提供する事業のプラットフォームに参加することができる。その中ではトークンが法定通貨に代わって価値の保存・移転手段として用いられ、トークンエコノミーとよばれる新たな経済圏が形成される。

　ICO では、値上がり益による利益ばかりが注目されがちであるが、資金調達はあくまでもトークンエコノミーを形成・発展させるための手段である。

　例えば、後述の事例紹介で説明する ALIS（アリス）プロジェクトでは、良い記事や信頼できる人を見つけるということを「価値」としている。良い記事を書いた人やそれを一早く評価した人にトークンが集まるようにトークンエコノミーが形成されているとのことである。そのため、参加者には良い記事を書くことや他の参加者に評価される記事を見つけるインセンティブが与えられるとされている。結果としてトークンエコノミー内には良質な記事が並ぶようになる。トークンエコノミーの外部から良い記事を求めてトークンエコノミーに参加する者が増えればトークンの「価値」が上がるとのことである。将来トークンが実社会の生活でも使えるようになれば、従来の法定通貨を価値の基準としていた異なる経済圏が生まれるとされている。

(2)　ICO の浸透の経緯

　ICO は2013年のマスターコイン（現在のオムニ）に始まる。2014年にはイーサリアムの資金調達が話題となったが、ICO という言葉自体は浸透していなかった。ICO が注目を集め、その数を爆発的に増やしたのは仮想通貨投資の規模が急速に広がった2017年の5月以降である。当時はビットコインよりもリップル、ネムなどのアルトコイン（ビットコインの代替通貨として異なった機能を有する通貨）の価格が急騰していた

2017年 ICO 調達額および調達件数の推移

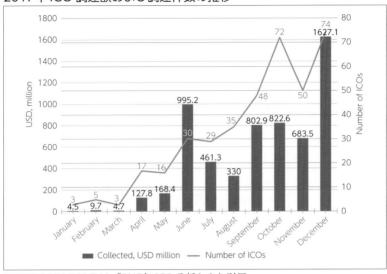

CRYPTCOIN PORTAL「2017年 ICO 分析」より引用

ため、新たに登場する通貨は値上がりするのではないか、という期待が広がった。そのような中で、取引所上場前の初期段階でトークンが購入できる ICO が注目を浴びた。このようなトークン購入者の思惑と、容易にかつ多額の資金調達を行いたいという ICO の実施者の思惑が合致して、ICO 件数が爆発的に増えていった。

(3) ICO の件数・調達額

2017年には ICO による調達額の総額は全世界で4500億円にも上り、2016年の総額108億円の40倍以上の金額となっている。2017年7月、8月は仮想通貨全体が下落傾向にあったため、ICO も不調であったが、その後、仮想通貨の価格が上昇するとともに ICO 件数、調達額ともに増加している。同年9月には中国が ICO を禁止したことを契機に各国

第5章　イニシャルコインオファリング

2017年調達額上位25のICO実施国

[棒グラフ: Percentage of World ICOs, n=25。United States約20%、United Kingdom、Russian Federation、Switzerland、Singapore、Lithuania、Australia、Gibraltar、Germany、Canada、Israel、Ukraine、France、Spain、Poland、Liechtenstein、China、Luxembourg、Costa Rica、Argentina、Serbia、Slovakia、Slovenia、Myanmar、Sweden]

Stanford Journal of BLOCKCHAIN LAW & POLICY「Initial Coin Offerings: The Top 25 Jurisdictions and their Comparative Regulatory Responses」より引用

　がICOの規制方針を検討する流れがあったものの、ICO件数、調達額ともに増加の一途を辿っている。
　2017年に実施されたICOのうち、調達額上位25位の有力ICOの実施国について、グラフにすると下図の通り、アメリカが一番多く、二番目にイギリス、三番目にスイスという結果となった。2017年にはICOが欧米を中心に実施されていたことが分かる。
　2018年以降も多額の調達額が維持されている。2018年は、8月まででもICO件数は733件に達し、前年度を大きく超える結果となっている。
　2017年のICOは無名の企業・団体が実施者であることが多く、トークン購入者からすれば調達資金の持ち逃げやプロジェクト頓挫の不安が残る状況であったが、2018年に入ってからは大手企業や有名新興企業がICOに乗り出すようになり、実施者に対する信用からか、大規模ICOの件数、調達額が共に増大している。

2018年9月までのICO調達額、件数のデータ

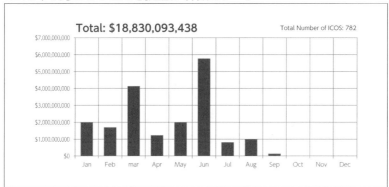

(Coin Scheduleホームページより引用)

2018年9月時点における2018年上位10のICO調達額

順位	ICOプロジェクト	実施時期	実施国	調達額
1	EOS	2018年6月	アメリカ	$4,197,956,136
2	Telegram	2018年3月	ヴァージン諸島（イギリス）	$1,700,000,000
3	Petro	2018年4月	ベネズエラ	$735,000,000
4	TaTaTu	2018年6月	ケイマン諸島（イギリス）	$575,000,000
5	Dragon	2018年2月	ヴァージン諸島（イギリス）	$320,000,000
6	Huobi token	2018年2月	香港	$300,000,000
7	Bankera	2018年2月	リトアニア	$150,949,194
8	tZERO	2018年8月	アメリカ	$134,000,000
9	Basis	2018年4月	アメリカ	$133,000,000
10	Orbs	2018年5月	イスラエル	$118,000,000

(Coin Scheduleホームページより引用)

(4) ICOのメリット

ICOが爆発的に増加した原因はやはりそのメリットにある。ICOのメリットについてICO実施者とトークン購入者に分けて説明する。

ア　ICOの実施者のメリット

①　スピーディに巨額の資金調達が可能

一般に企業が資金調達を行う方法は、銀行等から融資を受ける方法（いわゆるデットファイナンス）と株式を発行する方法（いわゆるエクイティファイナンス）の2つである。実績が少ないスタートアップが銀行から多額の融資を受けることは困難であるし、既存のIPOによる資金調達では、早くとも数年はかかってしまう。ベンチャーキャピタルからエクイティファイナンスを受けることにより上場前に資金調達を行うことはできるが、多数のベンチャーキャピタルと交渉が必要であるし、そもそもプロダクトのない段階でベンチャーキャピタルから資金調達を行うことは容易ではない。また、シード期のエクイティファイナンスでは調達金額が不十分な場合がある。

2017年時のICOであれば、プロジェクトの内容をオンライン上に公開するだけで、プロジェクト立上げ前であっても巨額の資金が調達可能であったが、2018年の中頃から、高額な調達は容易ではなくなってきている。また、ICO直後の初期段階からトークン価値を高くする設計をしてしまうと、ICO開始直後からトークン価値が暴落してしまうおそれがある。そのため、初期のトークン価値は低く設定し、徐々に価値を高めていく設計が望ましいとされてきている。

②　運営コントロールが自由

株式を発行するエクイティファイナンスであれば、株式発行数に応じ

て株主が経営権を得ることになる。株式の発行数が多ければ、創業株主が自由にプロジェクトを運営することができなくなる可能性がある。

ICOでは、何らかの運営に関わる権利をトークン購入者に渡すスキームを採用しない限り、創業株主が自由にプロジェクトを運営することができる。

③ 手続が簡便

現時点のICOでは、IPOであるような主幹事証券会社等第三者による厳格な上場審査は要求されておらず、手続が簡便である。

ただし、手続が少ないのは、法やルールが未整備であるといった理由もあり、今後、ICOにおいては、厳格な手続が要求される可能性があることに留意する必要がある。

イ トークン購入者のメリット

① 値上がりの利益が見込める

ICOによって発行された新規発行トークンは、上場によって価格が増加することが多く、トークン購入者は、購入した新規発行トークンの値上がりによる利益を得ることができる。新規発行トークンの中には、イーサリアムをはじめ、ICO時の価格に比べてトークンの価格が何百倍にも増加したトークンがある。

なお、従前は、ICOを実施すれば、多くのプロジェクトにおいて、トークンの価格が増加する傾向にあったが、近年では、ICOが爆発的に増加し、トークン購入者のICOを見る目も養われてきているため、トークン購入者のコミュニティと対話を続け、トークンエコノミーを真に構築できるICOでなければ、そもそもICOを成功させることが難しく、また、トークンの継続的な値上がりが見込めない可能性が高い点には留意する必要がある。

② 少額で手軽に参加できる

　トークンを少額購入するだけでトークンエコノミーに参加することができる。トークンは、オンラインで購入できるため、外国の企業が実施するICOについても、トークン購入者が居住する国において規制がなければ、手軽にICOに参加できる。

(5) ICOのリスク

ア　ICOの実施者のリスク

① 規制の厳格化

　現在、世界各国においてICOに対してどのような規制を及ぼすべきかが議論されている。中には、ICOを禁止したり、厳格な規制を及ぼす方向で検討を行っている国もあるため、ICOの実施者は、各国の規制動向を絶えず確認しなければならない。

② 値上がりにしか期待が集まらないことによってトークンエコノミーが形成できない

　トークン購入者が値上がりに強く期待するあまり、プロジェクトの内容は注目されないことが多い。そのため、新規発行トークンの上場後に、価格が急騰するとともに、高値で一気に売り抜けようとする者が殺到し、結果としてトークンの価格が大幅に下落することが多い。プロジェクトの内容に関心がある者が少ないと、トークンは広く流通することなく、その他多くのICO銘柄に埋もれてしまう可能性がある。

　さらに、仮想通貨市況が悪化することになれば、値上がりが期待できないことから、新規発行トークンを保持する者も減少してしまう。

　以上のことから、適切にトークンエコノミーが形成されず、ICOの目的が達成されない場合がありえる。

1　ICOとは

イ　トークン購入者のリスク

①　ICOが詐欺である場合がある

　ICOは、インターネット上で実施されるため、ICOの実施者の身元や実態を現実世界で把握できないままプロジェクトが進むことが一般的である。そのため、ホワイトペーパーに記載されたプロジェクトの実態が存在せず、ICOの実施者がトークン購入者から調達した資金を持ち逃げする、また、ホワイトペーパーで約束したプロジェクトを意図的に立ち上げずに放置する、といったようにトークン購入者に被害を与える詐欺ICOが問題となる。実際に、2018年4月、ベトナムに本拠を置くModern TechはPincoin（ピンコイン）トークンを発行し6億6000万ドルを集めた後、経営陣が行方をくらましたとされている。

　ICOを実施するに当たり公開すべき情報が定まっておらず、ICOの実施者にとって都合のいい情報のみを掲載すればICOを実施できること、インターネット上の非対面の手続で簡単に多額の資金を集められることが、ICOが詐欺に利用される原因となっている。

②　ホワイトペーパーに記載されたプロジェクトが進まない可能性がある

　ICOが詐欺ではないとしても、ホワイトペーパーに記載されたプロジェクトが円滑に進まないといったリスクがある。現状のICOでは、必要以上の潤沢な資金が調達できてしまうことから、ICOの実施者は、急いでプロジェクトを推進して売上を上げる必要がない。ICOの実施者には、ICOの実施後に、プロジェクトの進捗状況をトークン購入者に報告するべき義務は存在せず、プロジェクトの進捗を外部的に管理する者も存在しない。このような背景から、ICO実施者から、早期にプロジェクトを推進するインセンティブが削がれ、プロジェクトの進行が遅れる可能性がある。

第5章　イニシャルコインオファリング

③　新規発行トークンが元本割れする可能性がある

新規発行トークンを上場した後に急激に売りが殺到する等して新規発行トークンの価値が新規発行トークンを購入した時の価格を割り込んでしまう可能性がある。トークンによってはICOの際の価格に比べて、大きく高騰することもあるし、大きく下落することもある。実際に、Patron（パトロン）トークンはICO時に約50円であったのにも関わらず、2018年9月現在、約0.2円にまで下落している。

○コラム　仮想通貨にまつわる詐欺トラブル件数

　仮想通貨にまつわる詐欺トラブル被害は急増しており、国民生活センターに寄せられた被害相談件数は、下記のグラフの通り2017年は2,666件にものぼり、前年の847件の3倍近くに達している。国民生活センターによれば、過去2度にわたり仮想通貨に関する注意喚起を行ってきているが、その後も実態不明の投資話に関する相談、ICOやマイニングへの投資に関する相談、仮想通貨交換業者の利用者からの相談（ハッキング、誤送金への対応を含む）等が寄せられている状況にある。

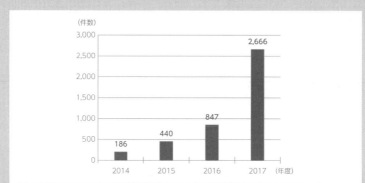

仮想通貨に関する被害相談件数（国民生活センターHPより引用）

④ 新規発行トークンが上場されず売却できない可能性がある

ICO に当たって、新規発行トークンを仮想通貨取引所に上場するに当たっては、各国の仮想通貨取引所の要求する上場基準を満たさなければならないため、新規発行トークンの内容によっては、必ずしも、仮想通貨取引所に上場できるとは限らない。したがって、購入したトークンが取引所への上場を果たせなかったことにより、新規発行トークンを売却することができなくなる可能性があるという点にも注意しなければならない。

○コラム　ICO に代わるさまざまな手法

ICO の多様化とともに、ICO とは別に整理される手法も登場している。

・STO（Security Token Offering）

通常の ICO では、トークンが証券とみなされないように試みるが、STO ではトークンが証券に該当することを前提として、関連規制に則ってトークンの発行を行う。規制に準拠するので、公開できるプロジェクトは限定され、また投資への参加には一定の年収・資産が要請されることもあり、トークン発行者の自由度は ICO より下がる。

・IEO（Initial Exchange Offering）

IEO とは、トークンの販売を特定の仮想通貨取引所に委託して行う手法で、トークンの発行者は取引所に対してトークンを発行し、取引所が投資家に販売を行うという形をとる。この手法では、プロジェクトが取引所によって審査・選別されるため、詐欺的行為を行う発行者が除かれるメリットがある。また、ライセンスを受けた取引所を介することでトークンの発行主体が自らのライセンス取得義務を回避できる、トークン購入者に取引所への上場を高く期待させる等のメリットがある。

② ICO プロジェクトの実例

　実際に展開している ICO のプロジェクトの実例にはどのようなものがあるのか。本項では(1)ロシア発の Telegram Open Network（テレグラムオープンネットワーク）、(2)日本発の ALIS（アリス）、(3)ベネズエラ発の Petro（ペトロ）の各 ICO プロジェクトを紹介する。

(1) ロシア発の Telegram Open Network

ア　Telegram（Telegram Open Network）とは

　Telegram（テレグラム）は2013年に登場したロシア最大のメッセージアプリである。送受信するメッセージが暗号化されるという特徴があり、国家から検閲のおそれがあるロシアや東欧で盛んに使われている。2018年3月の月間アクティブユーザー数は2億人を超えている。Telegram の運営主体は Telegram Messenger LLP である。

イ　実施プロジェクトの概要

　プロジェクト名は Telegram Open Network（以下「TON」ということもある）という名称であり、Telegram ユーザーはアプリ上でトークンを用いて海外にいる他者への送金を容易にすることができる。トークン名は GRAM（グラム）である。
　ビットコインなどの従来の仮想通貨では仕組み上、多くの取引を処理することができず、送信詰まりといった遅延問題が発生しており、処理速度に優れた新トークンの登場が望まれていた。Gram は毎秒数百万件のトランザクションを処理することができ（ビットコインは毎秒7件、

イーサリアムは毎秒15件とされる）、メッセージアプリ間の少額で膨大な数の決済を円滑に処理することができる。

　中国では既にメッセージアプリのWeChatで送金機能が備わっているが、Telegram Open Networkではそれを仮想通貨で実現し、メッセージアプリを超えたさらに新たな分散型アプリを実現させようとしている。

ウ　巨額の資金調達額

　2018年3月中旬までに特定人の募集を対象としたICO（プライベートセール）で計17億ドル（約1870億円）もの巨額の調達を達成した。その結果、後に計画されていた公募によるICO（パブリックセール）は打ち切りとなった。プライベートセールは2回行われ、第1回のICOで81人、第2回では84人のトークン購入者が参加し、その対象は100万ドルの資産がある者か20万ドルの収入がある者に限られていた。このように、トークン購入者を一定の資産や収入がある者に限定する手法は他のICOでも見られる。資金調達を公に対して限定なく募集すると、購入者の居住する各国から法令違反を指摘されるリスクがあるからである（詳細は3(4)のSAFTによる解決を参照）。今後も有名なスタートアップ企業が、一定の資産や収入がある者のみを対象としたICOを実施することが増えていくことが予想される。

エ　政治上の影響

　当該プロジェクトは世界中で使用されているTelegramと結びついたプロジェクトであることもあり多くの注目を集めた。しかし必ずしもあらゆる者から好評価を受けたわけではない。次の通り、ロシア政府やイラン政府が政治上の影響からTelegramの使用を禁じる動きに出ている。

(ア)　ロシア政府のTelegramユーザー遮断措置

　ロシア政府は、犯罪取引に使用され、国家の安全保障に関わる問題で

ある等との理由から、2018年4月16日、ロシア国民のTelegramユーザーをサービスから遮断する措置として、2,000万にもおよぶIPアドレスをブロックしたとされている。しかし、ロシア政府のIPアドレスブロックは奏功することなく、ユーザーが遮断措置を逃れる方法をとる等してTelegramの使用には大きな影響はなかったとされている。

(イ) イラン政府のTelegram禁止令

2018年4月5日、イランのサイバースペース最高評議会（HCC）からは、TelegramのICOはイランの通貨を弱体化させるおそれがあるとして、イランでTelegramを禁止する可能性があることを公式に発表した。同時にイラン国内のメッセンジャーアプリを推奨し、Telegramの使用を控えるよう求める考えも明らかにしている。

オ　Telegramのホワイトペーパー分析

Telegramのホワイトペーパーに記載された主要な内容は次の通りである。

実施主体の情報		Telegram Messenger LLP ・事業内容・役員について記載あり ・住所、連絡先、業績等の概要・財務状況の記載はなし
実施地		ヴァージン諸島（イギリス）
トークンの概要	名称(単位)	Gram（GRAM）
	内容・使途	・Telegramアプリ上での送金手段となる ・プラットフォーム上のアプリにおける支払手段となる ・TONブロックチェーン上での取引に必要な手数料（gas）の支払手段となる ・ブロックチェーンのプロトコルの変更に対する投票権となる
	使用技術	・TONブロックチェーン（独自開発） ・292の付属ブロックチェーンとマスターチェーン

②　ICO プロジェクトの実例

		から構成され、決済速度の速さは毎秒数百万件にも及ぶ ・コンセンサスアルゴリズム：PoS
トークン発行	生成上限	記載なし
	ICO時の販売量	22億 GRAM
	配分	・生成上限の44％までを ICO で販売 ・４％は開発チームに分配される（権利確定の条件としてベスティングピリオドと呼ばれる4年間の労務提供期間を設定） ・残り（最低52％）は運営主体が保有する （Telegram ホワイトペーパーより引用）
	発行価格	n 番目のトークンの価格 P_n について $P_n = 0.1 \times (1 + 10^{-9})^n$ USD （発行時は1GRAM= 約0.1USD、ICO 発行上限時には1GRAM= 約1USD） （Telegram ホワイトペーパーより引用）
	配布方法	・具体的な購入手順の記載なし ・最低払込単位や最低払込金額、申込み後の撤回の

調達資金について	使途	可否等についても記載はない 80％：ネットワーク、サーバーの環境の設備、本人確認システムへの投資 20％：従業員の賃金、事務所、法律、およびコンサル企業への支払い ![80% 20%] (Telegram ホワイトペーパーより引用)
	管理方法	記載なし
プロジェクトについて	内容	Telegram のアプリケーションと連携したトークンウォレット
	ロードマップ	2017年第2四半期：Telegram Open Network 開発開始 2018年第1四半期：ICO の実施 2018年第4四半期：Telegram ウォレット立ち上げ 2019年第1四半期：トークンエコノミーの形成
	メンバー	・CTO、CEO に加え、10名ほどのエンジニアの氏名が似顔絵とともに記載されている ・学歴と職務経歴に加え、プログラミングコンテストの表彰実績が記載されている
	マネジメント体制	記載なし
その他	ICO特有のリスク提示	記載なし
	免責事項	記載なし
	準拠法・裁判管轄	記載なし
	規制への対応	記載なし

(2) 日本発のALIS

ア　日本発のICO

　2017年に登場したICOのほとんどは欧米発のものであり、日本の法人または個人による日本発のICOは極めて少ない状況にあった。そのような中で、2017年9月に日本人メンバーでICOを実施し、当時の評価額で4.3億円を調達したのが株式会社ALISである。ALISプロジェクトのホワイトペーパーは日本語で作成され、わかりやすい内容でまとめられている。

イ　ALISプロジェクトの概要

　ALISプロジェクトはブロックチェーン技術を用いて、新しい報酬システムを導入したソーシャルメディアプラットフォームの形成を目指している。これまでのソーシャルメディアであるインターネット上の記事では、収益源を広告に依存し、閲覧数をいかに稼ぐかという構造になっており、質の低い記事が量産されるといった状況にある。この問題をトークンエコノミーの形成によって解決しようとするのがALISプロジェクトである。

　ALISホームページには次のように記載されている。

> ALISは信頼性の高い情報・人に素早く出会えるソーシャルメディアプラットフォームです。信頼できる記事を書いた人、それをいち早く見つけた人が報酬を獲得することで信頼できる情報を蓄積するプラットフォームの実現を目指します。従来のメディアにありがちな広告のためのコンテンツ、ステルスマーケティング、信頼性の低い情報にうんざりしている人々を解放することがALISの目的です。

　具体的な仕組みとしては、投稿者が記事を作成しALISに投稿すると、

第5章　イニシャルコインオファリング

これを閲覧した他のユーザーから好評価が得られれば「いいね」と評価されることになっている。「いいね」の評価がなされると記事の投稿者に対しALISトークンが配布される。好評価が多く蓄積した場合には一早く評価したユーザーにもトークンが配布される。ALISトークンは仮想通貨取引所でビットコイン等他の仮想通貨に交換することができる。この仕組みにより、プラットフォーム上に良質な記事が集まるインセンティブ設計がなされている。2018年10月現在、ホームページ上にはクローズドベータ版が公開されており、多数の記事が掲載されている。

ウ　調達額のキャップ設定

ALISのICOで特徴的なのは、調達額に下限3.5億円、上限30億円のキャップを設けたところにある。株式会社ALISによると、ICOは中長期的にサービスを成長させるための手段として捉えるとしており、初期段階から資金を集めすぎると、その後トークンの価値を上げることが困難となり、トークン購入者に利益を還元できなくなってしまうおそれがあるため、キャップを付けたとしている。このようにICOによる資金調達の量を実施者側で調整することも長期的な視点からは重要な要素であると考えられる。

エ　日本の居住者に対する規制対応

現在、日本の居住者が参加できるICOには日本法が適用され、後述するように仮想通貨交換業の登録を取得しない限り基本的には禁止されることになる。ALISのICOが実施される時にはこのような規制が明確化されていなかったが、今後実施するICOはこのような規制に沿った対応を求められると考えられる。なお、株式会社ALISは、仮想通貨交換業の登録も見据えて活動することを明らかにしている。

オ　ALISのホワイトペーパー分析

ALISのホワイトペーパーに記載された主要な内容は次の通りである。

実施主体の情報		株式会社ALIS ・Webページに住所・連絡先・事業内容・役員の記載あり ・業績や財務状況の記載なし
実施地		日本
トークンの概要	名称(単位)	ALIS（ALIS）
	内容・使途	記事投稿メディアプラットフォームにおける報酬として利用する(信頼できる記事を書いた人、それをいち早く見つけた人が報酬としてトークンを獲得できる)
	使用技術	・イーサリアム（またはプライベートブロックチェーンとの複合） ・コンセンサスアルゴリズム：PoW（PoSに移行予定）
トークン発行について	生成上限	記載なし
	ICO時の販売量	2.5億枚
	配分	初期段階で5億枚を発行する 50％：ICOによりトークン購入者に保有 15％：ALISチームの活動資金として保有 15％：ALISチームのパートナー等が保有 20％：長期資産として保有 TOKEN ALLOCATION Long-term Budget 20% Fundraiser 50% Partnerships & Bounties 15% Team 15%

第5章 イニシャルコインオファリング

		（ALIS ホワイトペーパーより引用）
	発行価格	早期に購入した方がディスカウントを受けられる仕組みを設計（算定根拠の記載はなし） 1週目　1ETH＝2900ALIS 2週目　1ETH＝2600ALIS 3週目　1ETH＝2300ALIS 4週目　1ETH＝2000ALIS
	配布方法	・具体的な購入手順、最低払込単位、申込み後の撤回の可否等について記載なし ・最低調達額である3.5億円分のイーサリアムを集められなかった場合、取引は不成立となり、購入者に全てのイーサリアムを返却する
調達資金について	使途	25％：ソフトウェア開発 25％：マーケティング費用 20％：国内事業者として認可されるための申請費用 5％：法務および会計費用 25％：その他カスタマーサポート、オフィス支出関連費用等 （ALIS ホワイトペーパーより引用）
	管理方法	記載なし
プロジェクトについて	内容	トークンを軸とした記事評価システムを組み込んだソーシャルメディアプラットフォームの構築
	ロードマップ	タスク管理ツールの Trello（トレロ）を用いて Web ページ上で3か月後、6か月後、1年後、3年後の予

		定を掲示している
	メンバー	・代表設立者：1名、共同設立者（マーケティング）：1名、共同設立者（エンジニアリング）：1名、法務担当：1名、広報担当：1名 ・学歴・職務経歴や得意とする分野について詳細に記述 ・Webページには各個人のFacebookやtwitterへのリンクが貼り付けられている
	マネジメント体制	記載なし
その他	ICO特有のリスク提示	記載なし
	免責事項	記載なし
	準拠法・裁判管轄	記載なし
	規制への対応	記載なし

(3) ベネズエラ国のPetro

ア ベネズエラ国による独自通貨発行

　ICOの実施は企業や非営利団体だけではなく、国家によってなされる場合もある。深刻な財政危機に陥っている南米ベネズエラのマズロー大統領は、2017年12月に、世界有数の埋蔵量を誇る原油を担保にした独自の仮想通貨Petroの発行を開始すると発表した。ベネズエラは、外貨収入の90％以上を原油の輸出に頼っているが、原油価格の低迷やアメリカの経済制裁の影響で、深刻な財政危機に陥っており、法定通貨ボリバルのインフレ上昇率は2018年3月時点で、5,000％を超えているとされる。こうした状況を打開するため、原油を担保にした独自の仮想通貨Petroが発行された。127か国以上が参加したプレセールで、Petroの発行に

より38億ドル（約4,154億円）以上の資金が調達された。

　ベネズエラ政府はPetroを普及するために、Petroでの税金や公共料金の支払に優遇措置を設けるほか、他国との取引における優遇決済手段として用いるとしている。2018年4月には、ベネズエラ政府は、インドに対し、Petroでの決済を選択すれば、原油の価格を30％値引きすると提案をしていた。

　また、ベネズエラ政府は2018年8月に、ハイパーインフレの進行を受けて、Petroに連動する通貨制度の導入を発表した。正式な会計単位としてPetroを採用するとともに、給与や年金の支払についてPetroと連動する通貨を使用することを検討しているとされる。

イ　Petroのホワイトペーパー分析

　Petroのホワイトペーパーに記載された主要な内容は次の通りである。

実施主体の情報		ベネズエラ政府
実施地		ベネズエラ
トークンの概要	名称（単位）	イーサリアム（後にネムに変更との報道）
	内容・使途	・ベネズエラに埋蔵する原油が担保とされる ・新通貨制度のもとで、Petroと連動する通貨を発行 （ホワイトペーパー時には構想なし） ・公共料金や年金等の支払手段となるとの記載
	使用技術	・イーサリアム（後にネムに変更） ・コンセンサスアルゴリズム：PoI（ネム）
トークン発行	生成上限	1億 Petro
	ICO時の販売量	8240万 Petro
	配分	・生成上限の38.4％をプレセールにより配布、44％を本セールによって配布 ・残りの17.6％は、ベネズエラの通貨監督局が保持

		する （Petroホワイトペーパーより引用）
	発行価格	・発行時の原油価格に基づいて算定される ・プレセール・本セールを通じて、段階的な割引が行われる（時間が経つほど割引率が下がる）
	配布方法	・具体的な配布手順についての記載はなし ・最低払込単位や最低払込総額、申込み後の撤回の可否等についても記載なし
調達資金について	使途	55％：政府系運用ファンドの資金 15％：ペトロプロジェクトの技術開発や広報活動 15％：ペトロエコシステム内のアプリケーションの開発促進 15％：国の経済発展のための技術開発やインフラへの投資 （Petroホワイトペーパーより引用）
	管理方法	記載なし
プロジェクトについて	内容	国家と保有天然資源に裏付けされた仮想通貨 （後にこの仮想通貨を軸とした通貨制度の確立も目標とする）

第5章　イニシャルコインオファリング

その他	ロードマップ	記載なし
	メンバー	記載なし
	マネジメント体制	記載なし
	ICO特有のリスク提示	記載なし
	免責事項	記載なし
	準拠法・裁判管轄	記載なし
	規制への対応	記載なし

(4) 他のICOホワイトペーパーの紹介

　これまでTelegram、ALIS、およびPetroの3つのホワイトペーパーを紹介したが、これらに加えて、TaTaTu、COMSA、LIQUID、Dragon Coin、Bankera、Basisの紹介も行う。それぞれを比較することで以下の通り、ホワイトペーパーの記載事項を整理することができる。

ア　TaTaTu

　TaTaTuは、TTU（TaTaTu Tokens）と呼ばれるトークンを軸として運営されるメディアおよびエンターテイメントプラットフォームである。

　プラットフォーム上で提供されるコンテンツには、動画、ミュージックビデオ、ゲーム等があり、商業的なコンテンツも多く含まれる。ユーザーは全てのコンテンツを無料で閲覧することができ、また自らコンテンツを提供することもできる。

　通常の無料のメディアプラットフォーム等では、ユーザーは広告を閲

② ICO プロジェクトの実例

覧したり、データを提供したりすることと引換えにコンテンツを閲覧できる。TaTaTu は広告閲覧等を行ったユーザーに対して TTU トークンを付与することで、ユーザーに広告閲覧等のインセンティブを与えるメディアプラットフォームの実現を目指している。また、ユーザーがコンテンツをシェアした結果として別のユーザーがこれを閲覧等した場合、シェアを行なったユーザー自身も TTU を得ることができる。

実施主体の情報		TaTaTu Enterprises Ltd
		・Web ページでは連絡先（メールアドレス）の記載があるが、住所・事業内容・業績や財務状況の記載なし
実施地		ケイマン諸島（イギリス）
トークンの概要	名称(単位)	TaTaTu Tokens（TTU）
	内容・使途	・TaTaTu 内に広告を表示するための広告料の支払手段となる ・コンテンツ提供者がデジタル著作権管理を行うための利用料の支払手段となる ・広告視聴に対するユーザーへの対価の支払手段となる
	使用技術	・イーサリアム ・コンセンサスアルゴリズム：PoW（PoS に移行予定）
トークン発行について	生成上限	記載なし
	ICO時の販売量	記載なし（生成上限に対する割合のみ記載）
	配分	57％：プレセールおよび本セールで配布 35.5％：TaTaTu プロジェクトによりデポジット ５％：チームメンバーやアドバイザー（役割に応じたロックアップ期間を設定） 2.5％：創業者（５年間のロックアップ期間を設定）

309

第5章　イニシャルコインオファリング

		 ■ Pre sales and Public sales ■ Reserve ■ Team and Advisors (see below Lock-up period) ■ Founder (Lock-up period for 5 years) （TaTaTu ホワイトペーパーより引用）
	発行価格	記載なし
	配布方法	・具体的な購入手順についての記載なし ・最低払込単位や最低払込総額、申込み後の撤回の可否についても不明
調達資金について	使途	35％：コンテンツの獲得・開発 35％：ユーザーの獲得 15％：マーケティング 15％：法務、ソフトウェア開発、人事 ■ Content Acquisition and Production ■ User Acquisition Strategy ■ Marketing ■ Overhead, Legal, Software dev., Working Capital, HR （TaTaTu ホワイトペーパーより引用）
	管理方法	記載なし

② ICO プロジェクトの実例

プロジェクトについて	内容	メディア・エンターテイメントプラットフォームの構築・運営
	ロードマップ	・ICO の実施から約1年後まで記載 ・サービスのローンチ予定や各国への進出予定について記載
	メンバー	CEO、CTO各1名に加え、プラットフォーム部、PR部、マーケティング部等の責任者7名を掲載し、氏名、顔写真、経歴を記載
	マネジメント体制	記載なし
その他	ICO特有のリスク提示	・トークンの所有には高いリスクが伴うことを明記した上で、主なリスクを列挙している ・具体的には、①トークンは払戻しできず、将来の価値を保証するものでもないこと、②銀行の預金保険制度に相当するような制度は存在しないこと、③規制当局によって新たな規制措置が取られたり、トークンが証券とみなされて規制を受けたりする可能性があること、④ハッキングや秘密鍵の紛失による危険があること等が記載されている
	免責事項	・ICO に関するリスクの記載と合わせて、免責事項に該当する記載がなされている ・具体的には、①ホワイトペーパーにおける市場等についての一般的情報についてはその正確性を保証しないこと、②プラットフォームやスマートコントラクトについての開発を保証するものでないこと等が記載されている
	準拠法・裁判管轄	ケイマン諸島法に準拠 裁判管轄の明記はなし
	規制への対応	記載なし

イ　LIQUID

　LIQUIDプラットフォームは、仮想通貨経済の流動性を高めることを目標にQUOINE株式会社により立ち上げられたプラットフォームであり、世界中の仮想通貨取引所を繋げることで流動性の高いインフラを提供しようとしている。さまざまな取引所におけるオーダーや価格を「オーダーブック」上で統合し、マイナーな自国通貨での取引を望む者等に対して、流動性の高い市場を提供できるとする。その他にも、主要銀行との協力や銀行ネットワークの構築による法定通貨の送金の最適化、取引ツールの提供、法定通貨・仮想通貨を担保とする借入れサービスの実施等を行うとのことである。QUOINE株式会社は、銀行業の免許を取得予定であるとしている。

実施主体の情報		QUOINE株式会社 ・住所・役員の記載あり ・Webページ上では、電話番号や事業内容の記載あり ・業績・財務状況の記載はなし
実施地		日本
トークンの概要	名称（単位）	QASH（QASH）
	内容・使途	QUOINE株式会社の運営するLIQUIDプラットフォームその他のQUOINE社の提供するサービスでの手数料等 の支払手段となる
	使用技術	・イーサリアム ・コンセンサスアルゴリズム：PoW（PoSに移行予定）
トークン発行	生成上限	10億QASH
	ICO時の販売量	最大3億5000万QASH（最小5000万QASH）
	配分	・当初は生成上限の10億QASHが以下の割合で配分 35％：販売

② ICOプロジェクトの実例

		30％：コミュニティ／エコシステム 20％：経営陣・QUOINE株主で保有 15％：機関投資家等で保有 ・その後、5年目までに、経営陣・QUOINE株主の保有する20％を除いて全てが販売される予定 20％ 経営陣／QUOINE株主　35％ 販売 30％ コミュニティ／エコシステム　15％ 戦略パートナー／機関投資家（長期ホルダー） トークンのアロケーション　1年目　5年目 20％ 経営陣／QUOINE株主　80％ 一般への販売 (LIQUIDホワイトペーパーより引用)
	発行価格	・1 QASH=0.001ETH（規定の販売期間内での購入については、20％の割引） ・取引所での取扱手数料が別途生じる（具体的な記載なし）
	配布方法	・購入希望者は、QUOINE株式会社の仮想通貨取引所QRYPTOS上に口座を開設して資金を預託した上で、注文を行う。購入の注文後に撤回できないことを明記 ・販売最大数を上回る注文があった場合には、注文量に応じた比例配分により購入量を決定（この場合の返金方法については記載なし） ・規定の販売期間内での販売数が最小販売数である5000万QASHを下回った場合、取引は不成立となり、取扱手数料を控除した上でQRYPTOSへの預託金が返金される
調達資金について	使途	50％：流動性の確保 20％：プロダクト開発 15％：運営 15％：リーガル・規制対応

		15% リーガル／規制対応 15% 運営 50% 流動性 20% プロダクト開発 (LIQUID ホワイトペーパーより引用)
	管理方法	記載なし
	内容	流動性の高い仮想通貨取引プラットフォーム「LIQUID プラットフォーム」の開発・運用
プロジェクトについて	ロードマップ	トークン発売から2年後までの事業展開の予定を記載
	メンバー	CEO、CTO、CFO 各1名のほか、責任者6名の氏名、顔写真および経歴の記載あり
	マネジメント体制	記載なし
その他	ICO特有のリスク提示	購入者がパスワード管理を怠った場合にはトークンを紛失するおそれがあること、予定されているサービスの大幅な変更可能性があること、トークンの価値が大幅に変動するおそれがあること、イーサリアムに不具合が生じた場合には影響を受けること等を記載している
	免責事項	LIQUID プラットフォームのサービス開始について保証しないこと、新たな規制に伴ってサービスを変更する可能性があること、ホワイトペーパーに記載された情報の正確性等について保証するものでないこと等を記載している
	準拠法・裁判管轄	記載なし
	規制への対応	記載あり（仮想通貨交換業者として日本の金融庁に登録済み。銀行免許については将来的に取得を予定）

ウ COMSA

　COMSA のプラットフォームは、異なるブロックチェーンをまたいだサービスの構築やトークンの送信・交換を可能にするとされている。これにより、COMSA 上で ICO をする際にも、企業は独自トークンをプライベートブロックチェーンで管理しつつ、複数のパブリックブロックチェーン上で売買をすることができるとのことである。

　また、COMSA 上での ICO に対して、サービス設計やホワイトペーパー作成、トークンセールの実施、取引所 Zaif でのマーケットの提供等、さまざまな支援を行う。ICO を行いたい企業にとっては、ノウハウの提供を受けられる他、トークンの Zaif への上場を確保できるなど、ICO の信頼性を高めることができる等のメリットがあり、これによって COMSA 上での ICO 案件を集めることを目指しているとのことである。

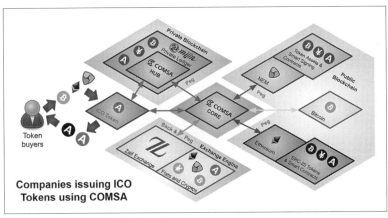

（COMSA ホームページより引用）

第5章　イニシャルコインオファリング

実施主体の情報		テックビューロ株式会社 ・Webページに住所・連絡先・事業内容・役員を記載 ・業績や財務状況の記載はなし
実施地		日本
トークンの概要	名称(単位)	COMSA (CMS)
	内容・使途	・COMSAプラットフォーム上でのICOについて、CMSによる払込みに対して優遇措置あり ・CMS保有者向けのICOの実施あり ・COMSAにおいてICOを受け入れるかどうかについての投票権を付与
	使用技術	・イーサリアムおよびネム ・コンセンサスアルゴリズム：PoW（PoSに移行予定）（イーサリアム）、PoI（ネム）
トークン発行について	生成上限	ICOにおける申込数の2倍
	ICO時の販売量	制限なし
	配分	50％：ICOで配布 5％：リファラルボーナスとして紹介者に配布 20％：テックビューロの経営陣やステークホルダー、従業員に配布 25％：将来の配布等に備えてテックビューロが保持 CMS Token Distribution Reserved 25.0% Contributors 50.0% Tech Bureau 20.0% Referral Bonus 5.0% (COMSAホワイトペーパーより引用)
	発行価格	1CMS=1USD（算定根拠の記載はなし）
	配布方法	・10万ドル相当以上の購入者に限定して、20％分のボーナス付きでプレセールを実施

調達資金について	使途	・その後の一般向けトークンセールでも、早い段階で申し込むほどボーナスを付与する仕組みを採用 ・最低払込単位や最低払込総額の記載はなし
		COMSAのICOトークンセール基盤プラットフォームやその他基幹となる機能の開発、Zaif取引所のサポート体制の整備等に充てられる
	管理方法	記載なし
プロジェクトについて	内容	ブロックチェーン間のゲートウェイとなるプラットフォームの開発・運用
	ロードマップ	・Web上にて、ICOやプラットフォーム提供開始の時期についてロードマップを提示 ・その他の具体的なサービスの開発・提供の予定については記載なし
	メンバー	・CEO、CTO、CMO、CFOほか経営陣6名の氏名と肩書きあり、リーガルアドバイザー、ICO協議会員の氏名・肩書の記載あり（いずれも写真の掲載はなし）
	マネジメント体制	記載なし
その他	ICO特有のリスク提示	記載なし
	免責事項	記載なし
	準拠法・裁判管轄	記載なし
	規制への対応状	日本の金融庁に対して仮想通貨交換業者としての登録申請を既にしており、登録見込みであることを記載

エ　Dragon Coin

　Dragon Coinは、Dragon, Corp.の発行するトークンであり、カジノでの掛け金のやり取りの基盤として用いられることを想定されているとのことである。

第5章　イニシャルコインオファリング

　カジノには、プライベートルームでVIP客を相手として、高額掛け金による賭博のみを扱う、「ジャンケット」とよばれる制度があるとのことである。ジャンケットには、専門の仲介者が自らのネットワークを用いてVIP客を紹介するとされている。

　VIP客は、初めに現金をチップに交換する際に、仲介者に約5％の仲介料を支払うことになる。また、VIP客は最後に換金可能なチップを換金に出し、現金を受け取ることとなるが、この際にも5〜8％程度の手数料を仲介者に支払うことになるとのことである。

　Dragonは、客とジャンケット運営者との間の現金やチップのやり取りにトークンを用いることによって、コストを大幅に抑えたシステムの構築を目指しているとのことである。

実施主体の情報		Dragon Corp. ・Webページ上に企業の住所・連絡先（メールアドレス）・事業内容・役員の記載あり ・業績概要・財務の状況の記載はなし
実施地		ヴァージン諸島（イギリス）
トークンの概要	名称（単位）	Dragon Coins（DRG）
	内容・使途	・カジノ（ジャンケット）で利用するチップと交換できる （カジノの客と運営者の間での送金機能を果たす）
	使用技術	・イーサリアム ・コンセンサスアルゴリズム：PoW（PoSに移行予定）
トークン発行	生成上限	5億枚
	ICO時の販売量	3500万枚
	配分	53％：パートナーであるジャンケットが保有 7％：購入者に配布 12％：早期支援者に配布 28％：創業者等が保有

② ICOプロジェクトの実例

	発行価格	・1DRG=0.00333ETH（算定根拠の記載はなし） ・購入量に応じてボーナスの付与（100DRGの購入に対して8DRG、1,000DRGの購入に対して88DRG、10,000DRGの購入に対して888DRGが追加で付与される）
	配布方法	具体的な購入手順、最低払込単位や最低払込総額、申込み後の撤回の可否等について記載なし
調達資金について	使途	83.3％：ジャンケットのデポジット 3.6％：プロジェクト運営 3.6％：ホテル・カジノの開設 3.3％：キャッシュマシーンの開発 3.3％：キャッシュマシーンへのデポジット 2.4％：マーケティング・プロモーション 0.5％：ウォレット開発 (Dragonホワイトペーパーより引用)
	管理方法	記載なし
プロジェクトについて	内容	利用者とカジノの間での送金やチップと現金の交換を仲介するシステムの構築・運営
	ロードマップ	記載なし
	メンバー	CEO、CTO、CFOほか経営陣5名の氏名と肩書き、リーガルアドバイザーの氏名・肩書が写真とともに記載あり
	マネジメント体制	記載なし

319

第5章　イニシャルコインオファリング

その他	ICO特有のリスク提示	記載なし
	免責事項	記載なし
	準拠法・裁判管轄	記載なし
	規制への対応	記載なし

オ　Bankera

　Bankeraは、仮想通貨の新しい銀行として構想されたサービスである。Bankeraの創業メンバーは、仮想通貨の交換やウォレット機能・デビットカード機能の提供を行うSpectroCoinと呼ばれるサービスを展開している。Bankeraは、SpectroCoinのサービスを補完し、拡大するためのものとされている。

　Bankeraは、銀行としての要件を満たすデジタルバンクで、支払、ローン・預金、投資等の金融サービスを提供する。支払面では、デビットカードや即時決済サービスを展開しているとされている。ICOでは、Bankers（BNK）というトークンが発行されたとのことである。BNKは、Bankeraのサービスや商品の購入に充てることができ、この場合には割引価格が適用される。また、BNKの保有者には、BankeraおよびSpectroCoinの手数料収入（手数料と実際にかかったコストの差額）の20%が、毎週割り当てられるとされている。

実施主体の情報	Finalify Ltd ・Webページ上に企業の住所・事業内容・役員の記載あり ・連絡先・業績概要・財務の状況の記載はなし
実施地	リトアニア

② ICOプロジェクトの実例

トークンの概要	名称(単位)	Bankers（BNK）
	内容・使途	・BankeraおよびSpactroCoinの手数料収入の20%をコミッションとして毎週分配される ・Bankeraのサービスや商品を購入する際の支払手段となる
	使用技術	・イーサリアム ・コンセンサスアルゴリズム：PoW（PoSに移行予定）
トークン発行	生成上限	プレセールでの発行量（25億BNKが上限）の10倍
	ICO時の販売量	・プレセールでは、25億BNKを上限として発行 ・本セールでは、生成上限の30%を発行（申込数が30%に満たなかった場合には、残りのトークンはその時点でのトークン保持者に対して保有量に比例して配分される
	配分	10%：プレセール（Pre-ICO） 30%：本セール（ICO） 30%：将来予定するICO（SCO※） 30%：経営者・従業員・アドバイザー pre-ICO 10%　ICO 30%　SCO 30%　Management 25%　Advisors 5% (Bankeraホワイトペーパーより引用) ※Second Coin Offering（2回目のICOを意味する）
	発行価格	・プレセール：1 BNK=0.01EUR ・本セール：1 BNK=0.012〜0.017EUR（プレセールでの発行量に応じて決定） ・将来予定するICOでの発行価格は、1 BNK=0.01EURを下回らないことが保証されている
	配布方法	具体的な購入手順、最低払込単位や最低払込総額、申込み後の撤回の可否等について記載なし
調達資金について	使途	記載なし
	管理方法	記載なし

第5章　イニシャルコインオファリング

プロジェクトについて	内容	仮想通貨に対応した銀行サービスの構築・提供
	ロードマップ	ICO の実施から 2 ～ 3 年後までのサービス展開予定を記載
	メンバー	・プロジェクトメンバーの氏名・顔写真・経歴が掲げられている ・CEO、CTO、事業開発代表、マーケティング代表等7名の経営陣に加え、9名のアドバイザーの記載あり
	マネジメント体制	記載なし
その他	ICO特有のリスク提示	記載なし
	免責事項	記載なし
	準拠法・裁判管轄	記載なし
	規制への対応	EU における決済サービス、電子マネーに関するライセンスを取得見込

カ　Basis

Basis は、ビットコインを初めとする多くの仮想通貨の高いボラティリティを問題視し、価格安定性を備えた仮想通貨として開発された。通貨の流通量を調整する中央銀行のような機能をシステムに組み込み、1 Basis ＝ 1 USD となるようにブロックチェーンによって Basis 流通量が調整されるとされている。このように法定通貨の一定の価格に固定されるトークンは一般にステーブルコインと呼ばれる。

実施主体の情報	Intangible Labs Inc ・Web ページ上では、連絡先（メールアドレス）・役員について記載あり ・住所、事業内容、業績・財務状況の記載はなし

② ICO プロジェクトの実例

実施地		アメリカ
トークンの概要	名称(単位)	Basis（BSS）
	内容・使途	価格変動を最小限に抑えた仮想通貨
	使用技術	独自ブロックチェーン (コンセンサスアルゴリズムは不明)
トークン発行	生成上限	なし（1BSS=1USD となるように発行量が調整される）
	ICO 時の販売量	記載なし
	配分	記載なし
	発行価格	記載なし
	配布方法	記載なし
調達資金について	使途	記載なし
	管理方法	記載なし
プロジェクトについて	内容	価格変動を最小限に抑えた仮想通貨の発行
	ロードマップ	記載なし
	メンバー	CEO および他の共同創業者 2 名、法務責任者、CTO、Chief of Staff の氏名・顔写真・経歴が Web ページに記載あり
	マネジメント体制	記載なし
その他	ICO特有のリスク提示	記載なし
	免責事項	記載なし
	準拠法・裁判管轄	記載なし
	規制への対応	記載なし

(5) ICO ホワイトペーパーの分析

ア 記載が不可欠な事項

今回紹介したホワイトペーパーのうち主に記載されている事項は、①プロジェクト内容、②実施主体の情報、③使用ブロックチェーン、④コンセンサスアルゴリズム、⑤トークンの単位、⑥調達資金の使途、⑦トークンの配分、⑧トークンの配布方法、⑨ロードマップ、⑩プロジェクトメンバーである。

いずれも ICO を実施するにあたっては不可欠な事項である。

(ア) プロジェクト内容、トークン、ブロックチェーンに関する情報

プロジェクト内容の説明は全体のほとんどを占めることが多く、そのいずれもが現状の課題の指摘から始まり、トークンを用いた問題解決方法が説明されている。使用するトークンは既存の仮想通貨、トークンと何が異なるのか、どのようにトークンエコノミーを形成していくのかをシンプルに説明できるホワイトペーパーが望ましいと考えられる。

(イ) 実施主体やプロジェクトメンバーの情報

実施主体やプロジェクトメンバーの情報は、明示によって、責任追及の対象を明らかにすることができるため、記載されることが多い。詐欺的な ICO を防止し、トークン購入者の信頼を確保するためには、ICO の実施者情報を明らかにすることが重要である。ホワイトペーパーや Web ページ上で実施主体である企業の名称、住所、メールアドレス等の連絡先を記載するだけでも、トークン購入者に対して信頼感を与えることができるが、これらを全て記載している ICO はほとんど見られない。プロジェクトメンバーは CEO、CTO 等のコアメンバーを掲げるほか、エンジニアや法務、広報アドバイザーを数多く記載する例も見られた。信頼感を与えるためには、アドバイザーを数多く並べることは効果的とはいえず、いかにコアメンバーの情報を詳細に伝えられるかが重要

である。

 (ウ) 調達資金の使途、トークン配分における傾向

 調達資金の使途としては、ICO の対象事業の性質によって多少は異なる部分もあるが、大枠で見れば内部のシステム開発に全資金の30％～50％を投入していることになる。また、法律や会計等の外部アドバイザーには全資金の5％～20％を投入していることになる。なお、内部留保として溜め込む例も見受けられる。

 トークン配分においては、いずれも50％近くはトークン購入者に割り当てられている。数年間売却しないことを条件に開発チームにトークンを割り当てるといったベスティング条項がついている例もあり、トークン購入者からすれば、開発チームがプロジェクトから離れず専念すると信頼できる材料になると考えられる。

イ 記載が望ましい事項

 今回紹介したホワイトペーパーの多くでは記載されていないが法的観点から記載すべき事項は以下の通り存在する。

 (ア) ICO 特有のリスク・免責事項

 ICO トークンのボラティリティは高く、投資元本を割るリスクがあること、ハッキングのリスクがあること等の ICO 特有のリスクはホワイトペーパーに明示されるべきである。

 また、トークン購入者の過失によるトークン紛失等、ICO 実施者にとっていわれのない事情で損害賠償を請求されることがないように、免責事項を設けて責任を負わない範囲を明確にしておくべきである。

 加えて、ICO の実施者が最善を尽くしたにも関わらず、プロジェクトが頓挫してしまった場合等も想定して免責事項を設ける必要がある。ICO では不特定多数から莫大な金額を集めるため、一部のトークン購入者からプロジェクト未遂行により損害を受けたと請求を受ければ、多額の請求・訴訟に発展してしまうリスクがある。

(イ) 規制への対応状況

　ICOを実施するに当たっては規制への対応状況もホワイトペーパーに記載すべきである。後述するように中国のICO禁止が2017年9月に発せられた後、世界各国でICOのリスクをトークン購入者に警告し、規制を検討する動きが生じた。規制に違反したICOの場合、国家の介入によりプロジェクトが頓挫する可能性が高いからである。

> ○コラム　ICOとは異なる手法による事例
>
> 　日本において、通常のICOとは異なる手法によるトークンの配布を行なった事例がいくつかみられる。
> ・無償配布（エアドロップ）
> 　　トークン保有者を多数獲得し、経済圏を確立することを目的に、トークンを無償配布する方法
> 　　　（例）Otaku Coin
> ・1 Satoshi 上場
> 　　ICOをすることなく即時に上場し、BTCの最小単位である0.00000001BT（=1satoshi）でトークンを売りに出す手法。
> 　　　（例）NANJ（なんJコイン），BENGO（弁護士コイン）

3 ICO のスキームと法規制

　前述のとおり、ICO は、巨額の金銭を、グローバルに、そして、容易に集められることから新しい資金調達方法として世界中から注目を浴びている。ICO の手法が知られ始めた2017年以前は、そもそも ICO の理解が進んでいなかったため、法規制については十分に意識がされていなかった。しかし、多くの人から財産を集める行為には、種々の金融規制が課されているところであり、法規制について常にキャッチアップする必要性は高い。以下では、ICO を実施するに当たって、現状いかなる法規制が存在するかを概観する。

　なお、ICO に関する法規制は、日々変化し、行政解釈も流動的であるため、以下に記載した事項も今後変化する可能性がある点には留意が必要であり、ICO の実施については、この分野に詳しい弁護士への照会を行うことが望ましい。

(1) ICO の実施に当たり「仮想通貨交換業」の登録は必要か

　最も重要な規制は、資金決済法によるものである。2017年4月1日に改正法が施行された資金決済法により、新たに「仮想通貨交換業」(資金決済法2条7項) という概念が追加され、内閣総理大臣の登録を得なければ当該業務を行うことができなくなった (資金決済法63条の2)。登録が必要となる「仮想通貨交換業」とは、前述第2章3の通り、以下の行為を行うものと定義されている (資金決済法2条7項)。

　① 仮想通貨の売買または他の仮想通貨との交換

第5章　イニシャルコインオファリング

②　①に掲げる行為の媒介、取次ぎまたは代理
③　その行う①②に掲げる行為に関して、利用者の金銭または仮想通貨の管理をすること

　ICOは、実施者がトークン購入者から仮想通貨を調達し、その対価としてトークンを発行するものであるため、ICOの際に発行されるトークンが仮想通貨に該当すれば、実施者において、仮想通貨と他の仮想通貨との交換を行っていると考えられるため、ICOを行うに当たって、「仮想通貨交換業」の登録を要するかが問題になる。

　ICOの際に、発行されるトークンは、発行段階では、これを使って「物品を購入」し、または「役務の提供」を受けるために「不特定の者に対して使用することができ」(資金決済法2条5項1号。いわゆる1号仮想通貨)ないはずであり、このトークンを他の仮想通貨と交換することもできないように思われる(資金決済法2条5項2号。いわゆる2号仮想通貨)。

1号仮想通貨 (資金決済法2条5項1号)	物品を購入し、若しくは借り受け、又は役務の提供を受ける場合に、これらの代価の弁済のために不特定の者に対して使用することができ、かつ、不特定の者を相手方として購入および売却を行うことができる財産的価値(電子機器その他の物に電子的方法により記録されているものに限り、本邦通貨および外国通貨並びに通貨建資産を除く。次号において同じ。)であって、電子情報処理組織を用いて移転することができるもの
2号仮想通貨 (資金決済法2条5項2号)	不特定の者を相手方として前号に掲げるものと相互に交換を行うことができる財産的価値であって、電子情報処理組織を用いて移転することができるもの

　しかし、現状の行政解釈では、「不特定の者に対して使用することができ」とは、将来的に、「使用することができ」れば足りると考えられ

ており、現状の資金決済法のもとでは、ICOで新規発行するトークンは、1号仮想通貨（場合によっては2号仮想通貨）に該当する。

そのため、ICOによるトークンの発行に基づいて、ビットコインやイーサリアムといった仮想通貨を調達することは、仮想通貨であるICO新規発行トークンと他の仮想通貨を交換することになるため、仮想通貨交換業の登録を取得する場合、または登録を受けた者を介して実施する場合を除いて、実施できないものとされている。

(2) ICOの実施に当たり「前払式支払手段発行者」として届出または登録が必要か
ア 「前払式支払手段」に対する法規制

トークンが、「前払式支払手段」（資金決済法3条1項）に該当する場合には、以下の通り、資金決済法上の規制が及ぶ可能性があるため、この点が問題となる。

トークンの内容	規制の可能性
「自家型前払式支払手段」（資金決済法3条4項）	・発行している前払式支払手段の未使用残高（前払式支払手段の総発行額－総回収額）が3月末あるいは9月末において、1,000万円を超えたときは、内閣総理大臣への届出が必要（資金決済法5条） ・3月末あるいは9月末において、発行している前払式支払手段の未使用残高が1,000万円を超えたときは、その未使用残高の2分の1以上の額に相当する額を最寄りの供託所に供託する必要（発行保証金の供託、資金決済法14条）
「第三者型前払式支払手段」（資金決済法3条5項）	・発行前に内閣総理大臣の登録を受ける必要（資金決済法7条） ・発行保証金の供託については上記と同様

この点については、ICOが仮想通貨交換業の規制に服するのであれ

第5章　イニシャルコインオファリング

ば、利用者保護等の資金決済法上の保護法益については、仮想通貨交換業の規制に基づいて実現されるのであるから、重畳的に前払式支払手段の法規制を適用する必要性は必ずしも高くはない。また、平成29年パブコメ47頁・No90によれば、「仮想通貨が同時に前払式支払手段に該当する、ということはない、という理解でよいか。」との質問に対し、「資金決済法上の前払式支払手段は、仮想通貨には該当しません」との回答が金融庁よりなされている。そこで、ICOの新規発行トークンが仮想通貨に該当する場合、同時に「前払式支払手段」に該当することはないと考えられる。

イ　ICOの実施に当たり「第二種金融商品取引業」の登録は必要か

ICOを行うに当たっては、いわゆるファンド規制にも注意が必要である（詳細は第3章6参照）。日本国内で、集団投資スキームの募集または私募を行う場合、原則として、第二種金融商品取引業の登録が必要となる（金商法2条8項7号ヘ、2条2項5号、28条2項1号）。すなわち、発行者の営業のために、出資をした結果、その営業から生じた利益を分配するといった場合には、金商法上の集団投資スキームの募集または私募に対する規制と同様の規制が及ぶことになる。

金商法の規制は金銭等を出資することを想定して作られているが、ビットコインやイーサリアムといった仮想通貨は、第3章6「仮想通貨とファンド」で説明した通り、直ちに金銭に変換され得るという性質上、実質的には金銭による出資と同視されるように思われる。したがって、仮想通貨の出資であったとしても金商法の規制を潜脱することはできないと考えるべきである。

したがって、ICOを実施するに当たっては、第二種金融商品取引業に該当しないよう、トークンの発行者が行った事業の利益を、トークン購入者に分配するといった制度設計を行わないよう注意する必要がある。

(3) 日本のICO規制の実際

以上のとおり、現状、日本でICOを実施するに際しては、いわゆるファンド規制に該当しないよう注意しながら、仮想通貨交換業の登録を得て、実施することが一般的な手法であると考えられる。

○コラム　SAFT（Simple Agreement for Future Tokens）

アメリカにおいて、一定の投資経験や資格を有する者（適格投資家）に限定してICOに参加させる仕組みをSAFT（Simple Agreement for Future Tokens）とよぶ。

具体的には、①ICO時には、適格投資家との間でトークン自体ではなくトークンを将来取得する権利を与える投資契約を締結し、②その後トークンを使用できる完全なプロダクトが実装された時点でユーティリティトークンを配布するという方法である。

ユーティリティトークンとはモノやサービスとの引き換え券に過ぎないものとして、アメリカ等において規制の対象となる有価証券（Security）に該当しないトークンとされている。

①の段階ではICOにより開発するプロダクトが固まっておらず、ICOの際に発行される新規発行トークンがユーティリティトークンに該当するか不明確であり、有価証券（Security）と評価されるリスクも少なからず存在するため、適格投資家に対する有価証券の販売は規制が免除されることを利用し、①の段階で適格投資家に限り投資契約を締結するスキームがとられている。

実際にアメリカのProtcol Labs, Inc.とAngelList, Inc.は資金調達プラットフォームのCoinList（コインリスト）を開発、運用させることによりSAFTを実現させている。

日本においては、以上の通り、ICOの実施を予定していても、仮想通貨交換業の登録という事実上困難なハードルが設けられている。そこで、既存の法律で合法とされる範囲でICOを実施する日本版SAFTによってICOを実施する方法が考えられるが、複雑なスキームとなるため、ここでの議論は割愛する。

第5章　イニシャルコインオファリング

　しかし、2018年9月時点においては、ICO を目的とした事業者の仮想通貨交換業の登録は皆無であり、日本国内において2017年12月以降適法に ICO が実施されたケースは存在しない。今後、ICO を目的とした仮想通貨交換業の登録がなされれば、日本でも適法に ICO を実施する基盤が整う可能性があるが、現時点では、登録に要する期間や登録審査でどのような事項が主に審査されるのかが不明確であり、実質的には日本で適法に ICO を実施することは困難な状況である。そのため、ICO の実施を計画する事業者は、ICO の実施が可能な海外に進出する傾向が顕著となっている。

　ICO の多くは、実施したにもかかわらず、サービスが立ち上がらないなど、詐欺的なものも多く散見されるため、規制が必要であることは明らかであるが、ブロックチェーン産業およびトークンエコノミーで経済を活性化させるためには、ICO に関する規制のルールを整備することが必須である。

○コラム　海外事業者実施の ICO に対する金融庁の警告

　これまで説明をしてきた日本法上の規制は、日本の居住者を対象とする事業を展開する海外事業者に対しても適用され得る。
　タイに事業の本拠を置く Tavitt Co, Ltd.（タビット）は日本居住者が参加できる ICO を実施していたとして、2018年3月7日付けのプレスリリースにて金融庁から日本居住者に対する ICO を実施しないよう警告を受けていたことを発表した。
　Tavitt 社は当該プレスリリースの中で金融庁から「ホワイトペーパーで日本居住者に対して販売非対象である旨の記載をすることはもちろんであるが、それだけでは不十分であり、実際に日本居住者に販売できない体制を整備する必要がある」との趣旨のメールを受け取っていたと報告している。
　結果として、Tavitt 社は日本語版のホワイトペーパーを取り下げ、日本居住者に対してはトークンの販売を実施しない決定を行った。

4 海外の動向

　これまでは、日本におけるICO規制を主に説明したが、ICOはオンライン上で世界中から資金調達ができるという性質上、厳密には参加し得るトークン購入者の居住地における法令を遵守しなければならず、海外の規制動向にも注視する必要がある。前記の通り、日本でのICOの実施には「仮想通貨交換業」の登録を取得しなければならず、時間・費用からして困難であることから、海外のトークン購入者を対象としたICOを検討する企業・団体も登場している。本項では海外のICO規制動向について(1)ICOを禁止している国、(2)ICOを既存の枠組みで規制しようとしている国、(3)ICO特有の規制を構築する国、(4)ICOを特段規制しない国の4項目に分類し、それぞれの特徴について解説する。

(1) ICOを禁止している国

ア　中国

　2017年9月4日、中国政府よりICOによる資金調達は、経済や金融の秩序を著しく乱す活動であり、ICOの90％は違法な資金調達に過ぎないとして中国におけるICOは全面禁止された。

　この禁止の名目は中国国内のトークン購入者保護であるが、実際のところは自国通貨が国外に流通することをおそれての禁止であるとも言われている。中国によってICOが禁止されたことをきっかけに、各国におけるICO規制の流れが強まった。2018年10月現在でもICOは禁止されているが、中国の高官が国内TVのインタビューで、ライセンス規制が整備されたのちにICO禁止を解除することを示唆する発言をした情

報やブロックチェーンは経済的価値において「インターネットの10倍」であるとする発言をした情報もあり、ICO を制限付きで容認する立場に変わることも否定できない。

2018年7月9日には、中国のインターネット金融改正作業部会において、中央銀行の副代表によって、中国国民に向けられた海外 ICO を拒絶する姿勢が改めて主張された。

その一方で、中国政府の習近平主席によりブロックチェーンは「技術革新の一端」であると述べられ、国家政策としてブロックチェーンは肯定的な扱いを受けている。

イ　韓国

2017年9月29日、韓国金融委員会（FSC）は ICO によってトークン購入者が詐欺や市場操作の被害に遭うリスクに言及し、あらゆる形式の ICO を禁止する方針を明らかにした。

韓国といえば、仮想通貨投資が盛んになされている国の一つであり、サムスングループも含めた産業界もブロックチェーン技術の導入について積極的である立場を明らかにしている。韓国 IT 大手の Kakao Corporation も韓国国内における ICO を予定していたが、国の規制方針から断念せざるを得ず、シンガポールなど海外での ICO を実施するとのことである。

このような状況を踏まえ、国内におけるブロックチェーン産業の育成を図りたい韓国政府としては、ICO の禁止を解く方向も検討していると韓国メディアが報じている。

④　海外の動向

(2) ICOを既存の枠組みで規制しようとしている国

ア　アメリカ

(ア)　有価証券該当性

　アメリカにおけるICO規制のきっかけは、まだICOという用語が浸透する前のある事件から生じた。2016年6月17日、自律分散型投資ファンド「The DAO」のプログラムがハッキングを受け（後の「The DAO事件」）、これによりDAOに参加したトークン購入者は360万イーサリアム（当時の価値で換算して65億円程度）を一時的に失うことになった。同年7月25日、この事件を受け、アメリカの証券取引所委員会（SEC）はDAO（ダオ）トークンを米国証券法上、有価証券であると位置づけたレポートを発表し、認可を受けないICOによる資金調達は証券取引法規制の対象となることを明言した。

　トークンが有価証券に該当すると、米国証券法により、全ての有価証券の勧誘、募集ならびに販売を行う場合には証券取引委員会に登録することが義務づけられる。なお、有価証券に当たるかについて、最高裁判例では下記 Howey Test（ハウェイテスト）という基準を設け判断しており、ICOについてもこの基準が用いられるとされている。

(イ)　Howey Test

　Howey Testの基準は以下の通りである。

---

① It is an investment of money
　（金銭による投資か）
② There is an expectation of profits from the investment
　（投資により利益を期待できるか）
③ The investment of money is in a common enterprise
　（共同事業に対する投資か）
④ Any profit comes from the efforts of a promoter or third party

第5章　イニシャルコインオファリング

（他社の努力により利益がもたらされるものか）

　Howey Test に基づいて、有価証券に該当しないことを主張する動きもある。2017年11月、アメリカの法律事務所 Velton-Zegelman によって、中国のブロックチェーン・プロジェクト Bytom（バイトム）に関する Howey Test 報告書をリリースし、単に Bytom を所持するだけではなく、使用することをもって利益が得られるとして上記④は満たさない等述べ、有価証券に当たらないと報告をしている。

(ウ) SEC の基本的立場

　2017年12月11日、SEC 委員長の Jay Clayton 氏により公式声明が発表され、これまで ICO で販売されてきたトークンのほとんどが米国法における有価証券として規制されるべき可能性が高いとの発言があった。また、証券専門弁護士や会計士、コンサルタントを含む市場専門家に対し、トークン購入者を保護する責任を強調し、名称が何であれ、ICO の実質を精査し、既存の法律の枠組みで規制すべき有価証券であるのかを判断するよう促した。最後に、ICO の資金調達の有用性に肯定的な意見を持っていることを見せながらも、特有のリスクがあるとして、証券法違反には厳しく取締を行っていくとの立場も明らかにしている。

(エ) 証券該当性についての判断

　2018年6月、SEC の幹部よりイーサリアムは証券に該当しないとの判断が報道された。その理由のひとつとして、イーサリアムが分散化された構造になっていることをあげている。中央集権であれば Howey Test の④にあるように、発行体の企業努力により、トークン購入者に利益の還元を約束することができるため証券に該当するが、分散化された状態であれば特定の発行体の努力を期待して投資する形ではないため、④を満たさずイーサリアムは証券ではないと説明されている。ビットコインについても SEC 委員長により「ドル、円、ユーロといったものを代替している。このタイプの通貨は証券ではない」として証券には該当

しないとされている。

　リップルに関しては、2018年5月13日に、一部のトークン購入者から未登録の証券を販売していると集団訴訟を起こされており、司法の判断を待つ状態にある。

(オ)　登録免除規定

　証券に該当してしまった場合でも、証券法には登録が免除される場合が規定されている。登録免除規定として、ICOにおいて対象となりそうなものは、①Regulation Dと②Regulation Sの2つがある。

①　Regulation D

　私募を対象とするRule 504、Rule 505および公募を対象とするRule 506がある。インターネット上で募集をするICOには性質上、私募の適用は困難であるため、公募を対象とするRule 506に適用されるかを検討することが多くなる。当該規定においては、投資家が適格投資家（過去2年間の年収が20万ドル以上、または純資産が100万ドル以上である）であることをICO主催者がSECに報告しなければならない。

　先述したSAFTはこのRegulation Dの適格投資家に限定して投資契約を締結するというものである。最近では有価証券を適格投資家に限定して販売し資金調達をする傾向があることからICOからSTO（セキュリティトークンオファリング）に移行しているとの評価も一部でなされている。

②　Regulation S

　国外における証券の募集については、登録義務が課せられない。SECは、証券の募集がどのような場合に国外のものとみなされるかについての基準（Regulation S）を設けている。ICOがアメリカ合衆国の外で行われ（アメリカ国民を対象とせず）、かつICO主宰者が、米国向けの販売の勧誘を行わないことが必要となる。

ICOの中には、SECの規制を避けるために、アメリカ国民を参加させないように、アメリカに居住しているかを確認するためのチェックボックスをあえて設けるものもある。

イ　シンガポール

シンガポールは自国通貨の電子化に努めていることもあり、ICO規制には抑制的であろうとのトークン購入者の楽観的な見方があったが、シンガポールの中央銀行であるシンガポール金融管理局（MAS）は2017年8月1日、ICOで発行されるトークンを証券先物法の対象として規制する考えを公表した。同年11月にはガイドライン（A GUIDE TO DIGITAL TOKEN OFFERINGS）が公表され、実質的に株式としての取扱いがなされている場合や、発行者の負債をトークン化する場合には既存の有価証券と同視できるとして目論見書の提出等を求めている。

なお、ICOの規模が小さい場合（例えば12か月間で500万シンガポールドルを超えない等）や、適格投資家を対象としている場合には例外を認めている。アメリカの証券法にも規制を免除する例外規定があることを紹介したが、シンガポールのICOガイドラインでは、明確な規制の例外規定を設けたことが特徴的である。

加えて、このガイドラインの末尾にはケーススタディーが付いており、実際にどのようなケースが規制の対象となり得るのか解説がなされていることが興味深い。例えば、ユーザー間のコンピュータ技術の売り買いの決済手段のみを目的として発行されるトークンAは規制に服しないケース、とある企業の持ち分としてユーザーが企業を所有する手段として発行されるトークンBは規制に服するケースなど、ケース同士の比較解説も含めて、丁寧に解説がされているのが印象的である。

2018年5月24日には、ＭＡＳが証券に該当するようなトークンを発行しているICO実施者に対してトークン発行を止めるよう命令したと発表した。シンガポールはブロックチェーンおよび仮想通貨ビジネスに対

して、寛容である態度は変わらないが、定められた統制を遵守させるよう投資環境を整備することを目指している。

2018年8月1日には、MASは一部のICOを規制する旨の書簡を公開した。これによれば、シンガポール証券先物法の対象となる証券的性質を有するトークンのICOは今後規制対象となり、トークン発行者はICO開始前にMASに目論見書を提出しなければならないとされる。

ウ　スイス

スイスは仮想通貨に寛容な国とされており、人口3万人の小さな町のツーク（Zug）はサンフランシスコのシリコンバレーのように「クリプトバレー」とよばれ、暗号通貨・ブロックチェーン関連企業が世界中から集まっている。その中にはイーサリアムなどの有名企業も名を連ねており、ICOが盛んになされている国の1つといえる。

しかし、スイス金融規制当局（FINMA）の2017年9月29日プレスリリースにて、FINMAは現在スイス国内で行われているICOの一部は金融関連の現行法に抵触している可能性が高いと報告がなされた。FINMAはいくつかのICOに対し、詳細な調査を進めており、違反に対しては法的措置を執行する立場を明確にしている。

2018年2月16日には、FINMAはICO規制ガイドラインを発行し、以下のとおり取引あるいは譲渡が可能なトークンとして以下の3つに分類し、既存のルールをどのように適用すべきか説明している。

---

① Payment tokens（支払トークン）
　　単に支払手段のみとして機能するトークンであり、有価証券として扱われない。しかし、マネーロンダリング規制には服することになる。
② Utility tokens（ユーティリティトークン）
　　その価値に将来のプロジェクトで生じる商品やサービスの利用料が含まれており、いわばクーポンとして機能するものである。単に引換券としての機能であるのならば、有価証券として扱われない。

③　Asset tokens（資産トークン）
　配当や投票権が含まれており、株式に近い機能を有している場合、有価証券として扱われ、スイス証券法や民事法の要件（目論見書など）を満たす必要がある。

　既存の金融商品との同質性を規制の根拠とすることは他国と同じだが、スイスではトークンを分類して規制の要否を解説しているのが特徴的である。FINMAはガイドラインの中で、実際のICOトークンにおいては、これら3つのトークンのどれかに明確に定まるわけではなく、ハイブリットな形のトークンも登場しうることを想定し、例えば、ユーティリティトークンであっても支払トークンとしての実態があるとして、マネーロンダリング規制に服する可能性も示唆している。

　ガイドラインでは最後に、FINMAのCEOであるMark Bransonのコメントとして、ブロックチェーン技術は金融界において革新的な技術であり、バランスの取れたICO規制を通じて、起業家を成功に導くことが使命であると述べている。

エ　ドイツ

　2017年11月9日、ドイツ監督官庁であるBundesanstalt für Finanzdienstleistungsaufsicht（BaFin）はICOのボラリティの大きさ、詐欺の温床になっていること等をあげて危険性を警告した。2018年3月29日、BaFinはICO規制に関するガイドラインを発表し、他国の規制状況について概観したうえで、既存の規制枠組みで規制すべき実態を備えたICOについては規制対象となることを解説している。

　例えば、トークンが以下の通りの金融商品と評価できるのであれば、各既存の法律に規定される目論見書等の関連書類の提出義務が生じる可能性があると述べる。

・証券と評価できる→証券目論見書法

> ・資産と評価できる→資産投資法
> ・株式と評価できる→資本投資コード

また、以下の条件を満たせばトークンは証券と扱われることも説明している。

> ・譲渡可能であり、金融市場で売買できる
> ・構成員としての権利、またはそれに類する権利がある
> ・支払手段でない
> ・所持者がブロックチェーン上に記帳されている

オ　イギリス

2017年9月12日、イギリス金融監督官庁であるFinancial Conduct Authority（FCA）によりICOの以下のリスクを紹介し、各ICOについて十分調査をした上で、参加するよう注意喚起をした。

> ・多くのICOは、海外で実施され、FCAによる規制の対象外である
> ・一般的に仮想通貨と同様に、トークンの価格ボラリティが高い
> ・詐欺の被害に遭う可能性がある
> ・ICOにおいては、十分な情報公開がされないことが多く、誤った情報が提示されることもある
> ・典型的なICOプロジェクトはかなり初期段階のもので、実験段階である

他国と同様に規制対象該当性は、ICOの性質によって判断されるとし、証券に該当する場合、目論見書開示制度によって規制される可能性があるとし、今後規制の立場を明らかにしていくことを示している。

(3) ICO特有の規制を構築する国

ア　フランス

2017年10月26日にフランス金融市場庁（AMF）は、仮想通貨に関する法制度不在の状況に対処することを目的としてUNICORN（Universal Node to ICO's Research & Network）プロジェクトで規制の今後について議論することを報告した。

UNICORNでは、ICOの規制の今後あるべき形について、以下の3つの案を提示した上でメールアドレスを公開し、国民から意見を公募した。

---

① Promote best practices without changing existing legislation;
（①既存の規制を変えることなく最善の施策を進めていく）
② Extend the scope of existing texts to treat ICOs as public offerings of securities;
（②有価証券の公開に関する規定をICOでも扱えるよう拡張する）
③ Propose ad hoc legislation adapted to ICOs.
（③ICOに適用できる特有の法規制を策定する）

2018年2月22日には、AMFはプレスリリースで意見公募の結果を公表し、上記①が3分の1ほど、②が2名、③が3分の2ほどであるとして、最も強い支持を得たICO特有の法規制を策定する方針を報告した。得られた意見の中には発行主体の同一性確認を求めることや、AMFの許認可を要すること、ファンドのエスクローを立ち上げること、およびマネーロンダリング規制やテロ資金規制を防ぐ方策を設けること等があった。同日、別のプレスリリースでAMFはレバレッジ取引などの仮想通貨デリバティブについてはAMFの承認が必要であること、電磁的手段による広告を禁止することを方針とすることが報告されている。

2018年3月19日にはAMFがICOを合法的な投資手段とする規制の枠組みを作成しているとの報道があった。この新しい枠組みはAMFがICO主宰者に免許を与えるライセンス制であり、免許を取得したICOには調達資金の使途に関してトークン購入者に何らかの保証を求める仕組みとなっている。なお、免許がなくともICOは禁止されるものではなく、この点で、ICO事業を妨げることなくリスクに対応していくというフランスの規制スタンスが如実に表れている。

イ　ジブラルタル

スペイン半島の南端にある英領ジブラルタルでは本格的なICO規制が整備されようとしている。ジブラルタル政府とジブラルタル金融委員会（GFSC）は、ICO規制法案において、ICO主宰者に情報の開示と金融犯罪防止のルールを順守させる責任を負わせる「公認スポンサー」という役割を導入して、販売、流通を規制する法案を議論すると述べている。

2018年5月15日にはジブラルタル政府よりICO規制法案の方針が発表された。その中ではジブラルタル法、EU法においてはほとんどのトークンは証券とは扱うべきではないという見解が示されている。

ウ　アブダビ

アブダビグローバルマーケット（ADGM）の金融サービス規制庁（FSRA）は2017年10月9日に仮想通貨取引やICO規制に関するガイドラインを他国に先駆けて発行している。内容としては他国と同様にICOが有価証券と同視できるのであれば、既存の規制に当てはまる場合として、目論見書の発行等を義務づけるというものである。例外として一定人数の私募、適格投資家、または100万ドルの資産を有するトークン購入者へのICOは規制の対象外としている。

FSRAは2018年4月30日、仮想通貨を取り扱うビジネスについての規

制案を公開した。その中で、アンチマネーロンダリングだけでは不十分であり、仮想通貨ビジネス特有の消費者保護やシステム障害に関する規制も打ち出さなければならないとしている。

2018年6月25日、FSRAは仮想通貨関連事業の規制枠組みを公開した。アンチマネーロンダリングに加え、消費者保護、テクノロジーガバナンスが要規制項目として掲げられている。また、同日、仮想通貨関連事業の開始申出届の書式を公開している。

エ ロシア

ロシアの情報技術・通信省が2017年2月12日、ICOプロジェクトについてライセンス認可を定める文書を発行した。そこではトークンを開発・発行するためのライセンスの必要性を述べ、さらにICO主宰者に対する必要条件の1つとして、約1億ルーブル（約170万ドル相当）の名目資産を有することが必須となり、また、これに関連して特別に認可された銀行口座を保有することも義務づけた。ICOライセンスの有効期限は5年間になるとしている。

2018年3月にはデジタル金融資産関連法案がまとめられ、仮想通貨とトークンを公認の仮想通貨取引所でのみ取引することが可能な資産と定義し、さらに、マネーロンダリング防止とテロ資金対策に関する規制に従うことを仮想通貨取引所の顧客口座に要求することとなる。

このデジタル金融資産関連法案は、大統領が2018年7月1日に発効させる見込みであるとの報道がなされていたが、2018年8月現在において、未だ法案の発効はなされていない。

オ イスラエル

イスラエル証券局（ISA）は、2017年9月にICO規制の検討するための調査委員会を設立し、同委員会は、2018年3月に中間報告書を出すに至っている。

同報告書では、発行されるトークンが有価証券とみなされるかについては、トークンの購入目的を中心に個別的に判断するものとされている。具体的には、株や債券等の従来の有価証券と類似する権利を与えるトークンは有価証券とみなされるのに対し、専ら支払や為替のための手段として設計されたトークンや、消費・利用のみを目的とする商品・サービスを得る権利を伴うトークンは有価証券とみなされないこととなる。また、ISAは同報告書で、一定規模までのICOに対しては緩やかな規制を適用することや、規制のサンドボックスを利用して試験的なICOを認めることなどを検討することを勧告している。

(4) ICOを特段規制しない国（ベラルーシ）

ア　仮想通貨・ICO合法化

　ベラルーシでは、2018年3月28日を施行日として大統領が仮想通貨・ICOを合法化する法令（Decree No.8）を発令した。企業誘致区域であるHigh Technology Park（HTP）に居住する法人・個人が対象となる。グローバルITハブとして世界中から企業を誘致することを目的としている。HTP居住者企業の従業員、居住者個人には特別にビザが免除され、労働ビザ等なくとも一時の滞在が可能である。2023年まで仮想通貨のマイニング・発行交換・譲渡・保存等に関しては課税をしない方針を掲げている。各国がICOへの規制を強める中、あえて逆に規制を緩め、海外からの企業を誘致しようとしている興味深い動きである。

イ　トークン購入者に対する規制の検討

　ICOを全く規制しない方針というわけではなく、2018年5月にはベラルーシ共和国国立銀行（NBRB）がICOへのトークン購入者に対して参加条件を課すことを検討中であることが報道された。
　その内容として一般のトークン購入者が資産を失う危険性を最小限に

抑えるために、ICOへの投資は適切な学歴と職歴の両方が必要とされている。もしこの2つの条件のいずれかを欠く場合には、財産に関する要件の1つを満たさなくてはならない。財産要件としては、最低年収2万ドル（約220万円）か最低預金額5万ドル、どちらか一方の条件をクリアしなくてはならない。両方の金額には仮想通貨資産や有価証券、法定通貨が含まれる。なお、ベラルーシの1人当たり年間世帯収入は、約3,500ドルである。

(5) 小括

以上の各国の規制を概観したが、表にまとめると次の通りである。

規制に対するスタンス	国
1．ICOを禁止する国	中国　韓国
2．ICOを既存の枠組みで規制しようとしている国	アメリカ　シンガポール　スイス　ドイツ　イギリス
3．ICO特有の規制を構築する国	フランス　ジブラルタル　アブダビ　ロシア　イスラエル
4．ICOを特段規制しない国	ベラルーシ

様々な国の規制を概観すると、全体の規制傾向として、以下の順序で規制が行われることが導き出される。

```
① ICOの危険性を警告
    ↓
② 既存の枠組みで規制する方針を掲げる
    ↓
③ 既存の枠組みに沿ったICOガイドラインを策定
    ↓
④ ICOを対象とする法令の策定
```

2017年においては①と②の段階の国がほとんどであったが、2018年に入り急速に③のフェーズにまで到達する国が現れ、早いところでは④に到達するところも散見される。この動きは加速し、今後は数多くの国がICOを対象とする法令を策定し、ICOの規制枠組みが固まることが予測される。

この傾向に沿わない例外としてはICO禁止国があるが、各国の規制が整備されるにつれて、他国同様に条件付きでICOを認める方向に傾くことも考えられる。

興味深いのは規制を行わない方針を掲げる国である。他国が規制に乗り出す中で、戦略的に規制を行わない姿勢は非常に興味深い。このような国は他にも現れるが、一定の規制は設けることになるであろうと考えられる。

2018年3月19日・20日には、アルゼンチンで開催されたG20において、ICO規制への取組みについて話し合われた。結論としては、Crypto-assets（暗号資産）（通貨の特性を欠き、暗号資産に過ぎないと言及）は未だ世界経済に与える影響は軽微なものであるとして、現状では監視を継続し、具体的な規制への取り組み方針決定は7月のG20に再度持ち込まれる方向となった。その中で、参加国からは、仮想通貨・ブロックチェーン技術のもたらす経済システムへの効率促進化を阻害しないような規制を試みたい一方で、マネーロンダリングやテロ資金確保というマイナスの面には規制が必要である、との声が上がった。

続く2018年7月21日・22日に同じくアルゼンチンで開催されたG20においても、具体的な規制への取り組み方針決定は10月のG20に改めて持ち込まれることになった。当該G20では、金融活動作業部会（FATF）の報告により、各国によって暗号資産の規制状況が異なることや、多くの国でアンチマネーロンダリングを含む法律や規制が制定中であることが確認された。その上で、FATFが策定する規制枠組みが暗号通貨に適用され得るのか検討を継続することが報告された。

第5章　イニシャルコインオファリング

○コラム　デジタルコマース商工会議所によるガイドライン案

　2018年7月に、ブロックチェーン業界の業界団体として世界最大のデジタルコマース商工議会所（Chamber of Digital Commerce）から、ICOに関するガイドライン案（Proposed Guideline for Policy-makers and Practitioners）が公表された。このガイドライン案では、ICOが遵守するべき原則を示している。以下では、主要な原則を紹介する。
(1)　証券等として金融規制を受けないために遵守すべき原則
　・デジタルトークンは、ICO発行者によって開発され、十分に開発されたシステムやアプリケーションの構成要素でなければならない。トークンスポンサーにより開発が続いている場合、その開発努力が利益の期待（Howey Testの基準の1つ）とみなされたり、先物取引の約束であるとみなされたりする可能性がある。
　・信用取引によってトークンを売却してはならない。
　・トークンプロジェクトの潜在的価値ではなく、トークンの利便性の価値を強調するようにしなければならない。
　・トークンは、保有者がプロジェクトによる利益を期待しないように設計しなければならない。
(2)　トークン頒布プロセスにおける原則
　・トークンを利用するためのシステムやアプリケーションのコンセプトを十分に固めておかなければならない。
　・完全かつ正確なホワイトペーパーを作成し、公表前に法律専門家のレビューを経なければならない。
　・専門家の支援を受けて関連法令や規制を検討し、またトークン頒布の条件等を確認しなければならない。
(3)　ホワイトペーパーに記載すべき事項
　・トークンや関連システム・アプリケーションに用いられる技術
　・トークンによって獲得・利用できるシステムやアプリケーションについての説明
　・スマートコントラクトを利用する場合には、その利用方法や目的、機能の仕方
　・プロダクトやサービス、トークンのユースケース
　・トークンについての包括的な説明（仕様や保有者の権利・利益・義務等）
　・トークンやその配布に関する将来の重要事項・リスク等の開示

第6章

中央集権→
分散型管理の未来

第6章　中央集権→分散型管理の未来

1 スマートコントラクトの実用可能性と将来

(1) はじめに

　スマートコントラクト（Smart Contracts）という概念は、1990年代前半に法学者でありコンピューターサイエンティストのNick Szabo氏が最初に提唱したものである。その歴史はブロックチェーンよりも古い。Nick Szabo氏は、単にスマートコントラクトを「a computerized transaction protocol that executes the terms of a contract」と定義していた。
　現在では、スマートコントラクトは、ブロックチェーンの本質的価値である分散型台帳技術を用いることで、改ざんの困難性や非中央集権性を備えることが可能となるのではないかとの期待から注目を集め、スマートコントラクトを用いた実証実験やサービス等も多数登場している。
　しかしながら、論者によって、スマートコントラクトの捉え方が一様ではなく、スマートコントラクトとは何か？スマートコントラクトを用いて何ができるのか？スマートコントラクトではなくてはならない理由はなにか？を正確に把握することは容易ではない。
　本項では、法律実務家の視点から、スマートコントラクトの意義を捉え直した上で、取引実務への応用可能性とその将来性について検討することとしたい。

(2) 契約（Contract）と処分証書（Written Contract）と合意書（Agreement）

　スマートコントラクトが論じられる際、「コントラクト」が指す具体

的内容は必ずしも明らかにされないことが多い。「コントラクト」という用語は、ある時は「法律行為に向けられた意思表示の合致」を指す用語として、ある時は「法律行為が化体された処分証書」を指す用語として、ある時は「商取引に伴い締結される合意文書」を指す用語として、用いられる。

　しかし、講学上、これらは厳密に区別される。法律学の観点からは、「契約（Contract）」とは、「対立する複数の意思表示が合致して成立する法律行為」を意味し、法律行為性（権利変動に向けられた当事者の意思の表明）を要件とする。かかる「契約（Contract）」には、原則として法的拘束力が認められ、当事者が自由意思によりこれを履行しなければ、公権力により強制的に実現される。そして、かかる法律行為（権利変動に向けられた当事者の意思の表明）が文書によってなされる時、法律行為を化体した文書は処分証書（Written Contract）として、民事法上非常に重要な文書となる。

　他方、通常の取引においては、契約（Contract）が化体された文書としての処分証書（Written Contract）が当事者間で意識されることはなく、合意を証する文書としての合意書（Agreement）が作成され、これが実務上、いわゆる「契約書」として用いられる。そして、この合意書（Agreement）に表現される「合意」は、通常、権利変動に向けられた当事者の意思の表明としての法律行為のみならず、単に当事者が合意したにとどまる事項が含まれるのが一般である。

　以下に実際の不動産売買契約書（Real Property Sale and Purchase Agreement）の例を用いて説明する。この不動産売買契約書に含まれる最も核たる契約（Contract）は、第1条（売買の目的物および売買代金）において示された「売主は、標記の物件（ａ）（以下「本物件」という）を標記の代金（Ｂ１）をもって買主に売渡し、買主はこれを買受ける。」という意思表示であり、かかる意思表示が当事者である売主と買主間で合致することにより、不動産売買契約は成立する（民法555条）。そして、

第6章　中央集権→分散型管理の未来

かかる意思表示が「不動産売買契約書」という書面に化体されたとき、不動産売買契約書第1条は処分証書（Written Contract）に相当する。他方、第5条（売買代金の支払時期及びその方法）や第13条（印紙代の負担）などは権利変動に向けられた当事者の意思の表明ではないから、契約（Contract）には該当しない。このように契約書（Agreement）には、契約（Contract）以外の事項も盛り込まれる。

不動産売買契約書の例

不動産売買契約書

（売買の目的物及び売買代金）
第1条　売主は、標記の物件（ａ）（以下「本物件」という。）を標記の代金（Ｂ１）をもって買主に売渡し、買主はこれを買受けた。

（売買代金の支払時期及びその方法）
第5条　買主は、売主に売買代金を標記の期日（Ｂ３）、（Ｂ４）までに現金又は預金小切手で支払う。

（印紙代の負担）
第13条　この契約書に貼付する収入印紙は、売主・買主が平等に負担するものとする。

（公租・公課の負担）
第14条　本物件に対して賦課される公租・公課は、引渡し日の前日までの分を売主が、引渡し日以降の分を買主が、それぞれ負担する。
2　公租・公課納付分担の起算日は、標記の期日（Ｆ）とする。
3　公租・公課の分担金の清算は、残代金支払時に行う。

※　公益社団法人全国宅地建物取引業協会連合会のモデル契約より抜粋

このように、単に、「コントラクト」といっても多義的であり、スマートコントラクトを論じる際、上記いずれについて論じているのかを

明確にしなければ、議論がかみ合わないこととなる。

(3) スマートコントラクトの意義

　スマートコントラクトが論じられる際、論者が上記の「コントラクト」のうちいずれに対するイノベーションを志向しているのかを理解することにより、スマートコントラクトの可能性をより正確に理解することが可能となる。

　例えば、ある論者はスマートコントラクトを「コンピューターが理解可能な言語で契約書を記述することにより、契約書の改ざんを防止し、同時に契約の自働執行を可能とする」ものとして論じるが、これは、既存の合意書（Agreement）に対するイノベーションを志向するものであり、議論の対象は商取引における合意文書としての合意書（Agreement）である。他方で、ある論者はスマートコントラクトを「契約の自働執行を可能とするもの」として論じるが、これは、より狭義の契約（Contract）もしくは処分証書（Written Contract）に対するイノベーションを志向するものであり、議論の対象は法律行為に向けられた意思表示の合致としての契約（Contract）である。

　このように、論者により議論の対象は異なるが、合意書（Agreement）をスマートコントラクトで代替することを議論することは現実的ではない。すなわち、合意書（Agreement）は、契約（Contract）または処分証書（Written Contract）の必須要素である法律行為のみならず、①合意形成のための交渉手段としての機能、②対立当事者間の合意事項を記載するルールブックとしての機能、③紛争時の立証手段としての機能をも有する。そして、これらの機能は合意の当事者のみならず関わる者全てにとっての可読性を本質的要素として要求することから、自然言語によって表現されることが本質的な要件となっている。しかし、上記の通り、コンピューターが理解可能なプログラミング言語で契約書を記述するこ

とを志向する時、自然言語が有する可読性は失われる。コンピューターが理解可能なプログラミング言語によって合意書（Agreement）を記述し、自働執行を可能とするという意味におけるスマートコントラクトは、我が国においても、ブロックチェーン技術の台頭とは関係なく法情報学の領域において伝統的に取り組まれてきた研究テーマであるが、上記の可読性の壁を越えることは容易ではなかろう。

(4) ブロックチェーンとスマートコントラクト

　このように、スマートコントラクトは合意書（Agreement）を代替するものとして議論されるものではなく、むしろ、契約（Contract）または合意書（Agreement）の一部を構成する契約（Contract）における応用を想定して議論する方が正確である。
　すなわち、契約（Contract）の要素である、「対立する複数の意思表示の合致によって成立する法律行為」をコードによって記述することで、法律行為から権利変動の執行までを自働化することを目指すものである。
　では、スマートコントラクトをブロックチェーン上で記述する理由はなにか。
　第一に、契約（Contract）に自働執行性を付与するだけであれば、プログラミング言語により契約（Contract）が記述されれば足り、必ずしもブロックチェーン上に記述される必要はない。しかし、ブロックチェーン上でスマートコントラクトを締結することができれば、ブロックチェーンの特性により、その内容は改ざん不可能となる。これにより、契約当事者は、何者かによるスマートコントラクトコードの改ざんを恐れることなく、ブロックチェーン上でスマートコントラクトが締結可能となる。ここに、スマートコントラクトにブロックチェーンを導入する大きな意義がある。
　第二に、かかるプロセスが、非中央集権的に実現される点に、ブロッ

1　スマートコントラクトの実用可能性と将来

クチェーンを用いたスマートコントラクトのもう1つの特性がある。すなわち、契約（Contract）自体は、私人間の合意によってなされ、その履行は原則として私人の自由意思に委ねられている。したがって、現行法制度の下では、自由意思による履行が期待されない時、訴訟手続および強制執行手続を経て、公権力により、契約（Contract）は強制的に実現される。また、不動産、自動車、債権に関する取引のように、取引の安全等の法政策上の理由により、権利を完全に保全するため、私人間の合意に加えて、公権力による登記や登録等が法制度上要求されることがある。ブロックチェーン上のスマートコントラクトは、その改ざんの困難性と自働執行性により、これら中央集権的な管理を不要とするとされる。

　ブロックチェーンを用いたスマートコントラクトにはこれらの利点があるが、不動産売買を例にとって考えるとわかりやすい。

　現在では、不動産売買を行う当事者は、不動産売買契約書を作成し、これに合意する。先履行のリスクを回避するため、通常、不動産登記に必要な登記書類（登記情報証明書等）の交付と売買代金の送金は同時履行とされる。これにより、売主は不動産の所有権を喪失する代わりに売買代金を手にし、買主は売買代金を支払うのと引換えに不動産の所有権を手にする。そして、買主は登記書類を用いて当該不動産に係る所有権移転登記を行い、対外的にも所有権を主張できるようになる。

　これに対して、スマートコントラクトを活用すれば、以下のようなことが可能となる。

　まず、ブロックチェーン上に不動産を紐づける。これは、現在個々の不動産に割り当てられている地番や家屋番号を活用すればよい。そして、当該不動産に関する取引は全てブロックチェーン上で完結させる。すなわち、ブロックチェーン上で、地番もしくは家屋番号によって不動産を特定し、その権利移転を全てブロックチェーン上に記述する。そして、不動産売買の対価の支払をブロックチェーン上に記録される仮想通貨で

第6章　中央集権→分散型管理の未来

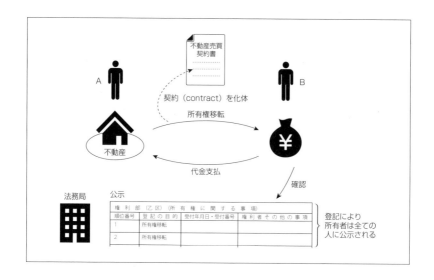

行うか、金融機関とAPIを連携させることにより、買主口座への入金が確認されると同時にブロックチェーン上で権利移転が実行されるようプログラミングしておくことにより、不動産の権利移転と同時に決済する。そして、ブロックチェーン上におけるプログラムの記述（スマートコントラクトの記述）をもって契約（Contract）の締結と捉える。これにより、不動産売買がブロックチェーン上で完結し、かつ、可視化される。

　これにより、次のような利点がある。現在、不動産取引では、合意によって生じる実体法上の権利移転と登記制度によって対外的に公示される権利の主体に不一致が生じる可能性がある。そのため、現行法制度下においては不動産が二重に譲渡され、真の権利者が権利を喪失する事例が発生し得る。しかし、スマートコントラクトを用いることで、登記による公示制度がなくとも、実体法上の権利移転とブロックチェーン上での権利移転を完全に連動させることが可能となり、実体と公示の不一致は解消され、二重譲渡の問題は生じ得ない。また、不動産売買契約書等の登記書類は理論上変造が可能であるが、スマートコントラクトを用い

1 スマートコントラクトの実用可能性と将来

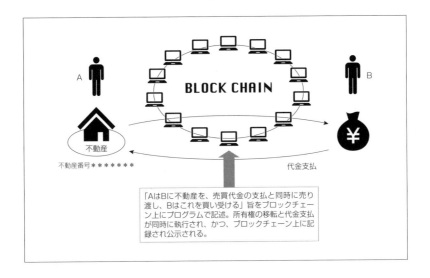

る場合、ブロックチェーン上に記述されたスマートコントラクトを変造することは理論上不可能であり、取引の安全性は高まる。

このように、ブロックチェーンによるスマートコントラクトを活用することにより、現行法制度下における登記制度が抱える不備を解消し、中央集権的システムを不要とすることで、経済性も同時に実現される。

(5) スマートコントラクトの限界と可能性

スマートコントラクトは、既存システムに対する革命になり得るといわれることがある。実際、登記・登録制度によって権利移転を公示するような取引については、スマートコントラクトとの親和性は非常に高く、既存システムを置き換える潜在力を秘める。現に、スウェーデンでは登記制度をスマートコントラクト化する実験を進めていると言われる。

しかし、既存の契約（Contract）システムが有する問題点が全てスマートコントラクトによって解決されるわけではない。

第6章　中央集権→分散型管理の未来

　現行法制度下において登記・登録制度が採用されていない取引類型では、スマートコントラクトが解決する課題はそれほど多くはない。例えば、動産の売買であれば、現行法制度下においてはそもそも登録制度が用意されておらず、動産の占有の物理的（一定の要件を満たすときは観念的）な移転により対第三者の権利が保持されるのであって、そもそもブロックチェーン上に権利移転を記録する必要性はあまりない。この文脈ではスマートコントラクトが果たす役割は限定される。また、スマートコントラクトは合意書（Agreement）がもつ、合意形成機能等の各種機能を代替するわけではないから、不動産売買にスマートコントラクトが導入されたとしても、いわゆる不動産売買契約書（Real Property Sale and Purchase Agreement）が不要となるわけではない。さらに、スマートコントラクトを用いる場合でも、法律行為の主体が真正な権利者であるか、といった問題はなお残る。スマートコントラクト自体は、「誰がスマートコントラクトを記述しているのか」といった意思表示の真正性については何ら担保するものではないからである。

　スマートコントラクトの効用として中央集権的なシステムを不要とするという点が強調されることが多いが、権利移転をブロックチェーン上に記述する場合、ブロックチェーン上に記述された取引対象と現実世界で実際に取引される対象の同一性を担保する必要があり、この点において、「地番」や「家屋番号」といった中央集権的システムになお依存している。紛争解決手段としての司法機能についても、ブロックチェーン上に記述されたスマートコントラクトは改ざんの余地がなく、かつ自働執行されるため、処分行為（権利移転）の有無に関する紛争は生じ得ず、この点において裁判所は不要となるが、不動産売買契約書（Real Property Sale and Purchase Agreement）にまつわる権利移転以外の紛争（例えば、瑕疵担保責任や秘密保持義務違反等）は、ブロックチェーンとは関係のない現実世界の問題として「合意内容が遵守されたか」という形で依然として生じ得るから、裁判所の事実認定機能が完全に不要となるわ

けではない。裁判所の執行機能についても、確かに権利移転に係る執行機能は不要となるが、物理的な占有の取得等物理的権利を保全するための執行機能は依然として必要である。

このように、スマートコントラクトは、既存の取引システムを根底から変え、多くの社会課題を解決する潜在力を有すると同時に限界も有する。

いかなる課題をスマートコントラクトによって解決し、何を既存の取引システムに委ねるべきかを、スマートコントラクトという言葉に踊らされることなく、現行の契約理論も踏まえ冷静に考察していくことで、スマートコントラクトの社会実装がより現実的なものとなる。

第6章 中央集権→分散型管理の未来

2 ブロックチェーン技術と個人情報管理の未来

(1) 個人情報管理が抱える問題

　現代において、情報が有する価値は増し、企業は情報の集積と活用を戦略の核に据える。クラウドコンピューティング技術の進展とともに、個人情報を集積し、利活用する様々なウェブサービスが登場し、日々膨大な個人情報データベースが生成されている。個々のユーザーは、これらのウェブサービスの一ユーザーとして、サービス事業者に対して個人情報を特に深く考えることなく提供し続けている。こうして集積された個人情報は、個人情報データベースとして、ときに漏えいし、ときに第三者に販売される。その氷山の一角が時折紙面を賑わすが、ユーザーがサービス事業者に対する個人情報の提供を止めることはない。

　情報の有する価値が増すにつれ、企業は情報を集積するためにあらゆる手法を駆使し、その反面として、情報管理、特に個人情報の保護は世界的な課題となっている。企業活動を行う上においても、行政活動を行う上においても、個人情報保護と無縁であることはできない。特に、近年、GoogleやFacebook、Amazon等の巨大プラットフォームの出現により、個人情報を一企業が独占することが世界的に問題視され、各国は個人情報の保護を強化している。

　例えば、我が国においては、平成29年に個人情報保護法の改正法が施行されたが、同改正においては、個人情報の流通の適正さの確保が強化されたほか（同法23条2項）、個人情報の開示、訂正、利用停止等の求めが請求権であることが明確化される（同法28条1項、29条1項、30条1項）等、個人情報の帰属主体によるコントロールがより重視される傾向にあ

る。

　しかし、実際には、大半の個人は、個人情報の帰属主体として、自らの個人情報や個人情報と紐づいた行動履歴をサービス事業者に提供し続けているにもかかわらず、自らがどのサービス事業者に対して自身の個人情報を提供し、あるいはどのサービス事業者が自らの個人情報を保有しいかなる第三者に対して提供しているのか、認識すらできていない。仮に認識できたとしても、多くの個人は自らの個人情報をコントロールするために訴訟コストその他の重いコストを負担することはない。法の保護にもかかわらず、実際には、個人情報の帰属主体である個人は、自らの個人情報に対するコントロールを喪失しているのである。

　ここに、情報化社会における個人情報保護の技術上、立法論上の限界がある。

(2) ブロックチェーン技術を用いた個人情報の自己コントロール

　ブロックチェーン技術は、個人情報の管理に関する課題を解決する可能性を秘める。ブロックチェーン上に記録された情報は改ざんが不可能であり、かつ、可視化することができる。

　これにより、個人情報の移転をブロックチェーン上で行うことを法制度上義務づけることができれば、個人情報の帰属主体が自己に関する個人情報の移転をトラフィックし、自己に関する個人情報のうちいかなる情報を誰が保有しているかを常に把握することが可能となる。

　また、スマートコントラクトの仕組みを採用することにより、個人情報の第三者提供を自己のコントロール下に置いた上で自働的に執行することが可能となり、個人情報の適正な利用が促進される。具体例を用いて説明すると以下のようになる。

第6章　中央集権→分散型管理の未来

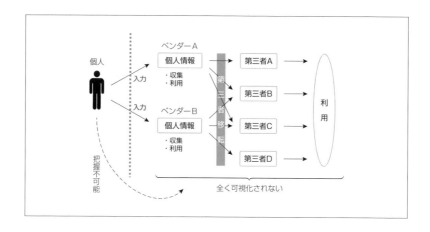

ア　現行法制度下における個人情報管理

　個人は、各種サービスを利用する際、サービス提供事業者（上図のベンダーAやベンダーB等）に対して、氏名、住所、生年月日、メールアドレスなどの個人情報を提供し、実際にサービスを利用する中で検索履歴や行動履歴などの情報をも提供し、これが個人情報と結びつくことでさらに価値ある情報を提供している。

　もっとも、個人は、無数のサービスを使い分けており、いかなる事業者が自己に関するどのような個人情報を保有し、どのように利用しているかをもはや把握できていない。しかも、個人情報を取得したサービス事業者は、適法または違法に個人情報を第三者（上図の第三者AないしC等）に提供している。そのため、個人情報の帰属主体が、自らの個人情報が誰に保有され、かつ誰がいかなる用途に活用しているかを正確に把握することはもはや不可能である。

　したがって、個人情報保護法において、個人情報の開示、訂正、利用停止等を求めることができる（同法28条1項、29条1項、30条1項）とされていながら、実際上、これらの権利を実行に移すことは困難である。

2　ブロックチェーン技術と個人情報管理の未来

イ　ブロックチェーンを用いた個人情報管理

　ブロックチェーンを利用して個人情報を管理する場合、個人は、以下のいずれかの方法で事業者に対して個人情報の利用を認めることになる。

　第1の方法は、個人が個人情報を管理する独自の端末を用いて個人情報を管理した上で、事業者に対して個人情報の利用を認める場合には、個人情報へのアクセス権を事業者に個別に付与し、事業者によるアクセス記録をハッシュ化してブロックチェーン上に記録し、管理する方法である。

　この方法による場合、事業者は個人情報を保有せず、個人が管理するウォレットにアクセスして利用するのみである。アクセス記録は全てブロックチェーン上に記録され、個人情報の帰属主体は個人情報へのアクセス状況を全て把握できる。この場合、サービス事業者に許されるのはウォレットに保存された個人情報へのアクセスのみであって、個人情報を取得するわけではないから、例えばアクセスした個人情報をコピーして他の事業者に提供することは許されない。この方法を制度化した場合、現行個人情報保護法で一定の要件のもと認められている「個人情報の第三者提供」という概念はなくなり、事業者は適法に個人情報を利用するためには個人の許諾を個別に得ることになる。個人は、ダイレクトメール等を受領する際に、ブロックチェーン上のアクセス記録と自働で照合することにより、ブロックチェーン上にアクセス記録のない事業者、すなわち個人情報の利用を許諾していない事業者からのダイレクトメールであるか否かを瞬時に把握することができる。個人情報の不正利用があった場合には、これを瞬時に把握し通報することができるようになり、個人情報の不正利用は抑制される。

　第2の方法は、個人情報をブロックチェーン上に暗号化して記録した上で、個人情報をサービス事業者に提供する場合には、ブロックチェーンを通じて事業者に個人情報を提供する方法である。その際、ブロック

チェーン上に、いかなる場合に個人情報の第三者提供や個人情報の取扱いの委託が可能かも併せて記述される。

　個人情報の移転が全てブロックチェーン上に記録されるため、個人情報の帰属主体はいかなる個人情報が誰に移転したかを把握可能であり、スマートコントラクトとして定めた第三者提供の範囲を逸脱している場合には、事業者に対する責任追及が可能となる。個人情報の第三者提供を受ける事業者はブロックチェーン上に記述されたスマートコントラクトの要件充足の有無を確認することにより、適法な第三者提供か否かを瞬時に把握可能であり、違法な第三者提供は排除される。また、適法な個人情報の移転はブロックチェーン上でなされることを義務づけることができれば、ブロックチェーンを介さない個人情報の移転はその時点で不正な取引ということになる。個人情報の第三者提供を受ける事業者はこれを回避することができるから、不正な第三者提供は予防される。

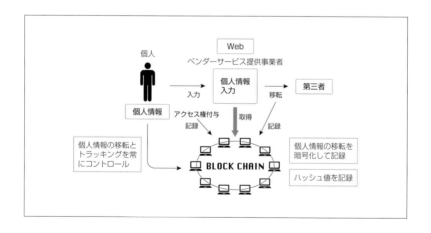

③ 分散型管理社会の可能性

　上記のスマートコントラクトの例から明らかなように、ブロックチェーン技術を用いた分散型管理社会においては、例えば不動産の二重譲渡のような現行法制度下において生じるさまざまな課題が解消される。また、個人情報管理の例のように、個人情報の管理および移転にブロックチェーンを活用することにより、より適正な個人情報の保護が可能となる。ブロックチェーンの社会実装が進んだ分散型管理社会においては、個人情報に留まらず、中央集権的に管理されていた多様な情報がブロックチェーン上で管理され、より正しく利用されることになるだろう。

　これらは、ブロックチェーン技術が、現行法制度下において法の趣旨を貫徹することが事実上困難とされる課題を解決する有力なソリューションとなり得ることの好例といえる。

　ブロックチェーンの社会実装はまだ緒についたばかりであるが、今後本格的な普及期を迎え、多くの社会課題を解決することが期待される。

　同時に、法制度は、かかる技術進歩が正しく社会課題を解決できるよう、側面から支える社会インフラとしての不可欠の機能を果たす。技術進歩に応じて、正しい法設計がなされなければならないゆえんである。

●事項索引

アルファベット・数字

API ……………………………………… 247
Binance ………………………………… 114
Crypto-assets（暗号資産）………… 347
DEX …………………………………… 160
FATF（金融活動作業部会）………… 18
G7エルマウサミット ………………… 18
G20 …………………………………… 347
HitBTC ………………………………… 114
Howey Test …………………………… 335
ICO（Initial Coin Offering）…… 62, 284
IEO（Initial Exchange Offering）…… 295
IR実施法 ……………………………… 194
P2P（Peer to Peer）ネットワーク … 42
PoC（Proof of Consensus）………… 27
Proof of Work（PoW）……… 11, 27, 165
PSP …………………………………… 251
Ripple社 …………………………… 26, 27
SAFT（Simple Agreement for Future Tokens）………………… 331, 337
Satoshi Nakamoto ……………… 2, 10, 42
STO（Security Token Offering）…… 295
The DAO事件 ………………………… 335
X-Road（エックスロード）…………… 38
1 Satoshi上場 ……………………… 326
1号仮想通貨 ………………………… 328
2号仮想通貨 ………………………… 328

あ

アクワイアラ ………………………… 251
預り金 ………………………………… 248
アルトコイン（Alt-coin: Alternative coin）……………………………… 42
安全管理措置 ………………………… 98

イーサリアム（Ethereum）………… 42
――財団 ……………………………… 21
イシュア ……………………………… 251
一般社団法人日本仮想通貨交換業協会（Japan Virtual Currency Exchange Association、JVCEA）………… 23
一般社団法人日本仮想通貨ビジネス協会（Japan Cryptocurrency Business Association、JCBA）………………… 22
一般社団法人日本価値記録事業者協会（Japan Authority of Digital Assets、JADA）……………………………… 21
一般社団法人日本ブロックチェーン協会（Japan Blockchain Association、JBA）………………………………… 21
一般社団法人ブロックチェーン推進協会（Blockchain Collaborative Consortium、BCCC）……………………… 23
ウォレット …………………………… 62
ウェブ―― …………………………… 175
仮想通貨―― ………………………… 174
クライアント型―― ………………… 53
コールド―― ………………………… 96
サーバー型―― ……………………… 53
ハードウェア―― …………………… 176
ペーパー―― ………………………… 177
ホット―― …………………………… 96
――アプリ（クライアント型）…… 175
疑わしい取引 …………………… 121, 139
――の届出 ……………………… 117, 138
エアドロップ（AirDrop）……… 202, 326
オープンAPI ………………………… 247
オフアス取引 ………………………… 251
オンアス取引 ………………………… 251

か

外国仮想通貨交換業者 ……………… 68, 72
外国集団投資スキーム ……………… 236
外為法 ……………………………… 144
外部委託 …………………………… 106
課金 ………………………………… 200
確認記録の作成・保存 ………… 117, 136
貸金業 ……………………………… 66, 263
貸金業法 …………………………… 19
仮想通貨ガイドライン ……………… 63
仮想通貨決済 ……………………… 153
仮想通貨交換業 …………… 60, 168, 261
──該当性 ………………………… 179
仮想通貨交換業者 …………………… 60
仮想通貨交換所 …………………… 149, 151
仮想通貨取引所 …………… 62, 149, 150
仮想通貨の決済サービス …………… 153
仮想通貨の送金サービス …………… 157
仮想通貨販売所 …………………… 149, 151
仮想通貨ファンド …………………… 228
ガチャ ……………………………… 200, 217
金商法 ……………………………… 19
為替取引 ………… 65, 157, 239, 250, 256
監査 ………………………………… 108
監査報告書 ………………………… 79
間接強制 …………………………… 55
強制執行 …………………………… 52
強制通用力 ………………………… 43
業として ……………………………… 63
業務改善命令 ……………………… 110
業務停止命令 ……………………… 111
許認可承継 ………………………… 276
銀行 ………………………………… 158
銀行業 ……………………… 65, 241, 256
銀行独自通貨 ……………………… 30
銀行法 ……………………………… 19
金融ADR …………………………… 100
金融庁 ……………………………… 17
苦情処理措置 ……………………… 101
クライアント型ウォレット …………… 53
クラウドセール ……………………… 284
クレジットカード
　──番号等取扱業者 ……………… 253
　──番号等取扱契約締結事業者 …… 253
　──番号等取扱受託業者 ………… 254
経営管理態勢 ……………………… 84
景品表示法 ………………………… 203
ゲーム内通貨 ……………………… 201
決済業務等の高度化に関するワーキング
　グループ ………………………… 18
決済手段 …………………………… 200
検査局 ……………………………… 17
検査役の調査 ……………………… 279
懸賞 ………………………………… 219
現物出資 …………………………… 269, 279
コインチェック株式会社 …………… 71
国外送金調書法 …………………… 144
個人情報 …………………………… 360
個人情報保護法 …………………… 19, 360
コンソーシアム型 …………………… 16

さ

債権執行 …………………………… 54
財務局 ……………………………… 17
財務状態 …………………………… 74
差金決済取引 ……………………… 61
シェアリングエコノミー …………… 30
資金移動業 ……… 65, 158, 239, 241, 256, 260
資金移動業者 ……………………… 65
資金移動業等の該当性 …………… 181
資金決済法 ……………………… 17, 46, 60
自己募集 …………………………… 230
システムリスク ……………………… 104
事前審査 …………………………… 77
事前相談 …………………………… 77
実質的支配者 ……………………… 127
指定紛争解決機関 ………………… 101
支払又は支払の受領に関する報告書 183
事務リスク ………………………… 106

社内体制 ………………………………… 75
集団投資スキーム …………… 170, 172, 230
収納代行サービス ……………………… 242
譲渡命令 ………………………………… 55
情報管理態勢 …………………………… 98
所有権 …………………………………… 49
スマートコントラクト（Smart Contracts）……………………………… 350
総合政策局 ……………………………… 17
その他財産権の執行 …………………… 55

た

代金引換サービス ……………………… 242
対公衆性 …………………………… 63, 235
体制整備 …………………………… 117, 141
代物弁済 …………………………… 45, 200
第二種金融商品取引業 ………………… 229
立入検査 ……………………………… 110
チェーン ………………………………… 8
チェックリスト ………………………… 83
帳簿書類 …………………………… 97, 109
通貨 ……………………………………… 43
適格機関投資家 ……………………… 231
適格機関投資家等特例業務 ………… 231
デューデリジェンス（DD）………… 273
テロ資金凍結法 ……………………… 145
電子決済等代行業 …………………… 246
電子マネー …………………………… 255
転付命令 ………………………………… 55
動産執行 ………………………………… 53
投資運用業 …………………………… 234
投資事業有限責任組合 ……………… 234
登録拒否要件 …………………………… 66
登録の取消し ………………………… 111
トークンエコノミー ………………… 286
特定事業者 …………………………116, 245
特定取引 ……………………………… 119
賭博 …………………………………… 202
賭博罪 ………………………………… 194
取引記録の作成・保存 ………… 117, 138

取引時確認 … 85, 117, 118, 123, 129, 160

な

内部監査部門 …………………………… 84
内部管理部門 …………………………… 84
ナンス ………………………………… 164
二重支払問題 …………………………… 9
ノード …………………………………… 7

は

売却命令 ………………………………… 55
ハイリスク取引 ……… 118, 121, 128, 140
ハッシュ ……………………………… 162
──関数 ……………………………… 162
──値 ………………………………… 164
パブリック型 …………………………… 15
パブリックセール …………………… 284
犯罪収益移転防止法（犯収法）
 …………………………… 18, 47, 116
反社会的勢力 …………………………… 86
──の排除 …………………………… 84
ビザンチン将軍問題 …………………… 10
ビットコイン（Bitcoin）…………… 42
不祥事件 ………………………………… 87
不正競争防止法 ………………………… 19
プライベート型 ………………………… 15
プライベートセール ………………… 284
ブロックチェーン ………………… 2, 25
分散型取引所 ………………………… 160
分散型取引台帳 ………………………… 2
紛争解決措置 ………………………… 101
分別管理 ………………………… 77, 93
ペイロール・カード ………………… 248
ポイントサービス …………………… 258
包括信用購入あっせん業 ……… 252, 256
法定通貨の決済サービス …………… 251
法定通貨の送金サービス …………… 238
法令等遵守（コンプライアンス）態勢
 ……………………………………… 85
ホワイトペーパー …………………… 284

本人確認	133
本人特定事項	123

ま

マイナー	166
マイニング	10, 162
──ソロ──	168
──プール	167, 169
──報酬	166
マウントゴックス	18, 49, 51
前払式支払手段	200, 255, 259, 260, 261, 329
自家型──	329
第三者型──	329
マネーロンダリング	115
みなし仮想通貨交換業者	64

ら

リアルマネートレード	202
リップル（Ripple：XRP）	42
利用者保護措置	77, 87
レバレッジ	152
──取引	61
労働協約	46

●執筆者紹介

小笠原　匡隆（おがさわら　まさたか）

　法律事務所ZeLo、弁護士。2009年早稲田大学法学部三年次早期卒業、2011年東京大学法科大学院修了。2013年森・濱田松本法律事務所入所。2017年法律事務所ZeLoを創業と同時に、自然言語処理技術（AI）を用いて法務文書を取り扱う株式会社LegalForceを創業。日本ブロックチェーン協会（JBA）リーガルアドバイザー。

　主な取扱分野は、ブロックチェーン・仮想通貨、FinTech、IT・知的財産権、M&A、労働法、事業再生、スタートアップ支援。

　近時の著作・取材等として、「ICOで調達する際の留意点」（BUSINESS LAWYERS、2018年6月19日付）、「ブロックチェーン・仮想通貨ビジネスにおける最近のM&Aの潮流と法律実務」（BUSINESS LAWYERS、2018年8月6日付）、「弁護士2.0「法×テクノロジー」で旧態モデル変えるベンチャー法律事務所ZeLo」（BUSINESS INSIDER、2018年6月15日付）、東京新聞『ネット取引広がる仮想通貨　価格乱高下、購入慎重に』（2017年10月12日付）にコメント掲載、「仮想通貨・新規ビジネスを成功に導く法的リスク突破力」（『ビジネス法務（9月号）』株式会社中央経済社、2018年、共著）、その他著書・論文多数。

角田　望（つのだ　のぞむ）

　法律事務所ZeLo、弁護士。2010年京都大学法学部卒業、2011年司法試験合格により京都大学法科大学院中退。2013年森・濱田松本法律事務所入所。2017年法律事務所ZeLoを創業と同時に、株式会社LegalForceを創業。同代表取締役CEO。

　主な取扱分野は、ジェネラル・コーポレート、訴訟・紛争対応、M&A、スタートアップ支援。

近時の著作等として、『指名諮問委員会・報酬諮問委員会の実務』(商事法務、2016年、共著)、『コーポレートガバナンス・コードの実務〔第2版〕』(商事法務、2016年、共著)、「新規ビジネスを成功に導く法的リスク突破力」(『ビジネス法務(9月号)』株式会社中央経済社、2018年、共著)、その他著書・論文多数。

岡本　杏莉（おかもと　あんり）

株式会社メルカリ Manager, Corporate Legal Group。法律事務所ZeLo、弁護士。2007年慶應義塾大学法学部卒業。2008年西村あさひ法律事務所入所。2014年 Stanford Law School（LL.M.）卒業、NY州弁護士資格取得。2015年株式会社メルカリ入社後、業務と並行して2017年法律事務所ZeLoに参画。2018年3月株式会社スペースマーケット社外監査役就任。

主な取扱分野は、渉外法務、M&A、ファイナンス、ジェネラル・コーポレート、FinTech、商事紛争（債権回収、不動産関連等）、労働法、IT・知的財産権、情報法。

近時の著書等として、「新規ビジネスを成功に導く法的リスク突破力」(『ビジネス法務(9月号)』株式会社中央経済社、2018年、共著)、その他著書・論文多数。

柳田　恭兵（やなぎだ　きょうへい）

法律事務所ZeLo、弁護士。2009年慶應義塾大学法学部卒業、2011年東京大学法科大学院修了。2013年弁護士法人クレア法律事務所入所、2015年リンクパートナーズ法律事務所入所。2017年法律事務所ZeLoに参画。

主な取扱分野は、ジェネラル・コーポレート、スタートアップ支援、ファイナンス、訴訟・紛争対応、倒産法、労働法、IT・知的財産権、情報法。

執筆者紹介

近時の著書等は、『第1回 ストックオプション制度の新潮流〜ストックオプション信託のメリット・デメリット〜』（BUSINESS LAWYERS、2018年3月5日付）、「新規ビジネスを成功に導く法的リスク突破力」（『ビジネス法務（9月号）』株式会社中央経済社、2018年、共著）等。

味香　直希（あじか　なおき）

法律事務所ZeLo、弁護士（出向により弁護士登録抹消中）。2010年京都大学法学部卒業、2012年京都大学法科大学院修了。2013年はばたき綜合法律事務所入所後、2017年法律事務所ZeLoに参画。2018年より金融庁証券取引等監視委員会へ出向。

主な取扱分野は、ジェネラル・コーポレート、危機管理・コンプライアンス、訴訟・紛争対応、商事紛争（債権回収、不動産関連等）、倒産法、労働法、情報法。

近時の著書等は「固定残業代制を導入する際に気をつけるべきこと」（BUSINESS LAWYERS、2018年2月26日付）等。

松永　昌之（まつなが　まさゆき）

法律事務所ZeLo、弁護士。2009年早稲田大学法学部三年次早期卒業、2012年東京大学法科大学院修了。2014年東京丸の内法律事務所入所後、2018年法律事務所ZeLoに参画。

主な取扱分野は、ジェネラル・コーポレート、倒産法、事業再生、事業承継、労働法、IT・知的財産権、FinTech、訴訟・紛争対応、ドローンビジネス、スタートアップ支援。

近時の著書等は、「無期転換ルールへの対応を取らなかった場合の使用者のリスク」「無期転換ルールの仕組み」（BUSINESS LAWYERS、2018年5月24日付）、『労働事件ハンドブック』（第二東京弁護士会、2015年、共著、第二東京弁護士会労働問題検討委員会編集）、「新規ビジネスを成功に導く法的リスク突破力」（『ビジネス法務（9月号）』株式会社中央経済社、

2018年、共著）等。

北田　晃一（きただ　こういち）

　法律事務所 ZeLo、弁護士。2011年京都大学法学部卒業、2013年京都大学法科大学院修了。2014年北浜法律事務所入所後、2018年法律事務所 ZeLo に参画。

　主な取扱分野は、M&A、ジェネラル・コーポレート、IT・知的財産権、薬事・ヘルスケア、訴訟・紛争対応、スタートアップ支援。

　近時の著書等は、「インサイダー取引規制における『公表』とは」（BUSINESS LAWYERS、2017年6月19日付）、「インサイダー取引規制における行為者の認識」（BUSINESS LAWYERS、2017年6月21日付）等。

南　知果（みなみ　ちか）

　法律事務所 ZeLo、弁護士。2012年京都大学法学部卒業、2014年京都大学法科大学院修了。2016年西村あさひ法律事務所入所後、2018年法律事務所 ZeLo に参画。

　主な取扱分野は、M&A、ジェネラル・コーポレート、スタートアップ支援、FinTech、危機管理・コンプライアンス。

　近時の著書等は、「新規ビジネスを成功に導く法的リスク突破力」（『ビジネス法務（9月号）』株式会社中央経済社、2018年、共著）等。

高井　雄紀（たかい　ゆうき）

　法律事務所 ZeLo、弁護士。2010年一橋大学法学部卒業、2012年一橋大学法科大学院修了。2013年コンサルティング企業に入社後、2016年弁護士登録、2017年三菱重工業株式会社入社。2018年法律事務所 ZeLo に参画。

　主な取扱分野は、渉外法務、ジェネラル・コーポレート、ブロックチェーン・仮想通貨、IT・知的財産権、情報法、独禁法、スタートアッ

プ支援。

徐　東輝（そぉ　とんふぃ）

法律事務所ZeLo、弁護士。2014年京都大学法学部卒業、2016年京都大学法科大学院修了。2018年法律事務所ZeLoに参画。

主な取扱分野は、ジェネラル・コーポレート、AI・IoT、ブロックチェーン・仮想通貨、スタートアップ支援、IT・知的財産権、労働法、情報法、訴訟・紛争対応。

近時の著書等は、『憲法の視点からの日韓問題』（TOブックス、2015年、単著、曽我部真裕監修）、「新規ビジネスを成功に導く法的リスク突破力」（『ビジネス法務（9月号）』株式会社中央経済社、2018年、共著）等。

執筆・リサーチ協力

藤江　正礎（ふじえ　まさき）
2018年東京大学法学部卒業（2017年司法試験合格）。

倉地　祐輔（くらち　ゆうすけ）
2018年東京大学法学部卒業（2017年司法試験合格）。

松田　大輝（まつだ　だいき）
2018年東京大学法学部卒業（2018年司法試験合格）。

片山　直（かたやま　なお）
2018年東京大学法学部卒業（2018年司法試験合格）。

田本　英輔（たもと　えいすけ）
東京大学法学部。

ブロックチェーンビジネスと
ICOのフィジビリティスタディ

2018年11月5日　初版第1刷発行

編著者　小笠原　匡　隆

発行者　小　宮　慶　太

発行所　株式会社　商　事　法　務
　　　　〒103-0025　東京都中央区日本橋茅場町3-9-10
　　　　TEL 03-5614-5643・FAX 03-3664-8844〔営業部〕
　　　　TEL 03-5614-5649〔書籍出版部〕
　　　　http://www.shojihomu.co.jp/

落丁・乱丁本はお取り替えいたします。　　　印刷／(有)シンカイシャ
© 2018 Masataka Ogasawara　　　　　　　Printed in Japan
　　　　　　　　　　　　　　　Shojihomu Co., Ltd.
ISBN978-4-7857-2674-4
＊定価はカバーに表示してあります。

|JCOPY|〈出版者著作権管理機構　委託出版物〉
本書の無断複製は著作権法上での例外を除き禁じられています。
複製される場合は、そのつど事前に、出版者著作権管理機構
（電話 03-3513-6969、FAX 03-3513-6979、e-mail: info@jcopy.or.jp)
の許諾を得てください。